Rolf Bänziger

Tabellenkalkulation

VERLAG:SKV

Rolf Bänziger
(Tabellenkalkulation)

ist IKA- und SIZ-Lehrer an der Handelsschule KV Schaffhausen sowie Leiter der Höheren Fachschule für Wirtschaft Schaffhausen. Er ist Ehrenmitglied des Verbandes Lehrende IKA.

Carola Brawand-Willers
(Schriftliche Kommunikation/
Korrespondenz)

unterrichtete IKA und wirkte als Referentin in Weiterbildungskursen an der Wirtschafts- und Kaderschule KV Bern. Sie ist Prüfungsexpertin für den Bereich Kommunikation in der Muttersprache bei der Berufsprüfung Direktionsassistentin mit eidg. Fachausweis. Sie ist Ehrenmitglied im Verband Lehrende IKA

Stefan Fries
(Präsentation und
Textverarbeitung/
Textgestaltung)

ist IKA-Fachlehrer und Fachvorsteher für IKA am Berufsbildungszentrum Wirtschaft, Informatik und Technik in Willisau.

Michael McGarty
(Grundlagen der Informatik/
Outlook)

Informatiker und Telematiktechniker HF, ist Lehrer an der Wirtschaftsmittelschule Thun und an der Wirtschaftsschule Thun.

Max Sager
(Informationsmanagement
und Administration/Grund-
lagen der Informatik)

Betriebsökonom FH, war Lehrer am Gymnasium/Wirtschaftsmittelschule Thun-Schadau. Er ist Ehrenpräsident des Verbandes Lehrende IKA.

**Annamaria
Senn-Castignone**
(Gestaltung von Bildern)

Fotolithografin, Technikerin TS, Fachlehrerin und ÜK-Instruktorin Polygrafen/Mediamatiker, Prüfungsleiterin QV Polygrafen

Haben Sie Fragen, Anregungen oder Rückmeldungen?
Wir nehmen diese gerne per E-Mail an feedback@verlagskv.ch entgegen.

7. Auflage 2019

Rolf Bänziger:
IKA 5 Tabellenkalkulation

Theorie und Aufgaben inkl. Enhanced Book:
ISBN 978-3-286-33657-5

Theorie und Aufgaben inkl. Enhanced Book
mit Lösungen und Begleitmaterial für Lehrpersonen:
ISBN 978-3-286-33747-3

© Verlag SKV AG, Zürich
www.verlagskv.ch

Alle Rechte vorbehalten.
Ohne Genehmigung des Verlags ist es nicht
gestattet, das Buch oder Teile daraus in irgendeiner
Form zu reproduzieren.

Projektleitung: Kirsten Rotert
Umschlagbild: Agenturtschi, Adliswil

Die IKA-Reihe auf einen Blick

Band 1   **IKA – Informationsmanagement und Administration**
behandelt das ganze Spektrum des Büroalltags: Outlook, die richtige Wahl und den Einsatz von technischen Hilfsmitteln, die Gestaltung von Arbeitsprozessen, ökologisches und ergonomisches Verhalten und den zweckmässigen und verantwortungsvollen Umgang mit Informationen und Daten.

Band 2   **IKA – Grundlagen der Informatik**
vermittelt das nötige Grundwissen über Hardware, Software, Netzwerke und Datensicherung.

Band 3   **IKA – Schriftliche Kommunikation und Korrespondenz**
führt in die Kunst des schriftlichen Verhandelns ein und zeigt, wie Brieftexte partnerbezogen, stilsicher und rechtlich einwandfrei verfasst werden.

Band 4   **IKA – Präsentation**
vermittelt die wichtigsten Funktionen von PowerPoint und erklärt, wie Präsentationen geplant und gestalterisch einwandfrei erstellt werden.

Band 5   **IKA – Tabellenkalkulation**
zeigt die wichtigsten Funktionen von Excel auf: Berechnungen, Diagramme, Daten- und Trendanalysen etc.

Band 6   **IKA – Textverarbeitung und Textgestaltung**
stellt die vielfältigen Möglichkeiten des Textverarbeitungsprogramms Word dar und vermittelt die wichtigsten typografischen Grundregeln für Briefe und Schriftstücke aller Art.

Band 7   **IKA – Gestaltung von Bildern**
vermittelt sowohl visuelle als auch rechtliche Aspekte hinsichtlich der Konzeption und des Einsatzes von Bildern und führt in die grundlegenden Funktionen gängiger Bildbearbeitungsprogramme ein.

Zertifizierung SIZ
Folgende IKA-Bände sind SIZ-zertifiziert.

IKA-Band	SIZ-Modul
1 Informationsmanagement und Administration: Die Kapitel 2.5–2.7 zum Thema Internet, 3 Outlook und 8.2 Büroökologie	ICT Advanced User SIZ, Modul AU1 Kommunikation, und Informatik-Anwender II SIZ, Modul 102 Betriebssystem, Kommunikation und Security
2 Grundlagen der Informatik	ICT Advanced User SIZ, Modul AU1 Kommunikation, und Informatik-Anwender II SIZ, Modul 102 Betriebssystem, Kommunikation und Security
4 Präsentation	ICT Advanced User SIZ, Modul AU2 Präsentation, und Informatik-Anwender II SIZ, Modul 202 Präsentation mit Einsatz von Multimediaelementen
5 Tabellenkalkulation	ICT Advanced User SIZ, Modul AU4K Tabellen, und Informatik-Anwender II SIZ, kaufmännische Ausprägung, Modul 422 K Tabellenkalkulation
6 Textverarbeitung und Textgestaltung	ICT Advanced User SIZ, Modul AU3K Texte, und Informatik-Anwender II SIZ, kaufmännische Ausprägung, Modul 322 K Textverarbeitung
7 Gestaltung von Bildern	ICT Power-User SIZ, Modul 232 Foto- und Grafikbearbeitung

Weitere Informationen zu den SIZ-Modulen, insbesondere zu den inhaltlichen Anforderungen, finden Sie unter www.siz.ch – Modulangebot (bzw. Modulangebot 2010).

Vielen Dank,

dass Sie sich für «IKA – Information, Kommunikation, Administration» entschieden haben. Sie haben damit ein qualitativ hochwertiges Produkt mit grossem Mehrwert erworben.

Enhanced Book

Mehr als nur ein PDF: Die digitale Ausgabe des Lehrmittels bietet Ihnen Unterstützung für ein attraktives Lehren und Lernen.

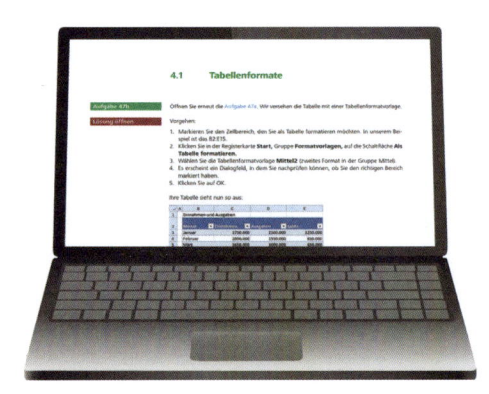

Im einfach navigierbaren Enhanced Book ist der Lernstoff mit ergänzenden Materialien verknüpft. Stehen an einer Textstelle zusätzliche oder speziell aufbereitete Materialien zur Verfügung, signalisieren dies Icons und Links.

Vorteile auf einen Blick

- Downloaden und offline arbeiten
- Inhalte individualisieren
- Markieren und kommentieren

Funktionen im Enhanced Book (Interaktive PDF-Datei des Lehrbuchs)

	Ausgabe ohne Lösungen	Ausgabe mit Lösungen
Formularfunktion zum Lösen ausgewählter Aufgaben direkt im PDF	×	×
Verlinkte Aufgabendateien	×	×
Multiple-Choice-Aufgaben inkl. Lösungen	×	×
Verlinkungen zu Websites und Gesetzestexten	×	×
Personalisierungsmöglichkeiten im Adobe Reader	×	×
Einblenden der Lösungen		×
Verlinkte Lösungsdateien		×
Grafiken und Strukturdarstellungen als PDF		×

Login

Das Enhanced Book ist über den auf dem Beiblatt aufgedruckten Lizenzschlüssel im Bookshelf unter www.bookshelf.verlagskv.ch erhältlich.

Support-Hotline
Unsere Mitarbeitenden sind gerne für Sie da.

Tel. +41 44 283 45 21
support@verlagskv.ch

VERLAG:SKV

Vorwort

Ein Tabellenkalkulationsprogramm ist vergleichbar mit einem elektronischen Rechenheft. Es dient in erster Linie dazu, Berechnungen durchzuführen. Ähnlich wie im Rechenheft zeigt eine Datei, die mit einem Tabellenkalkulationsprogramm erstellt wurde, karierte Seiten. Eine solche Seite wird allgemein als Blatt, Worksheet oder Tabelle bezeichnet. Die einzelnen Kästchen eines Blattes heissen Zellen. In den Zellen können Sie Notizen in Form von Zahlen und Texten eintragen sowie Zwischen- und Endergebnisse berechnen.

Im Unterschied zum Rechenheft ist aber ein Tabellenkalkulationsprogramm bedeutend flexibler. Ändern sich die Berechnungsgrundlagen, müssen Sie im Rechenheft alle Schritte noch einmal durchrechnen. Im elektronischen Rechenblatt hingegen geben Sie die Rechenvorschriften in Formeln ein, sodass nach Eingabe der neuen Ausgangswerte automatisch das richtige Ergebnis berechnet wird. Dies ist der entscheidende Vorteil von Tabellenkalkulationsprogrammen gegenüber dem Rechenheft und gegenüber anderen Anwendungsprogrammen.

Berechnungen sind aber keinesfalls alles, was Sie mit einer Tabellenkalkulationssoftware anstellen können. Sie hilft Ihnen unter anderem auch,

- Ihre Berechnungen attraktiv zu gestalten (formatieren) und auszudrucken,
- Zahlenmaterial grafisch darzustellen,
- Daten- und Trendanalysen durchzuführen,
- Szenarien durchzurechnen,
- umfangreiche Berichte zu erstellen,
- Daten aus oder in anderen Anwendungsprogrammen weiterzuverarbeiten,
- eigene Anwendungen zu programmieren.

Da gerade bei der Lösung betriebswirtschaftlicher und technischer Probleme häufig sich ändernde Daten auf immer wieder gleiche Art und Weise verarbeitet werden, stellen Tabellenkalkulationsprogramme heute sowohl im kaufmännischen als auch im technisch-gewerblichen Umfeld ein unverzichtbares Hilfsmittel dar.

Die 7. Auflage orientiert sich an der Excel-Version Office 2019 / Office 365. Nebst kleinen Änderungen, die sich durch die neue Programmversion ergeben haben, sind neue Kapitel zu den Themen Bereichsnamen, Datenschnitt, Textfunktionen und Dateneingabe (Hinzufügen eines Listenfelds) dazugekommen.

Rolf Bänziger

Inhaltsverzeichnis

1	**Excel-Grundlagen**	**11**
1.1	Der Aufbau von Excel	12
1.1.1	Der Startbildschirm	12
1.1.2	Eine neue, leere Arbeitsmappe erzeugen	13
1.1.3	Das Excel-Fenster	13
1.1.4	Die Arbeitsmappe	16
1.1.5	Arbeitsumgebung über Excel-Optionen anpassen	18
1.1.6	Arbeitsmappen (Excel-Dateien) öffnen, speichern und schliessen	19
1.2	Das Zellenmodell	21
1.2.1	Übersicht	21
1.2.2	Adresse (Zelladresse, Zellbezug)	21
1.2.3	Format	22
1.2.4	Inhalt	22
1.3	Dateneingabe	25
1.3.1	Zellinhalte eingeben	25
1.3.2	Zellinhalte bearbeiten oder löschen	25
1.3.3	Zellformate, Kommentare oder Alle löschen	28
1.4	Markieren	29
1.4.1	Markieren mit der Maus	29
1.4.2	Markieren mit der Tastatur	31
1.4.3	Das Schnellanalysetool	31
1.5	Spalten- und Zeilenformat	32
1.5.1	Spaltenbreite	32
1.5.2	Zeilenhöhe	32
1.6	Zellenbearbeitung	33
1.6.1	Zellen einfügen	33
1.6.2	Zellen löschen	34
1.6.3	Zellen in einen leeren Bereich verschieben oder kopieren	34
1.6.4	Zellen zwischen bestehende Zellen verschieben oder kopieren	35
1.6.5	Die Zwischenablage zum Rechnen verwenden	37
1.6.6	Transponieren: Zeilen und Spalten vertauschen	37
1.6.7	Spalten und Zeilen aus- und einblenden	39
1.6.8	AutoAusfüllen	41
2	**Formeln**	**45**
2.1	Formelsyntax	46
2.1.1	Überblick	46
2.1.2	Operatoren	47
2.1.3	Operanden	48
2.2	Formeleingabe	49
2.2.1	Formel erstellen	49
2.2.2	Klammern setzen	50
2.2.3	Formeln analysieren	52
2.3	Bezugsarten	53
2.3.1	Relative Bezüge	53
2.3.2	Ausfüllen mit Doppelklick	54
2.3.3	Fenster fixieren	55
2.3.4	Fenster teilen	55

2.3.5	Absolute Bezüge	56
2.3.6	Gemischte Bezüge	59
2.3.7	Wechseln zwischen Bezugsarten	59
2.3.8	Zellbezüge auf andere Tabellenblätter	61
2.3.9	Externe Bezüge	63
2.4	Bereichsnamen anstelle von Zellbezügen	65
2.4.1	Bereichsnamen erstellen	65
2.4.2	Bereichsnamen für Tabellen vergeben	66
2.4.3	Bereichsnamen verwalten	69
2.4.4	Bereichsnamen in Formeln verwenden	69
2.4.5	Formatoptionen für Tabellen mit Bereichsnamen	72
2.4.6	Datenschnitte (Filteroptionen) für Tabellen mit Bereichsnamen	72
2.4.7	Tabellen mit Bereichsnamen erweitern	73
3	**Formatierung**	**75**
3.1	Grundlagen der Zellformatierung	76
3.1.1	Überblick	76
3.1.2	Wege der Zellformatierung	77
3.1.3	Überschriften und Text formatieren	80
3.1.4	Rahmen und Ausfüllen	82
3.1.5	Wichtige Zellen vor Überschreiben schützen	84
3.2	Zahlenformate	87
3.2.1	Die häufigsten Formate	87
3.2.2	Vordefinierte Zahlenformate	88
3.2.3	Datum und Uhrzeit	90
3.2.4	Prozent	92
3.2.5	Benutzerdefinierte Zahlenformate	96
3.3	Ausrichtung	101
3.3.1	Überblick	101
3.3.2	Textausrichtung	101
3.3.3	Ausrichtung	103
3.3.4	Textsteuerung	104
3.3.5	Von rechts nach links	104
3.4	Schrift	105
3.4.1	Überblick	105
3.4.2	Schriftart und -grösse	106
3.5	Rahmen	107
3.5.1	Überblick	107
3.5.2	Rahmenlinien zuweisen	107
3.6	Ausfüllen	109
3.7	Mit Vorlagen formatieren	111
3.7.1	Überblick	111
3.7.2	Designs	111
3.7.3	Tabellenformatvorlagen	112
3.7.4	Zellenformatvorlagen	114
3.8	Bedingte Formatierung	116
3.8.1	Hervorheben von Zellen	116
3.8.2	Datenbalken, Farbskalen und Symbolsätze	117
3.8.3	Regeln verwalten	118
4	**Funktionen**	**121**
4.1	Funktionssyntax	122
4.1.1	Einführung	122
4.1.2	Struktur	123
4.2	Funktionen auswählen	124

4.3	Textfunktionen	126
4.3.1	Die Funktion FINDEN	126
4.3.2	Die Funktion SUCHEN	127
4.3.3	Die Funktion LÄNGE	128
4.3.4	Die Funktion ERSETZEN	128
4.3.5	Die Funktion GLÄTTEN	130
4.3.6	Die Funktion SÄUBERN	130
4.3.7	Die Funktion GROSS	131
4.3.8	Die Funktion LINKS	132
4.3.9	Die Funktion RECHTS	133
4.3.10	Die Funktion TEIL	134
4.3.11	Die Funktion VERKETTEN	135
4.4	Mathematische Funktionen	136
4.4.1	Die Funktion SUMME	136
4.4.2	Laufende Summe	142
4.4.3	Die Funktion RUNDEN	143
4.4.4	Die Funktionen AUFRUNDEN und ABRUNDEN	144
4.5	Statistische Funktionen	146
4.5.1	Die Funktion MITTELWERT	146
4.5.2	Die Funktionen MIN und MAX	147
4.5.3	Die Funktionen ANZAHL und ANZAHL2	150
4.5.4	Die Funktionen SUMMEWENN und ZÄHLENWENN	151
4.5.5	Die Funktion RANG	154
4.6	Logische Funktionen	156
4.6.1	Die Funktion WENN	156
4.6.2	Verschachteltes WENN	157
4.6.3	Die Funktionen UND und ODER	162
4.6.4	Die Funktionen SVERWEIS und WVERWEIS	164
4.7	Datums- und Zeitfunktionen	167
4.7.1	Die Funktion HEUTE	167
4.7.2	Die Funktion JETZT	167
4.7.3	Die Funktion DATEDIF	168
5	**Diagramme**	**171**
5.1	Diagrammbegriffe	172
5.2	Diagrammtypen	174
5.3	Diagramme erstellen (einfügen)	176
5.3.1	Einleitung	176
5.3.2	Ein Säulendiagramm erstellen	178
5.3.3	Trendlinie hinzufügen	179
5.3.4	Ein Balkendiagramm erstellen	180
5.3.5	Ein Kreisdiagramm erstellen	181
5.3.6	Daten hinzufügen, bearbeiten oder entfernen	182
6	**Datenlisten**	**195**
6.1	Aufbau von Datenlisten	196
6.2	Sortieren	197
6.2.1	Überblick	197
6.2.2	Sortierreihenfolge	197
6.2.3	Sortieren nach einem einzelnen Datenfeld	197
6.2.4	Sortieren nach mehreren Datenfeldern	198
6.3	Datensätze filtern	200
6.3.1	Überblick	200
6.3.2	Filterfunktion aktivieren	200
6.3.3	Filter setzen	201

6.3.4	Filter speichern	203
6.3.5	Die Funktion TEILERGEBNIS	205
6.4	Datensätze erfassen, suchen, ändern oder löschen	206
6.4.1	Datensätze über die Datenmaske erfassen	206
6.4.2	Datensätze suchen, ändern oder löschen	207
6.5	Zellinhalte aufteilen	208
6.6	Teilergebnisse	209
6.6.1	Einführung	209
6.6.2	Erstellen eines Teilergebnisses	209
6.6.3	Teilergebnisse entfernen	210
6.6.4	Berichte mit Pivot-Tabellen erzeugen	211
6.7	Dateneingabe prüfen	215
6.7.1	Ausgangslage	215
6.7.2	Lookup-Tabelle mit Bereichsnamen	215
6.7.3	Listenfeld erstellen	217
7	**Seitenlayout**	**219**
7.1	Die Ansichten	220
7.1.1	Überblick	220
7.1.2	Anpassen der Tabelle an das Format	220
7.2	Die Seite einrichten	221
7.2.1	Überblick	221
7.2.2	Seitenränder über die Seitenansicht anpassen	221
7.2.3	Spaltenüberschriften auf allen Seiten drucken	222
7.3	Kopf- und Fusszeilen	223
8	**Stichwortverzeichnis**	**227**

Excel-Grundlagen

1

1.1 Der Aufbau von Excel

1.1.1 Der Startbildschirm

Nach dem Start von Excel wird der Excel-Startbildschirm angezeigt. Sie können
- vorhandene Arbeitsmappen öffnen («Weitere Arbeitsmappen öffnen»),
- eine neue, das heisst leere Arbeitsmappe erstellen,
- eine neue Arbeitsmappe erstellen, die auf einer vorgefertigten Vorlage basiert. Falls Sie beispielsweise ein Budget erstellen müssen, können Sie die Vorlage «Budget mit Ausgabetrends» verwenden.

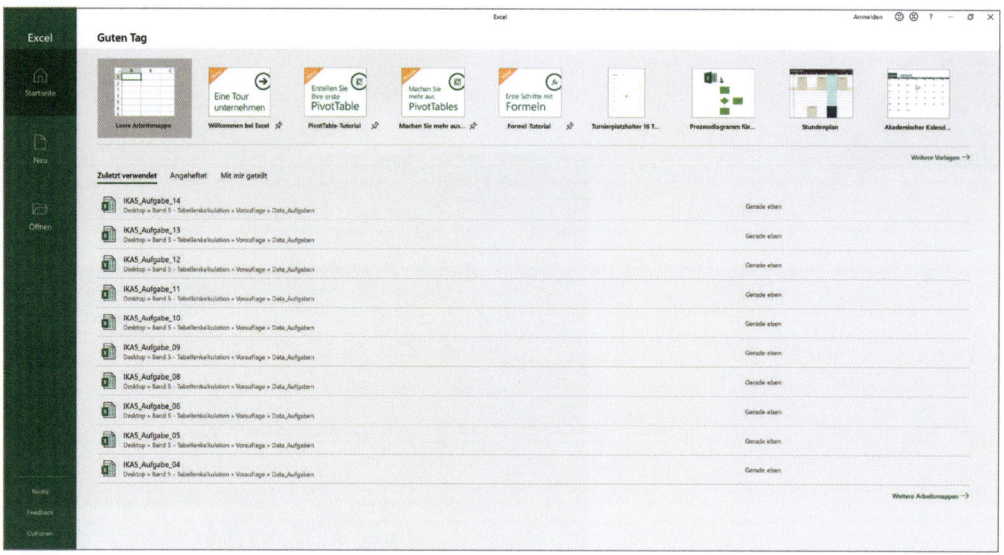

Excel-Startbildschirm

Der Aufbau von Excel

1.1.2 Eine neue, leere Arbeitsmappe erzeugen

Klicken Sie auf dem Excel-Startbildschirm auf **Leere Arbeitsmappe**.

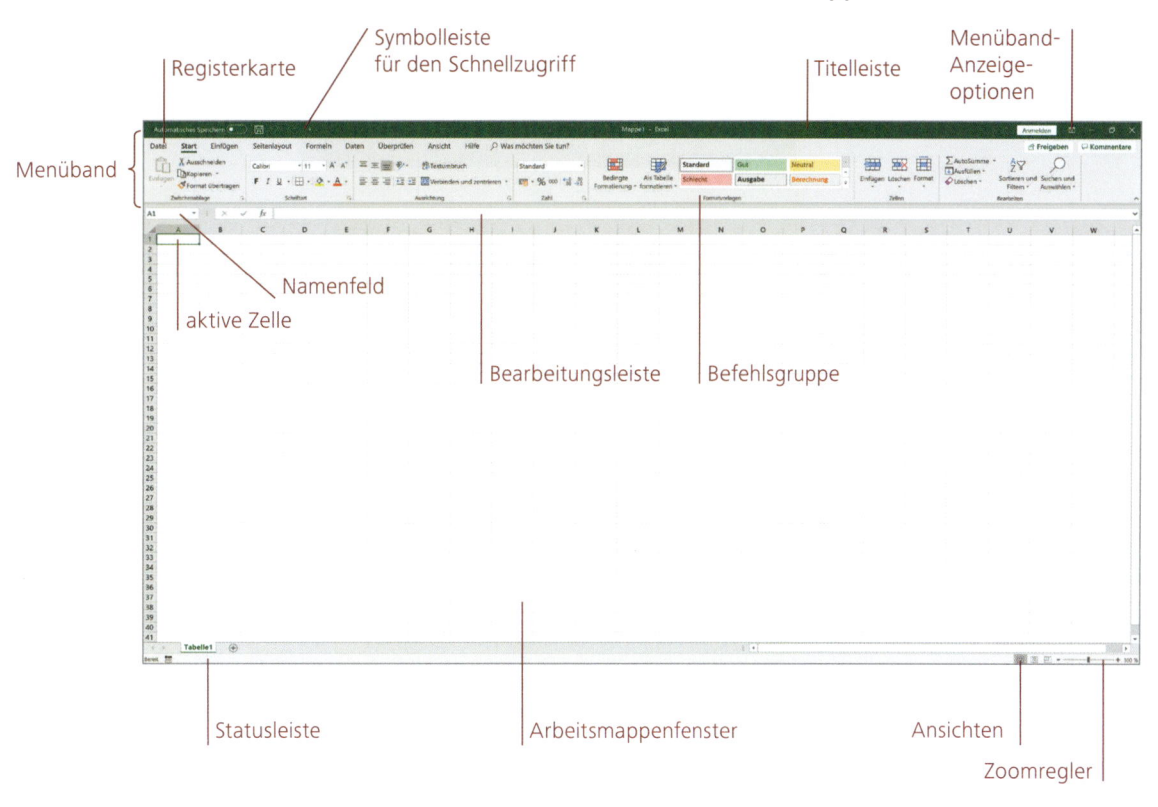

Beschriftungen der Abbildung: Registerkarte, Symbolleiste für den Schnellzugriff, Titelleiste, Menüband-Anzeigeoptionen, Menüband, Namenfeld, aktive Zelle, Bearbeitungsleiste, Befehlsgruppe, Statusleiste, Arbeitsmappenfenster, Ansichten, Zoomregler

1.1.3 Das Excel-Fenster

Betrachten wir die wichtigsten Elemente etwas genauer:

Menüband

Das Menüband besteht standardmässig aus den Registern **Datei**, **Start**, **Einfügen**, **Seitenlayout**, **Formeln**, **Daten**, **Überprüfen**, **Ansicht**, **Hilfe** sowie aus dem Eingabefeld «**Was möchten sie tun?**». Je nach Installation können weitere Registerkarten dazukommen, und je nach Bildschirmauflösung und Grösse des Anwendungsfensters kann das Menüband unterschiedlich aussehen.

Die Befehle des Registers **Datei** unterstützen Sie bei der Arbeit *mit* der Arbeitsmappe als Ganzes: beim Öffnen, Speichern, Drucken, Freigeben, Exportieren oder Veröffentlichen einer Arbeitsmappe. Die übrigen Registerkarten enthalten Befehle, die Sie bei der Arbeit *in* der Arbeitsmappe unterstützen: beim Berechnen, Sortieren oder Filtern von Daten.

Die Registerkarten selbst bestehen aus **Befehlsgruppen**, die eine Aufgabe in Teilaufgaben gliedern. So findet man auf der Registerkarte **Start** beispielsweise die Befehlsgruppen **Zwischenablage**, **Schriftart** und **Ausrichtung**. Die Namen der Gruppen werden am unteren Rand des Menübands angezeigt.

Die Befehlsgruppen ihrerseits enthalten **Befehlsschaltflächen**. Einige führen den Befehl sofort aus, beispielsweise **fett**; bei anderen (diese sind mit einem kleinen Pfeil gekennzeichnet) kann zusätzlich ein Menü geöffnet werden, das dann weitere Befehle enthält. So können Sie z. B. mit **Klick** auf den Pfeil auf der Befehlsschaltfläche für **Unterstreichen** zwischen einfacher und doppelter Unterstreichung wählen.

Tipp

Möchten Sie das Menüband ausblenden, damit Sie mehr Platz auf dem Bildschirm haben? Dafür stehen Ihnen mehrere Möglichkeiten zur Auswahl, z. B.
- **Ctrl+F1**
- ein Doppelklick auf irgendeine Registerkarte
- über das Symbol **Menüband-Anzeigeoptionen**
- ein Klick auf den Pfeil am unteren rechten Rand des Menübands

Excel-Grundlagen

Tipp
Wenn Sie die **Alt-Taste** betätigen, werden auf dem Menüband die Tastenkombinationen angezeigt, die Sie drücken müssen, um die Befehle mit der Tastatur auszuwählen.

Wenn in einer Befehlsgruppe nicht alle Excel-Funktionen in Form von Schaltflächen zur Verfügung stehen, wird neben dem Namen der Befehlsgruppe eine kleine Schaltfläche angezeigt, das sogenannte **Startprogramm für Dialogfelder**. Beachten Sie beispielsweise neben dem Wort **Schriftart** die kleine Schaltfläche.

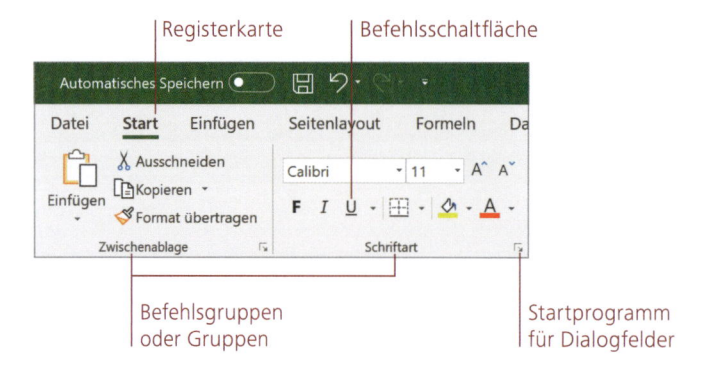

Wenn das Menüband ausgeblendet ist, sind nur noch die Registerkarten sichtbar. Ein Klick auf eine Registerkarte blendet das Menüband vorübergehend ein. Sobald Sie einen Befehl ausgewählt haben, verschwindet das Menüband wieder. Um es wieder dauerhaft anzuzeigen, stehen Ihnen dieselben Möglichkeiten wie für das Ausblenden zur Verfügung (**Ctrl+F1** usw.).

Symbolleiste für den Schnellzugriff

In dieser Symbolleiste befinden sich Befehle, die häufig gebraucht werden und keiner Registerkarte zugeordnet werden können. Darin enthalten sind standardmässig die Befehle **Speichern**, **Rückgängig** und **Wiederholen**.

Möchten Sie die Symbolleiste anpassen? Dann klicken Sie auf den Pfeil ganz rechts.

Symbolleiste für den Schnellzugriff

Über das sich öffnende Menü können Sie Befehle abwählen oder neue hinzufügen:

Symbolleiste für den Schnellzugriff anpassen

Befehle, die im **Menüband** sichtbar sind, können besonders schnell der Symbolleiste für den Schnellzugriff hinzugefügt werden: Klicken Sie mit der rechten Maustaste auf den Befehl und wählen Sie dann **Zu Symbolleiste für den Schnellzugriff hinzufügen**.

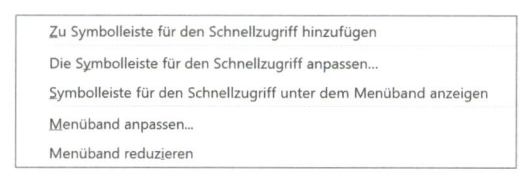

```
Zu Symbolleiste für den Schnellzugriff hinzufügen
Die Symbolleiste für den Schnellzugriff anpassen...
Symbolleiste für den Schnellzugriff unter dem Menüband anzeigen
Menüband anpassen...
Menüband reduzieren
```

Befehle zur Symbolleiste für den Schnellzugriff hinzufügen

Um eine Schaltfläche wieder aus der Symbolleiste für den Schnellzugriff zu entfernen, klicken Sie den Befehl mit der rechten Maustaste an und wählen im Kontextmenü den Befehl **Aus Symbolleiste für den Schnellzugriff entfernen**.

> **Tipp**
> Machen Sie sparsam von der Möglichkeit Gebrauch, die Symbolleiste für den Schnellzugriff zu erweitern. Überladen Sie sie nicht.

Weitere Elemente

Titelleiste
In der Titelleiste stehen von links nach rechts der Dateiname, sofern die Datei bereits gespeichert worden ist, der Programmname (Excel) und die Symbole zur Fenstersteuerung (Minimieren, Maximieren, Wiederherstellen, Schliessen).

Namenfeld
Das Namenfeld zeigt die Position der markierten Zelle an.

Bearbeitungsleiste
In der Bearbeitungsleiste können Sie Formeln, Text usw. bequem bearbeiten. Mehr dazu in den folgenden Kapiteln.

Aktive Zelle
Wenn Sie Excel gestartet haben, ist die Zelle A1 markiert. Sie erkennen das am grünen Rahmen, der die Zelle umgibt.

Statusleiste
Die Statusleiste ist die Informationszentrale. Sobald Sie beispielsweise zwei Zahlen markieren, zeigt Ihnen die Statusleiste die Summe und den Durchschnitt an. Betrachten Sie die Möglichkeiten, die Ihnen die Statusleiste bietet: Öffnen Sie über die rechte Maustaste das Kontextmenü der Statusleiste.

Ansichten
Ihre Arbeitsmappe können Sie in verschiedenen Ansichten betrachten. Dafür stehen Ihnen drei Symbole zur Verfügung. Welche Ansichten sich wofür am besten eignen, erfahren Sie später.

Zoomregler
Wie in Word, so können Sie auch in Excel die Ansicht stufenlos vergrössern oder verkleinern. Die Bildschirmanzeige und das gedruckte Dokument stimmen am genausten überein, wenn Sie den Zoom auf 100 % eingestellt haben. Der Zoom lässt sich auf bis zu 10 % verkleinern oder auf 400 % vergrössern.

Excel-Grundlagen

1.1.4 Die Arbeitsmappe

Eine Arbeitsmappe ist eine Datei, die ein oder mehrere Tabellenblätter enthält (Standardwert 1 Blatt). Dies ermöglicht Ihnen, zusammengehörende Daten in einer einzigen Datei zu speichern. Die maximale Zahl der Tabellenblätter ist lediglich durch den verfügbaren Arbeitsspeicher begrenzt.

Die Namen der einzelnen Blätter werden im Blattregister am unteren Rand des Arbeitsmappenfensters angezeigt. Standardmässig vergibt Excel die Namen **Tabelle1**, **Tabelle2** usw. Der Name des aktiven Blattes wird in grüner Schrift hervorgehoben. Um zu einem andern Blatt zu wechseln, klicken Sie auf das entsprechende Blattregister oder drücken **Ctrl+PageUp** bzw. **Ctrl+PageDown**.

Tabellenblätter umbenennen

Zum besseren Verständnis (vor allem auch für andere Anwender Ihrer Arbeitsmappe) sollten Sie die einzelnen Arbeitsblätter mit kurzen, aussagekräftigen Namen versehen, beispielsweise **Budget** 2019. Der Name kann bis zu 31 Zeichen lang sein – einschliesslich Leerzeichen. Diese Länge sollten Sie wenn möglich nie ausschöpfen. Gehen Sie für das Umbenennen wie folgt vor:

1. Doppelklicken Sie im Blattregister auf den Tabellennamen.
2. Der Name wird markiert, und Sie können den neuen Namen eintippen.
3. Drücken Sie **Enter**.

Sie können den Namen auch über das **Kontextmenü** des Blattregisters ändern.

Tipp
Gewünschtes Tabellenblatt nicht sichtbar?
Ist das gewünschte Blatt nicht sichtbar, weil die Arbeitsmappe eine grosse Anzahl von Arbeitsblättern enthält, verwenden Sie die Registerlaufpfeile, um das gesuchte Blatt einzublenden, oder klicken Sie mit der rechten Maustaste auf einen der Registerlaufpfeile. Dadurch öffnet sich ein Kontextmenü, aus dem Sie das Arbeitsblatt auswählen können:

Tabellenblatt auswählen

Tipp
Denken Sie daran: Wenn Sie einen Befehl nicht kennen, klicken Sie mit der **rechten** Maustaste auf das Objekt, an dem Sie etwas ändern wollen. Meistens bietet Ihnen das Kontextmenü den gesuchten Befehl an.

Kontextmenü des Blattregisters

Tabellenblätter verschieben, kopieren

Die Reihenfolge der Tabellenblätter lässt sich ändern. Ziehen Sie das Blattregister mit der Maus einfach an die gewünschte Stelle. Zum Kopieren drücken Sie gleichzeitig **Ctrl**. Beide Aktionen können Sie auch über das Kontextmenü ausführen.

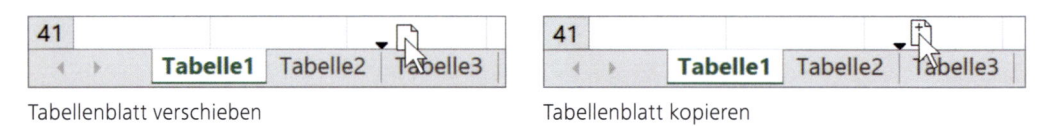

Tabellenblatt verschieben   Tabellenblatt kopieren

Die Bildlaufleisten dienen dazu, im aktiven Tabellenblatt horizontal und vertikal zu blättern.

Weitere Optionen

Tabellenblätter löschen

Klicken Sie mit der rechten Maustaste auf das zu löschende Arbeitsblatt und wählen Sie im Kontextmenü den Befehl **Löschen** aus.

Tipp
Löschen Sie leere Arbeitsblätter, die Sie nicht brauchen. Das erleichtert Ihnen die Übersicht.

Tabellenblätter einfügen

Verwenden Sie dazu das Symbol **Neues Blatt**; es befindet sich am Ende des Blattregisters:

Tabellenblatt einfügen

Sie können ein Arbeitsblatt auch über das uns bereits vertraute Kontextmenü einfügen. Selbstverständlich existieren für fast alle Befehle auch Tastenkombinationen.

Blattregister farblich gestalten

Zusammengehörenden Tabellenblättern können Sie auch eine Farbe zuweisen. Öffnen Sie dazu das Kontextmenü des Tabellenblatts und wählen Sie unter **Registerfarbe** die gewünschte Farbe.

Der Aufbau von Tabellenblättern

Ein Tabellenblatt ist in Spalten und Zeilen aufgeteilt, die mit Buchstaben (Spaltenkopf) und Zahlen (Zeilenkopf) bezeichnet sind. Jeder Schnittpunkt zwischen einer Spalte und einer Zeile stellt eine Zelle dar, die bearbeitet werden kann.

Tipp
Möchten Sie nur die Arbeitsmappe, nicht aber das Programm Excel schliessen, wählen Sie:
- Register **Datei**/Befehl **Schliessen** oder
- Ctrl+W/Ctrl+F4

Tabellenblatt

Je Tabellenblatt stehen höchstens 1 048 576 Zeilen und 16 384 Spalten zur Verfügung. Die Zeilen werden von 1 bis 1 048 576 durchnummeriert, die Spalten werden mit Buchstaben und Buchstabenkombinationen (A, B, C, D … Z, AA, AB, AC …) bezeichnet. Die letzte Spalte heisst XFD.

Die volle Spalten- und Zeilenzahl erhalten Sie nur, wenn Sie im **xlsx**-Format speichern. Das alte **xls**-Format unterstützte nur 256 Spalten.

1.1.5 Arbeitsumgebung über Excel-Optionen anpassen

Jeder Arbeitsplatz stellt bestimmte Anforderungen; daher lässt sich Excel Ihren Bedürfnissen anpassen. Klicken Sie auf die Registerkarte **Datei**, dann auf **Optionen**.

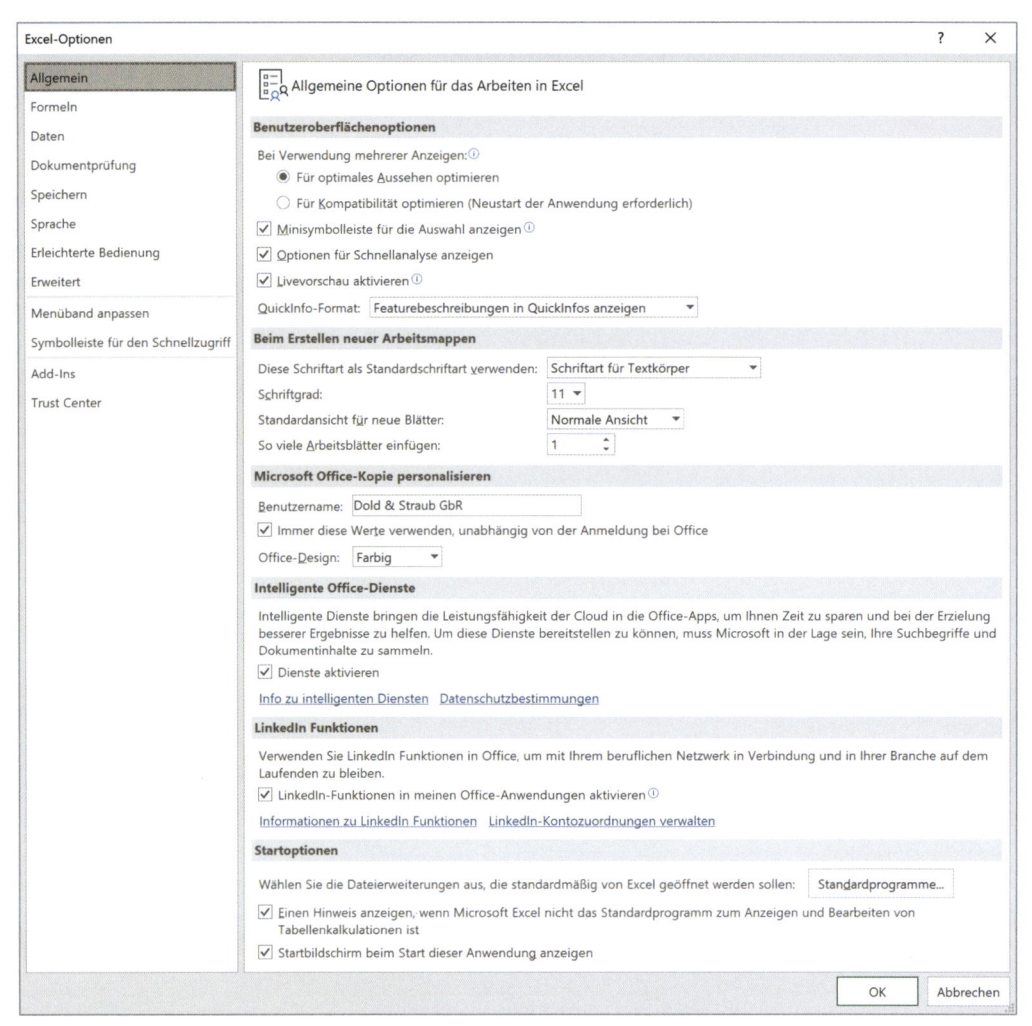

Arbeitsumgebung: Allgemeine Optionen für das Arbeiten in Excel festlegen

Es würde zu weit führen, an dieser Stelle alle Kategorien zu beschreiben. Wir beschränken uns daher auf drei:

- **Allgemein**
  In der Kategorie **Allgemein** finden Sie beispielsweise die Einstellungen für die Standardschrift und die Anzahl der Tabellenblätter je Arbeitsmappe. Für einige Optionen wird eine kurze Information eingeblendet, wenn Sie mit der Maus auf das kleine «i» im Kreis zeigen.

- **Erweitert**
  Unter **Erweitert** finden Sie die häufigsten Einstellungen. Sie können zum Beispiel festlegen, wie sich die Markierung verhalten soll, nachdem Sie **Enter** gedrückt haben, oder ob die Bildlaufleisten angezeigt werden sollen.

- **Menüband anpassen**
  Hier bestimmen Sie, wie das **Menüband** aussehen soll. Sie legen also fest, welche Register mit welchen Einträgen (Befehlen) angezeigt werden sollen. Register, die Sie kaum brauchen, können Sie beispielsweise ausblenden.

1.1.6 Arbeitsmappen (Excel-Dateien) öffnen, speichern und schliessen

Arbeitsmappen öffnen

Register	**Start**
Befehl	**Öffnen**
Tastenkombination	Ctrl+O (open)

Arbeitsmappe öffnen

Die wichtigsten Befehle, die zu einem bestimmten Resultat oder einer Funktion führen, sind jeweils in einer solchen Tabelle am Seitenrand zusammengestellt.

Um eine Arbeitsmappe zu bearbeiten, die Sie auf einer Festplatte oder einem Memory-Stick gespeichert haben, müssen Sie diese zuerst öffnen. Öffnen bedeutet, die Arbeitsmappe in den Arbeitsspeicher des Computers zu kopieren.

Vorgehen:
1. Register **Datei**/Befehl **Öffnen**
2. Sofern die Datei nicht unter den zuletzt verwendeten Dateien angezeigt wird, klicken Sie auf **Dieser PC**, dann auf **Durchsuchen**. Nun öffnen Sie den entsprechenden Ordner, markieren die zu öffnende Datei und klicken auf die Schaltfläche **Öffnen**.

Den Befehl **Öffnen** verwenden Sie auch, wenn Sie Daten, die in einem fremden Format abgespeichert sind, in eine Excel-Datei importieren müssen. Das können beispielsweise Adressen sein, die in einer Textdatei (*.txt) gespeichert sind. Der Excel-Assistent hilft Ihnen dann Schritt für Schritt beim Importieren.

Arbeitsmappen erstmalig speichern

Beim erstmaligen Speichern müssen Sie sich über Folgendes im Klaren sein:

Wohin?   Wohin möchten Sie die Datei speichern?
Was?   Unter was für einem Namen möchten Sie die Datei speichern?
Wie?   Wie, das heisst in welchem Format, möchten Sie die Datei speichern?

Register	**Datei**
Befehl	**Speichern** oder **Speichern unter**
Tastenkombination	Ctrl+S (speichern)

Arbeitsmappe erstmalig speichern

Sie haben folgende Möglichkeiten, eine Datei erstmalig zu speichern:
- Register **Datei**/Befehl **Speichern** oder **Speichern unter**
  Beim erstmaligen Speichern wird immer der Befehl **Speichern unter** ausgeführt, auch wenn Sie den Befehl **Speichern** wählen.
- Sie klicken auf das **Speichern-Symbol** in der **Symbolleiste für den Schnellzugriff**.
- Sie wählen die Tastenkombination **Ctrl+S** (speichern).

Nachdem Sie eine Vorgehensweise gewählt haben, müssen Sie
a) den Speicherort festlegen (Wohin?);
b) die Datei benennen (Was?);
c) das Format angeben (Wie?), in dem Sie die Datei speichern möchten. In der Regel speichern Sie eine Arbeitsmappe im Format **xlsx**;
d) auf die Schaltfläche **Speichern** klicken.

Eine Arbeitsmappe zum wiederholten Mal speichern

Register	**Datei**
Befehl	**Speichern**
Tastenkombination	Ctrl+S (speichern)

Arbeitsmappe wiederholt speichern

Um beispielsweise wegen eines Stromausfalls keine Daten zu verlieren, sollten Sie die Arbeitsmappe regelmässig zwischenspeichern.

Wählen Sie eine der folgenden Möglichkeiten, um die Datei unter dem gleichen Namen am gleichen Ort zu speichern:
- Register **Datei**/Befehl **Speichern**
- **Ctrl+S** (speichern)

Falls Sie die Datei unter einem andern Namen oder an einem andern Ort speichern möchten, verwenden Sie im Register **Datei** den Befehl **Speichern unter**.

Excel-Grundlagen

Befehl	**Schliessen-Symbol (X)**
Tasten-kombi-nation	Ctrl+W oder Ctrl+F4

Arbeitsmappe schliessen

Eine Arbeitsmappe schliessen

Schliessen bedeutet, eine Arbeitsmappe aus dem Arbeitsspeicher zu entfernen.

Vorgehen:

- Klicken Sie auf das **Schliessen-Symbol** am oberen rechten Rand des Excel-Fensters. Falls nur eine Arbeitsmappe geöffnet ist, wird gleichzeitig auch Excel beendet.
- Praktisch und schnell sind die Tastenkombinationen **Ctrl+W** oder **Ctrl+F4**. Diese gelten auch für Word und PowerPoint.

1.2 Das Zellenmodell

1.2.1 Übersicht

Die folgende Übersicht zeigt, dass jede Zelle eines Tabellenblatts fünf Eigenschaften aufweist.

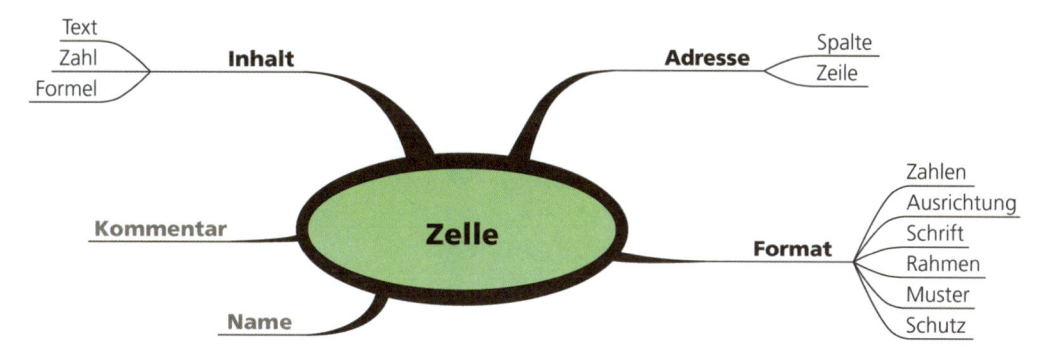

```
         Text                                              Spalte
         Zahl     Inhalt                      Adresse
         Formel                                            Zeile

                                                           Zahlen
                                                           Ausrichtung
   Kommentar              Zelle                            Schrift
                                               Format
                                                           Rahmen
                                                           Muster
                 Name                                      Schutz
```

Die Eigenschaften **Adresse**, **Format** und **Inhalt** sind zentral für die Arbeit mit Excel. Sie sollen deshalb etwas näher betrachtet werden. Auf die Erläuterung von Kommentaren und Namen wird im Rahmen dieser Einführung verzichtet.

1.2.2 Adresse (Zelladresse, Zellbezug)

Die Adresse einer Zelle wird aus der entsprechenden Spalten- und Zeilenbezeichnung gebildet. Die aktive Zelle ist von einem grünen Rahmen umgeben, und ihre Adresse wird jeweils im **Namenfeld** angezeigt.

Zelladresse

Mithilfe dieser Adressen wird in Berechnungen und Diagrammen auf die entsprechenden Zellen Bezug genommen. Deshalb spricht man anstelle von einer **Zelladresse** auch von einem **Zellbezug**.

Sie können auch auf einen ganzen Zellbereich, d. h. mehrere benachbarte Zellen, die zwischen zwei Zellbezügen liegen, Bezug nehmen. Zu diesem Zweck setzen Sie zwischen den beiden Zellbezügen einen Doppelpunkt.

Bezug auf	Eingabe im Namenfeld
die Zelle in Spalte F und Zeile 7	F7
den Zellbereich zwischen den Zellen A3 und B8	A3:B8
alle Zellen in Zeile 5	5:5
alle Zellen in den Zeilen 5 bis 10	5:10
alle Zellen in Spalte H	H:H
alle Zellen in den Spalten H bis J	H:J

1.2.3 Format

Durch Zuweisen von Zellformaten können Sie das Erscheinungsbild der einzelnen Zellen verändern und damit Ihre Tabellen optisch ansprechend gestalten. Es gibt zahlreiche Möglichkeiten, Zellen zu formatieren. Eine davon ist die Minisymbolleiste, die oberhalb des Kontextmenüs angezeigt wird. Sie wird durch Rechtsklick auf eine Zelle eingeblendet.

Minisymbolleiste

Unter der Registerkarte **Start** finden Sie in den Befehlsgruppen **Schriftart**, **Ausrichtung**, **Zahl** usw. weitere Möglichkeiten der Zellformatierung. Mit der Zellformatierung beschäftigt sich das Kapitel 3 dieses Lehrmittels eingehend.

1.2.4 Inhalt

Der Inhalt einer Zelle kann aus einem Text, einer Zahl oder einer Formel bestehen.

Texte

Texte werden standardmässig **linksbündig** angezeigt. Die Ausrichtung lässt sich über ein entsprechendes Zellformat ändern. Ist der Text länger als die Spaltenbreite und hat die benachbarte Spalte keinen Inhalt, wird über den Spaltenrand hinaus geschrieben. Ist die benachbarte Spalte nicht leer, wird die Textanzeige nach Betätigen von **Enter** abgeschnitten.

	A	B	C	D	E	F
1						
2						
3		**Kurzer Text:**		Bern		
4						
5		**Langer Text:**		Bern ist die Hauptstadt der Schweiz.		
6						
7		**Abgeschnittener Text:**		Bern ist die H	0	

Darstellung von Texten

Die Zelle E7 enthält im vorliegenden Beispiel die Zahl Null. Deshalb wird der Inhalt der Zelle D7 abgeschnitten. Auch ein (unsichtbares) Leerzeichen würde dazu genügen.

Das Zellenmodell

Zahlen

Zahlen werden standardmässig **rechtsbündig** angezeigt. Die Ausrichtung lässt sich über ein entsprechendes Zellformat ändern.

Zahlen, die grösser sind als die Spaltenbreite, werden in Exponentialschreibweise dargestellt.

Zahl in Exponentialschreibweise

Hinweis: Die Exponentialdarstellung dient der Darstellung besonders grosser oder kleiner Zahlen.
Die Zahl wird als Produkt einer rationalen Zahl von 1 bis 9,99… und einer Zehnerpotenz dargestellt. Der Exponent zeigt an, um wie viele Stellen «das Komma verschoben» wurde, bei positivem Exponenten nach links, bei negativem nach rechts.

Beispiele: $659200000000 = 6{,}592 \cdot 10^{11} = 6{,}592\text{E}+11$
$0{,}0000000037 = 3{,}7 \cdot 10^{-9} = 3{,}7\text{E-}09$

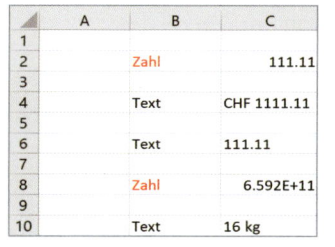

Zahlen dürfen ausschliesslich aus Ziffern und allenfalls einem Dezimaltrennzeichen bestehen. Andernfalls können Sie mit dem Zellinhalt nicht rechnen. Die Zuweisung von Währungs-, Gewichts- und anderen Masseinheiten erfolgt mithilfe von Zahlenformaten. Achten Sie darauf, dass Sie als Dezimaltrennzeichen einen Punkt verwenden und Zahlen nicht mit Text vermischen.

Darstellung von Texten und Zahlen

Formeln

Durch Eingabe von Formeln stellen Sie Berechnungen an. Zellen, die Formeln enthalten, zeigen die Formel nur in der Bearbeitungsleiste an. In der Zelle selbst steht das Ergebnis der Berechnung.

Formel

Beachten Sie den Unterschied zwischen dem Inhalt der Zelle B6 in der Bearbeitungsleiste und dem Erscheinungsbild der Zelle B6. Wenn eine Zelle eine Formel enthält, wird am Bildschirm das entsprechende Ergebnis angezeigt. Der Zellinhalt besteht aber aus einer Formel.

Wahrheitswerte

Es gibt zwei Wahrheitswerte: **Wahr** und **Falsch**. Wahrheitswerte werden bei der Auswertung von logischen Ausdrücken erzeugt. Logische Ausdrücke sind Ausdrücke, die entweder wahr oder falsch sind. Dies ist dann von besonderer Bedeutung, wenn Bedingungen überprüft werden (siehe Kapitel 4.6 Logische Funktionen).

Excel-Grundlagen

Aufgabe 1

Öffnen Sie die Aufgabe 1. Kennzeichnen Sie Zellen,
- die Text enthalten, mit roter Farbe,
- die Zahlen enthalten, mit blauer Farbe,
- die Formeln enthalten, mit grüner Farbe.

Notieren Sie neben den Formelfeldern die verwendeten Formeln.

	A	B	C
1	Lohnabrechnung		
2			
3	Arbeitsstunden		170
4	Stundenlohn		32
5	Grundlohn		5440
6			
7	Zulagen		
8	Schichtarbeit	500	
9	Gefahrenzulage	250	750
10	Bruttolohn		6190
11			
12	Abzüge		
13	Kost und Logis		975
14			
15	Nettolohn		5215
16			

1.3 Dateneingabe

In diesem Kapitel lernen Sie, wie Daten rationell in ein Tabellenblatt einzugeben sind.

1.3.1 Zellinhalte eingeben

Um Daten in ein Tabellenblatt einzugeben, aktivieren Sie die Zelle, die Sie bearbeiten wollen. Anschliessend geben Sie die Daten über die Tastatur ein, drücken **Enter** oder die **Tabulatortaste**.

- Standardmässig bewegt sich die Markierung nach Drücken von **Enter** auf die nächste Zelle nach unten. Wenn Sie dieses Verhalten ändern wollen, klicken Sie auf das Register **Datei**, dann auf **Optionen**. Wählen Sie dort die Kategorie **Erweitert**. Aktivieren Sie dann das Kontrollkästchen **Markierung nach dem Drücken der Eingabetaste verschieben** und legen Sie im Drop-down-Feld darunter die Richtung fest.
- Soll ein Text in einer Zelle auf mehrere Zeilen verteilt werden, so führen Sie an der gewünschten Stelle (nachdem Sie «Anteil» eingetippt haben) mit der Tastenkombination **Alt+Enter** einen Zeilenumbruch durch.
- Um eine Eingabe abzubrechen, drücken Sie **Esc**.

1.3.2 Zellinhalte bearbeiten oder löschen

Zellinhalte bearbeiten

Die Bearbeitung von Zellinhalten erfolgt entweder durch Überschreiben oder Bearbeiten der fehlerhaften Zelle.

Um einen Zellinhalt zu bearbeiten, haben Sie drei Möglichkeiten:

- Klicken Sie zuerst ein Mal auf die Zelle, damit sie aktiv ist, und anschliessend auf die Bearbeitungsleiste.
- Klicken Sie in die fehlerhafte Zelle und betätigen Sie die Funktionstaste **F2**. Dadurch springt der Cursor in die Bearbeitungsleiste. Hinweis: Damit die Funktionstaste F2 funktioniert, muss im Register **Datei**, **Optionen**, Kategorie **Erweitert**, das Kästchen **Direkte Zellbearbeitung zulassen** deaktiviert sein.
- Doppelklicken Sie auf die Zelle mit den Daten, die Sie bearbeiten möchten. **Hinweis:** Damit der Doppelklick funktioniert, muss im Register **Datei**, **Optionen**, Kategorie **Erweitert**, das Kästchen **Direkte Zellbearbeitung zulassen** aktiviert sein.

Zellinhalte löschen

Um einen Zellinhalt zu löschen, klicken Sie auf die entsprechende Zelle und drücken **Delete**. Dadurch wird nur der Inhalt, nicht aber eine allfällige Formatierung gelöscht.

Excel-Grundlagen

Aufgabe 2

Erfassen Sie die folgenden Daten in einem Tabellenblatt und entscheiden Sie anschliessend aufgrund der Ergebnisse, ob es sich bei den Zellinhalten im Zellbereich A4 bis A8 um einen Text oder um eine Zahl handelt.

Zelle	Eingabe	Text	Zahl
A1	Zelle A1		
B1	Zelle B1		
A2	Zelle B2 ist eine leere Zelle.		
B3	Zelle B3		
A3	Diese Eingabe wird abgeschnitten.		
A4	1200	☐	☐
A5	1200 CHF	☐	☐
A6	1200.00	☐	☐
A7	120000000000	☐	☐
A8	5 %	☐	☐
A9	=A4*A7		
A10	=A5+A6		
A11	=A8*A7		

Aufgabe 3

Erfassen Sie das bewegliche Inventar Ihres Informatikraums (Objekttyp, Objektart, Anzahl und geschätzten Stückpreis) in einem neuen Tabellenblatt mit dem Namen **Inventar**.

	A	B	C	D	E	F
1	Inventar des Informatikraums					
2	Typ	Anzahl	Objekt	Preis je Stück	Anschaffungswert	
3	Mobiliar	26	Tische	600		
4		25	Stühle	500		
5		1	Leinwand	1500		
6		1	Wandtafel	2500		
7	Geräte	1	Projektor	1500		
8		1	Beamer	6000		
9		25	Computer	1200		
10		25	Bildschirme	600		
11		1	Drucker	1800		

Zum Ausprobieren:
Wie gibt man Brüche ein?
Tippen Sie eine Null ein, gefolgt von einem Leerzeichen und dem Bruch.
Beispiel: 0 3/4

Aufgabe 4

Ihr Arbeitgeber plant einen Betriebsausflug. Für die Berechnung der Kosten hat einer Ihrer Arbeitskollegen eine Tabelle erstellt. Allerdings haben sich zahlreiche Fehler eingeschlichen, die Sie zu korrigieren haben. Öffnen Sie die Aufgabe 4. Sie entspricht der unten abgebildeten Grundtabelle. Korrigieren Sie die Fehler, damit Ihre Tabelle nachher so wie die Ergebnistabelle aussieht.

Grundtabelle:

	A	B	C	D
1	Bertiebsausfug			
2	Anzal Teilnemer			16
3	Bannfahrt Luzern-Zürich Hauptbahnhof			25
4	Eintrit Kunsthaus Zürich			12
5	Nachtesen			35
6	Kosten			
7	Baanfart			400
8	Musuemseintrit			192
9	Nachtesen			560
10	Total			1152

Ergebnistabelle:

	A	B	C	D
1	Betriebsausflug			
2				
3	Anzahl Teilnehmer			16
4	Bahnfahrt Luzern - Zürich Hauptbahnhof			25
5	Eintritt Kunsthaus Zürich			12
6	Nachtessen			35
7				
8	Kosten			
9	Bahnfahrt			400
10	Museumseintritt			192
11	Nachtessen			560
12				
13	Total			1152

Aufgabe 5

Öffnen Sie die Aufgabe 5. Ergänzen Sie die Tabelle, damit sie nachher wie unten abgebildet aussieht. Dabei lernen Sie eine praktische Tastenkombination und eine zeitsparende Methode zum Erfassen von Daten kennen.

- Zuerst fügen Sie in Zelle D4 das heutige Datum ein, indem Sie bei gedrückter **Ctrl-Taste** den Punkt eintippen.
- Erfassen Sie die Daten des Zellbereichs A8 bis D15: Markieren Sie die Zelle A8. Drücken Sie die linke Maustaste und fahren Sie bis zur Zelle D15. Dadurch wird dieser Bereich markiert.
- Tippen Sie «Art.-Nr.» ein und drücken Sie **Enter**. Dadurch wird die nächste Zelle im markierten Bereich aktiviert. Erfassen Sie nun die übrigen Werte der Spalte A und drücken Sie nach jeder Eingabe **Enter**. Wenn Sie in Zelle A15 die «7» eingetippt und **Enter** betätigt haben, wird die Zelle B8 aktiviert. Sie können so die ganze Tabelle erfassen, ohne auf den Bildschirm schauen zu müssen. Müssen Sie einmal zurückspringen, drücken Sie **Shift** und **Enter** gleichzeitig.

Wichtig: Wenn Sie Daten in einen markierten Bereich eingeben wollen, dürfen Sie die Pfeiltasten nicht verwenden und auch keinen Klick mit der linken Maustaste ausführen, sonst wird die Markierung aufgehoben.

	A	B	C	D
1				
2				
3				
4	Lieferschein Nr. 565			15.08.20..
5				
6	Gemäss Ihrer Bestellung erhalten Sie folgende Artikel:			
7				
8	Art.-Nr.	Artikel	Menge	Preis in CHF
9	1	Massstab	25	1.5
10	2	Bleistift	50	0.5
11	3	Farbstift, rot	25	0.5
12	4	Radiergummi	15	0.8
13	5	Filzstift, blau	10	1.1
14	6	Schreibblock, kariert	50	2.2
15	7	Schreibblock, liniert	75	2.3

Excel-Grundlagen

1.3.3 Zellformate, Kommentare oder Alle löschen

Register	Start
Gruppe	Bearbeiten
Befehl	Löschen

Löschen

Um Formatierungen oder Kommentare zu löschen, wählen Sie in der Registerkarte **Start**, Befehlsgruppe **Bearbeiten**, die Befehlsschaltfläche **Löschen**. Dadurch öffnet sich folgendes Menü:

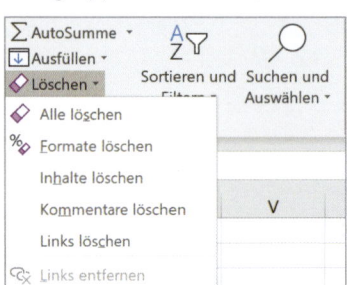

Geöffnete Befehlsschaltfläche **Löschen**

Sie haben folgende Auswahl:

Befehl	Bedeutung
Alle löschen:	löscht den Inhalt, die Formatierung und die Kommentare der markierten Zellen.
Formate löschen:	löscht nur die Formatierung der markierten Zellen und stellt die Standardformatierung wieder her.
Inhalte löschen:	löscht den Inhalt der markierten Zellen. Die Formatierung bleibt erhalten. Dieser Befehl ist gleichzusetzen mit der Verwendung von **Delete**.
Kommentare löschen:	löscht nur die zugehörigen Notizen. Inhalt und Formel bleiben unverändert.
Links löschen:	löscht die Links der markierten Zellen, nicht aber die Formatierung.
Links entfernen:	löscht die Links und sämtliche Formatierungen, wie z. B. fett oder zentriert; dadurch wird die Standardformatierung wiederhergestellt.

Aufgabe 6

Der Schwimmclub Delfin hat Sportartikel eingekauft. Ihre Aufgabe ist es, die folgende Tabelle zu bearbeiten. Öffnen Sie dazu die Aufgabe 6.

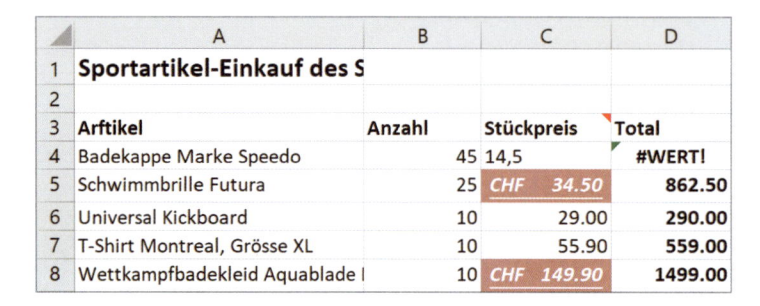

	A	B	C	D
1	Sportartikel-Einkauf des S			
2				
3	Arftikel	Anzahl	Stückpreis	Total
4	Badekappe Marke Speedo	45	14,5	#WERT!
5	Schwimmbrille Futura	25	CHF 34.50	862.50
6	Universal Kickboard	10	29.00	290.00
7	T-Shirt Montreal, Grösse XL	10	55.90	559.00
8	Wettkampfbadekleid Aquablade	10	CHF 149.90	1499.00

1. Wieso wird der Titel abgeschnitten? Bitte korrigieren.
2. In Zelle A3 hat sich ein Tippfehler eingeschlichen. Bitte verbessern.
3. Löschen Sie den Kommentar in Zelle C3.
4. Weshalb zeigt die Zelle D4 einen Fehlerwert an? Verbessern Sie den Fehler, aber in der richtigen Zelle.
5. Löschen Sie in den Zellen C5 und C8 sämtliche Formatierungen.
6. Fügen Sie in der Zelle A8 nach «Wettkampfbadekleid» einen Zeilenumbruch ein.
7. Benennen Sie das Tabellenblatt 1 in **Einkauf Januar** 20.. um.
8. Löschen Sie die Tabellen 2 und 3.

1.4 Markieren

1.4.1 Markieren mit der Maus

Wenn Sie eine bestimmte Zelle oder einen Zellbereich bearbeiten (formatieren, löschen, kopieren, verschieben) wollen, müssen Sie diesen Bereich zuerst markieren. Beim Markieren nimmt der Mauspfeil die Form eines weissen Kreuzes an.

Bereich	Markierungstechnik
Text in einer Zelle	Wenn die Zellbearbeitung aktiviert ist, markieren Sie die Zelle, doppelklicken dann darauf und markieren anschliessend den Text in der Zelle. Wenn die Zellbearbeitung deaktiviert ist, markieren Sie die Zelle und markieren dann den Text in der Bearbeitungsleiste.
Einzelne Zelle	Klicken Sie auf die Zelle oder verwenden Sie die Pfeiltasten, um zu der betreffenden Zelle zu gelangen.
Bereich von Zellen	Klicken Sie auf die erste Zelle des Bereichs und ziehen Sie dann mit der Maus bis zur letzten Zelle.
Grosser Zellbereich	Klicken Sie auf die erste Zelle des Zellbereichs, halten Sie die **Shift-Taste** gedrückt und klicken Sie dann auf die letzte Zelle des Bereichs. Sie können einen Bildlauf durchführen, damit die letzte Zelle sichtbar wird.
Alle Zellen eines Arbeitsblatts	Klicken Sie auf die Schaltfläche **Alles markieren**. Alle Zellen markieren
Nicht angrenzende Zellen	Markieren Sie die erste Zelle des Zellbereichs; halten Sie die **Ctrl-Taste** gedrückt. Markieren Sie dann die anderen Zellen oder Bereiche.
Ganze Zeile oder Spalte	Klicken Sie auf den Zeilen- oder Spaltenkopf (Ziffer oder Buchstabe). Ganze Spalte
Angrenzende Zeilen oder Spalten	Ziehen Sie die Maus über die Zeilen- oder Spaltenüberschriften. Sie können auch die erste Zeile oder Spalte markieren, die **Shift-Taste** gedrückt halten und dann die letzte Zeile oder Spalte markieren.
Nicht angrenzende Zeilen oder Spalten	Markieren Sie die erste Zeile oder Spalte, halten Sie die **Ctrl-Taste** gedrückt und markieren Sie dann die anderen Zeilen oder Spalten.
Mehr oder weniger Zellen als die aktive Auswahl	Halten Sie die **Shift-Taste** gedrückt und klicken Sie auf die letzte Zelle, die in die neue Markierung aufgenommen werden soll. Der rechteckige Bereich zwischen der aktiven Zelle und der Zelle, auf die Sie klicken, wird zur neuen Markierung.
Aufheben einer Zellmarkierung	Klicken Sie auf eine beliebige Zelle im Arbeitsblatt.

Excel-Grundlagen

Aufgabe 7

Führen Sie die folgenden Markierungsübungen durch.

Markieren Sie den Zellbereich B2:D9.

Markieren Sie die Spalten B bis D.

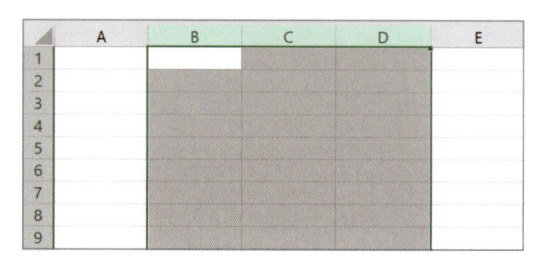

Markieren Sie die Zellen B6 bis D10 und die Zellen C2 bis C14.

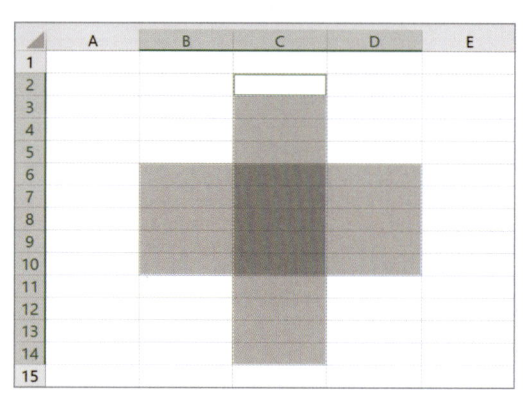

Markieren Sie die Zeile 2 und die Zeilen 6:9.

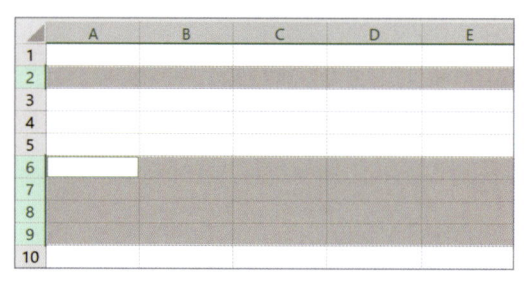

Markieren Sie die Zellen B5, C4, D3 und die Zellen D6 bis E9.

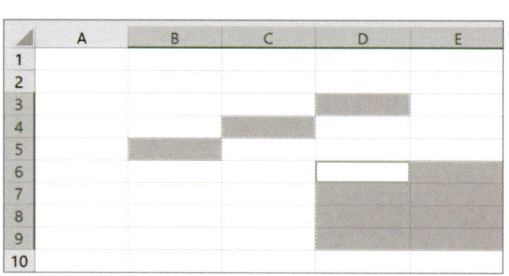

Markieren Sie die ganze Tabelle.

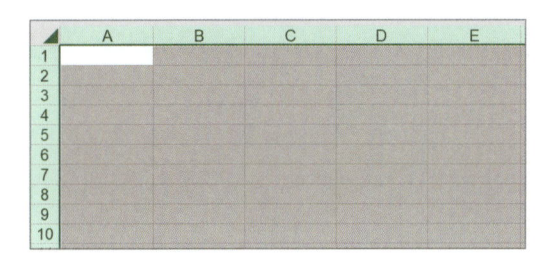

1.4.2 Markieren mit der Tastatur

Auch für das Markieren gibt es Tastenkombinationen:

Markierung	Tastenkombination
Zeile markieren:	Shift+Leertaste
Spalte markieren:	Ctrl+Leertaste
Einen zusammenhängenden Datenbereich markieren:	Ctrl+A
Das ganze Tabellenblatt markieren:	Ctrl+A zweimal betätigen

1.4.3 Das Schnellanalysetool

Tipp
Das Schnellanalysetool können Sie auch mit **Ctrl+Q** einblenden. Es genügt, wenn nur eine Zelle des Bereichs markiert ist.

Ein praktisches Bedienungselement ist das Schnellanalysetool. Sobald Sie einen Bereich mit mehr als einem Wert markiert haben, erscheint neben der Markierung eine kleine Schaltfläche. Ein Klick darauf öffnet eine Art Sprechblase mit einer Menüzeile und darunter jeweils einer Reihe von Symbolen zu dem ausgewählten Menüpunkt. Das Schnellanalysetool enthält eine Reihe typischer Auswertungsmöglichkeiten, wie zum Beispiel die bedingte Formatierung.

Um das Schnellanalysetool auszuprobieren, markieren Sie die Daten und klicken anschliessend auf die Schaltfläche **Schnellanalyse**.

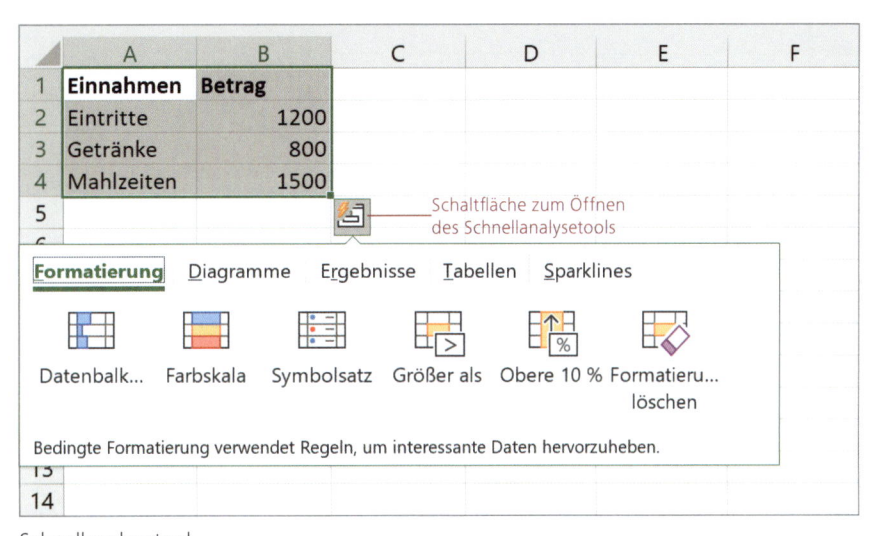

Schnellanalysetool

Excel-Grundlagen

1.5 Spalten- und Zeilenformat

In diesem Kapitel lernen Sie, Spaltenbreiten und Zeilenhöhen anzupassen.

1.5.1 Spaltenbreite

Die Spalten eines neuen Tabellenblatts weisen eine Standardbreite auf. Texte, die über eine Spalte hinausragen, werden abgeschnitten, wenn die Nachbarzelle nicht leer ist. Zahlen, Datumsangaben oder Uhrzeiten, die breiter als die Zelle sind, liefern einen Fehlerwert vom Typ Gartenzaun. In diesen Fällen ist es notwendig, die Spaltenbreite zu vergrössern.

- **Ändern einer einzelnen Spalte**
  Um die Spaltenbreite zu verändern, ziehen Sie die Begrenzungslinie rechts neben der Spaltenbezeichnung auf die gewünschte Breite.

- **Ändern mehrerer Spalten**
  Falls Sie die Spaltenbreite für mehrere oder sogar alle Spalten des Tabellenblattes verändern wollen, markieren Sie zuerst die gewünschten Spalten und ziehen anschliessend die Begrenzungslinie rechts neben einer markierten Spaltenbezeichnung auf die gewünschte Breite.

- **Optimieren der Spaltenbreite**
  Um die Spaltenbreite zu optimieren, d. h. an den längsten Spalteneintrag anzupassen, doppelklicken Sie auf die Begrenzungslinie rechts neben der Spaltenbezeichnung.
  Um die Breite mehrerer oder aller Spalten zu optimieren, markieren Sie zuerst die gewünschten Spalten und doppelklicken anschliessend auf die Begrenzungslinie rechts neben einer markierten Spaltenbezeichnung.

1.5.2 Zeilenhöhe

Die Höhe der Zeilen passt sich automatisch der verwendeten Schriftgrösse an, kann aber auch manuell gesteuert oder über das Kontextmenü genau eingestellt werden.

Um die Zeilenhöhe zu verändern, fahren Sie mit der Maus auf die Begrenzungslinie unter der Zeilenbezeichnung. Es erscheint ein schwarzer Doppelpfeil. Drücken Sie die Maustaste und fahren Sie mit der Maus nach oben oder unten.

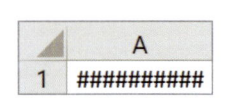

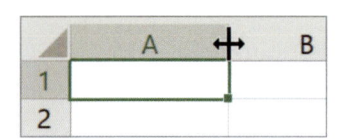

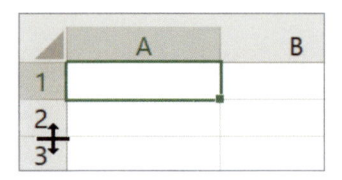

Aufgabe 8

Öffnen Sie die Aufgabe 8.

1. Die Überschrift ist kaum zu lesen. Passen Sie daher die Höhe der Zeile 1 an.
2. Passen Sie die Spalte A an, damit man alle Texte vollständig lesen kann.
3. Weshalb erscheinen in Spalte F Gartenzäune? Bitte anpassen.
4. Die Spalten B bis F sollten alle gleich breit sein.
5. Die Zeilen 8 bis 12 sowie 16 bis 20 sind zu schmal oder zu breit. Bitte optimal anpassen.

1.6 Zellenbearbeitung

In diesem Kapitel lernen Sie unter anderem, wie Sie Zellen, Zeilen oder Spalten einfügen, mit dem Inhalt der Zwischenablage rechnen können und Elemente ausblenden.

1.6.1 Zellen einfügen

Um eine oder mehrere neue Zellen oder ganze Zeilen und Spalten einzufügen, markieren Sie den Bereich, in den Sie leere Zellen einfügen wollen. Die Zahl der markierten Zellen sollte dabei genau der Zahl der einzufügenden Zellen entsprechen.

Klicken Sie anschliessend mit der rechten Maustaste auf den markierten Bereich und wählen Sie im Kontextmenü den Befehl **Zellen einfügen…** . Dadurch wird das Dialogfeld **Zellen einfügen** aufgerufen. Wählen Sie **Zellen nach unten verschieben**.

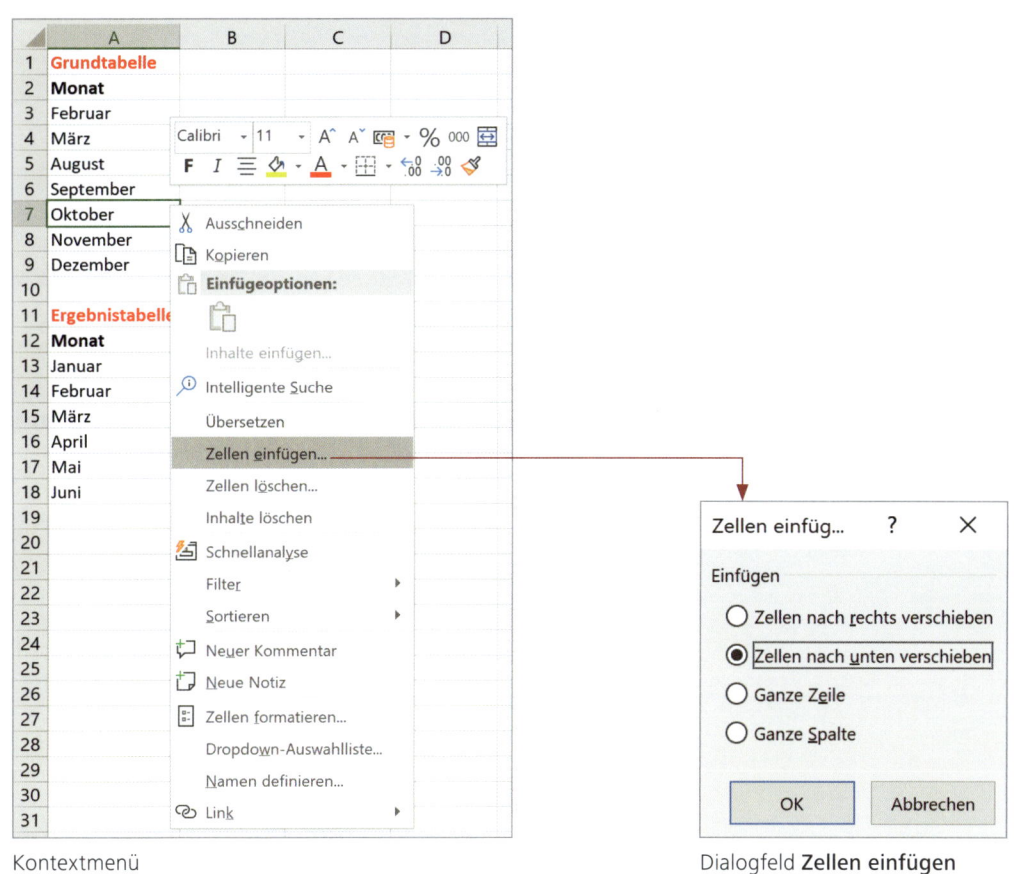

Kontextmenü · Dialogfeld **Zellen einfügen**

Beachten Sie: Es werden exakt so viele Zellen, Zeilen oder Spalten eingefügt, wie Sie markiert haben! Neben den eingefügten Zellen sehen Sie einen Pinsel, einen sogenannten Smarttag.

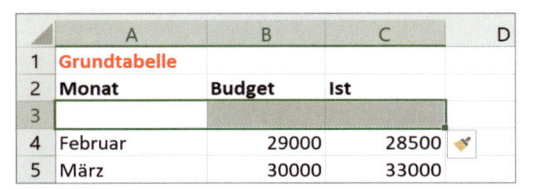

Klicken Sie auf den **Smarttag**, um sein Menü zu öffnen.

Excel-Grundlagen

Tipp

Zeilen, Spalten und Zellen lassen sich auch über Tastenkürzel einfügen:

1. Markieren Sie die Anzahl der einzufügenden Spalten oder Zeilen.
2. Drücken Sie **Ctrl** und das **Pluszeichen** gleichzeitig.

Zum Löschen drücken Sie **Ctrl** und das **Minuszeichen** gleichzeitig.

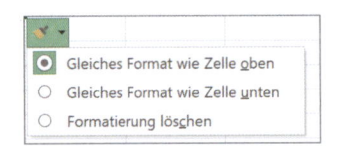

Smarttag-Menü

Sie können wählen, welches Format die eingefügten Zellen erhalten sollen. Wählen Sie für unser Beispiel **Gleiches Format wie Zelle unten**.

1.6.2 Zellen löschen

Das Löschen von Zellen, Zellbereichen, Zeilen und Spalten erfolgt analog zum Einfügen von Zellen. Anstelle von **Zellen einfügen…** wählen Sie im Kontextmenü einfach die Option **Zellen löschen…** .

Aufgabe 9

Öffnen Sie die Aufgabe 9. Oben sehen Sie die Grundtabelle und unten die Ergebnistabelle. Ihre Aufgabe ist es, die Grundtabelle zu bearbeiten.

1. In der Grundtabelle fehlt der Januar. Fügen Sie vor dem Februar drei Zellen ein und tippen Sie die gleichen Werte wie in der Ergebnistabelle ein.
2. Die Monate April, Mai, Juni und Juli fehlen. Fügen Sie die fehlenden Zellen in *einem* Arbeitsgang ein und tippen Sie die gleichen Werte wie in der Ergebnistabelle ein.

1.6.3 Zellen in einen leeren Bereich verschieben oder kopieren

Drag & Drop

Um eine oder mehrere Zellen zu verschieben, markieren Sie den Zellbereich. Zeigen Sie anschliessend mit der Maus auf den Rahmen der Markierung und ziehen Sie die Markierung auf den gewünschten Einfügebereich.

Um die Zellen zu kopieren, halten Sie beim Ziehen die **Ctrl-Taste** gedrückt.

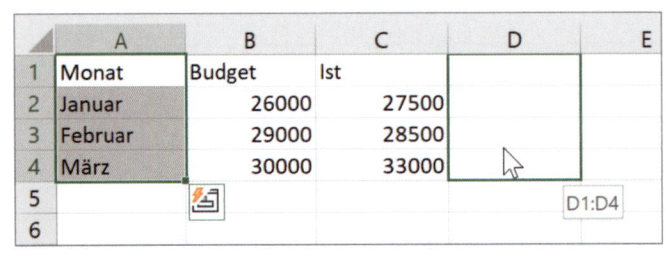

Zellen verschieben

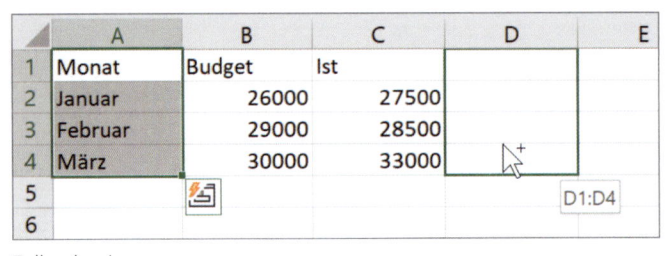

Zellen kopieren

34

Zwischenablage

Das Verschieben und Kopieren über die Zwischenablage eignet sich vor allem dann,

- wenn grössere Zellbereiche verschoben oder kopiert werden sollen;
- wenn Zellen in andere Arbeitsblätter oder Arbeitsmappen verschoben oder kopiert werden sollen.

Vorgehen:

1. Markieren Sie den zu verschiebenden oder zu kopierenden Bereich.
2. Drücken Sie **Ctrl+X**, um die Daten in die Zwischenablage auszuschneiden, oder **Ctrl+C**, um die Daten in die Zwischenablage zu kopieren.
3. Markieren Sie die Zelle, in die Sie die Daten einfügen möchten.
4. Drücken Sie **Ctrl+V**.

Ausschneiden, Kopieren und Einfügen können Sie bequem auch über die Befehlsgruppe **Zwischenablage** des Registers **Start**.

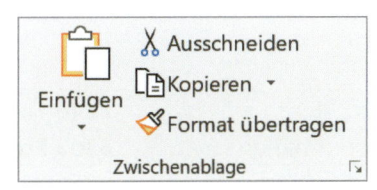

Befehlsgruppe **Zwischenablage** des Registers **Start**

1.6.4 Zellen zwischen bestehende Zellen verschieben oder kopieren

Sie haben eine Tabelle erstellt und möchten im Nachhinein an einer bestimmten Stelle bereits bestehende Daten in diese Tabelle einfügen. Wenn Sie diese einzufügenden Daten einfach mit Drag & Drop an die gewünschte Stelle ziehen, überschreiben Sie die Daten an der Einfügeposition. Das möchte man in der Regel vermeiden! Selbstverständlich könnten Sie leere Zellen in die Tabelle einfügen, um anschliessend in diese leeren Zellen die entsprechenden Daten zu verschieben.

Um diesen Arbeitsweg abzukürzen, bietet Ihnen Excel verschiedene Möglichkeiten, bereits bestehende Daten direkt zwischen andere Daten einzufügen. Wir stellen Ihnen zwei einfache und sichere Methoden vor.

Erste Möglichkeit: Drag & Drop

1. Markieren Sie die Daten, die Sie zwischen bestehende Daten einfügen möchten. Das kann zum Beispiel eine Zeile oder eine Spalte sein.
2. Drücken Sie die Shift-Taste. Fahren Sie mit der Maus auf den Zellenrand des markierten Bereichs, der durch eine grüne Linie gekennzeichnet ist. Es erscheint ein Vierfachpfeil. Ziehen Sie nun mit der Maus den markierten Bereich an die gewünschte Stelle und lassen Sie die Maustaste und anschliessend die Shift-Taste los.

Excel-Grundlagen

	A	B	C	D	E	F
1	**Umsätze Januar**					
2						
3	Kunden-Nr.	Nachname	Vorname	PLZ	Ort	Umsatz
4	100	Müller	Matthias	8200	Schaffhausen	CHF 27.500,00
5	101	Huber	Peter	8200	Schaffhausen	CHF 20.200,00
6	102	Werner	Vreni	8212	Neuhausen	CHF 18.500,00
7	105	Ritter	Robert	8267	Berlingen	CHF 19.500,00
8	106	Schmied	Fredi	8052	Zürich	CHF 14.750,00
9	107	Reber	Ruedi	8912	Obfelden	CHF 20.050,00
10	108	Schneider	Sepp	8262	Ramsen	CHF 16.780,00
11	109	Baumgartner	Urs	8253	Diessenhofen	CHF 12.980,00
12	110	Hangartner	Rolf	8255	Schlattingen	CHF 22.405,00
13	111	Kieser	Maria	8222	Beringen	CHF 21.750,00
14						
15						
16	103	Meierhans	Kurt	8240	Thayngen	CHF 13.350,00
17	104	Kuster	Charles	6300	Zug	CHF 18.900,00
18						

Verschieben und Einfügen durch Drag & Drop

Zweite Möglichkeit: Zwischenablage

Das Verschieben und Kopieren über die Zwischenablage eignet sich vor allem dann,

- wenn grössere Zellbereiche verschoben oder kopiert werden sollen;
- wenn Zellen in andere Arbeitsblätter oder Arbeitsmappen verschoben oder kopiert werden sollen.

Vorgehen:

1. Markieren Sie die Daten, die Sie zwischen bestehende Daten einfügen möchten.
2. Drücken Sie **Ctrl+X**, um die Daten in die Zwischenablage zu verschieben.
3. Markieren Sie die Stelle (Zelle), an der die Daten eingefügt werden sollen.
4. Öffnen Sie mit einem Rechtsklick das Kontextmenü.
5. Wählen Sie den Befehl **Ausgeschnittene Zellen einfügen**.

Aufgabe 10

Öffnen Sie die Aufgabe 10. In dieser Datei befinden sich zwei Tabellenblätter: Übung 1 und Übung 2.

Übung 1:
Verschieben Sie die Kundendatensätze 103 und 104 in die Aufstellung.

Übung 2:
Bringen Sie die Spalten durch Verschieben in die richtige Reihenfolge: 2015, 2016, 2017, 2018, 2019.

1.6.5 Die Zwischenablage zum Rechnen verwenden

Sie haben gelernt, wie man Inhalte aus der Zwischenablage mit **Ctrl+V** einfügt. Manchmal möchte man die Daten der Zwischenablage nicht einfach 1:1 übernehmen, sondern sie beispielsweise ohne Formatierung einfügen oder sie zum Rechnen gebrauchen. Genau das schauen wir uns an. Nehmen wir an, Sie müssten die Verkaufspreise Ihrer Produkte um 2 Franken erhöhen. Das geht ganz einfach: Sie kopieren den Wert 2 in die Zwischenablage und addieren Ihre Verkaufspreise mit dem Inhalt der Zwischenablage. Betrachten wir das anhand eines Beispiels:

In der Spalte A stehen die Produkte, in der Spalte B die Verkaufspreise. Der Wert, um den Sie die Verkaufspreise erhöhen wollen, steht in Zelle C1. Tippen Sie die kleine Tabelle ab.

	A	B	C
1	**Verkaufspreis**		2
2	Produkt 1	CHF 15.50	
3	Produkt 2	CHF 16.70	
4	Produkt 3	CHF 18.90	
5	Produkt 4	CHF 21.30	
6	Produkt 5	CHF 24.50	

Rechnen mit dem Inhalt der Zwischenablage

Für die Berechnung gehen Sie wie folgt vor:

1. Markieren Sie die Zelle **C1** und betätigen Sie **Ctrl+C**.
2. Markieren Sie die Zellen **B2:B6**.
3. Klicken Sie auf den **unteren Teil** des Symbols **Einfügen** aus der Gruppe **Zwischenablage**.
4. Klicken Sie auf **Inhalte einfügen**.
5. Wählen Sie **Addieren**.
6. Da Sie den Wert in Zelle C1 nicht mehr brauchen, löschen Sie ihn.

1.6.6 Transponieren: Zeilen und Spalten vertauschen

Transponieren stammt aus dem Lateinischen und heisst in seiner ursprünglichen Bedeutung «Ein Tonstück in eine andere Tonart übertragen». Nehmen wir an, Sie möchten eine bestehende Tabelle zur besseren Darstellung so anordnen, dass die Spaltenwerte in Zeilen stehen und die Zeilenwerte in Spalten. Kurz gesagt: Sie möchten Zeilen und Spalten vertauschen oder umstellen.

Excel-Grundlagen

Aufgabe 11

Öffnen Sie die Aufgabe 11. Stellen Sie die Zeilen und Spalten um. Die Anleitung finden Sie auch auf dem Tabellenblatt in der Aufgabendatei.

Bestehende Tabelle

	A	B	C	D	E
1		Grundtabelle			
2			Filiale Bern	Filiale Zürich	Filiale Chur
3		Januar	CHF 75'000	CHF 45'000	CHF 34'500
4		Februar	CHF 63'000	CHF 48'900	CHF 35'600
5		März	CHF 57'000	CHF 43'500	CHF 37'500
6		April	CHF 65'000	CHF 45'800	CHF 38'900

So sollte Ihre Tabelle nach dem Transponieren aussehen:

	A	B	C	D	E	F
18		Ergebnistabelle				
19			Januar	Februar	März	April
20		Filiale Bern	CHF 75'000	CHF 63'000	CHF 57'000	CHF 65'000
21		Filiale Zürich	CHF 45'000	CHF 48'900	CHF 43'500	CHF 45'800
22		Filiale Chur	CHF 34'500	CHF 35'600	CHF 37'500	CHF 38'900

Gehen Sie für das Umstellen von Spalten und Zeilen wie folgt vor:

1. Markieren Sie alle Zellen, die Sie umstellen wollen (in der obigen Beispieltabelle sind das die Zellen B2 bis E6).
2. Kopieren Sie die Zellen in die Zwischenablage (am schnellsten mit **Ctrl+C**).
3. Markieren Sie die Stelle (Zelle), an der Sie die kopierten Zellen einfügen möchten.
4. Klicken Sie in der Registerkarte, Gruppe **Zwischenablage**, auf den unteren Teil des Schaltflächenmenüs **Einfügen**.
5. Klicken Sie auf das Symbol **Transponieren**.

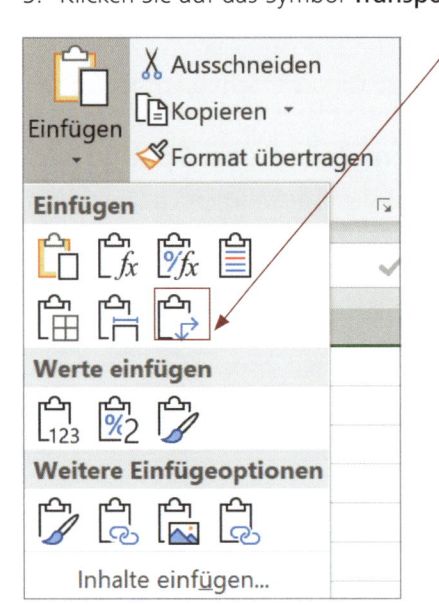

Register	Start
Gruppe	Zwischenablage
Befehl	Einfügen
Befehl	Transponieren

Der Befehl **Transponieren**

Der Befehl **Transponieren**

Tipp
Über das Kontextmenü gelangen Sie noch schneller zum Befehl **Transponieren**.

Weitere Einfügemöglichkeiten lernen Sie später kennen. Alle Möglichkeiten sind unter dem Eintrag **Inhalte einfügen...** aufgeführt.

1.6.7 Spalten und Zeilen aus- und einblenden

Manchmal kann es nützlich sein, gewisse Spalten oder Zeilen auszublenden, damit diese nicht gedruckt werden. Spalten und Zeilen lassen sich auf die gleiche Art aus- und wieder einblenden.

Spalte/Zeile ausblenden

1. Markieren Sie die ganze Spalte/Zeile, die Sie ausblenden möchten.
2. Öffnen Sie mit einem Rechtsklick das Kontextmenü und wählen Sie den Befehl **Ausblenden**.

Sie erkennen die ausgeblendete Spalte/Zeile zum einen an der fehlenden Spalten- oder Zeilenbeschriftung und zum andern an der etwas dickeren Trennlinie im Spalten- oder Zeilenkopf der beiden Nachbarspalten oder -zeilen.

Spalte/Zeile einblenden

1. Markieren Sie im Spaltenkopf die beiden Spalten, die sich links und rechts der ausgeblendeten Spalte befinden, oder markieren Sie die Zeilen oberhalb und unterhalb der ausgeblendeten Zeile.
2. Klicken Sie mit der rechten Maustaste in die Markierung und wählen Sie im Kontextmenü den Befehl **Einblenden**.

Erklärung: Durch das Markieren der beiden Nachbarspalten oder -zeilen wird die ausgeblendete Spalte/Zeile – obwohl unsichtbar – in die Markierung eingeschlossen und unterliegt somit ebenfalls dem Befehl **Einblenden**.

Tabellenblätter aus- und einblenden

Klicken Sie dazu mit der rechten Maustaste auf das Blattregister; wählen Sie dann **Ausblenden** oder **Einblenden**.

Aufgabe 12

Bei dieser Aufgabe probieren Sie das Aus- und Einblenden von Zeilen und Spalten aus. Öffnen Sie die Aufgabe 12.

1. Blenden Sie die Zeilen 15 bis 21 aus.
2. Blenden Sie die Spalten C und E bis F ein.
3. Blenden Sie die Zeilen 8 und 10 bis 13 ein.

Aufgabe 13

Gewiss kennen Sie aus Ihrer Kinderzeit das Schiebepuzzle. Ihre Aufgabe besteht darin, die Zahlen in die richtige Reihenfolge zu bringen. Öffnen Sie die Aufgabe 13. Verschieben Sie die Zellen so, dass die Zahlen aufsteigend von links nach rechts und von oben nach unten angeordnet sind.

Grundtabelle:

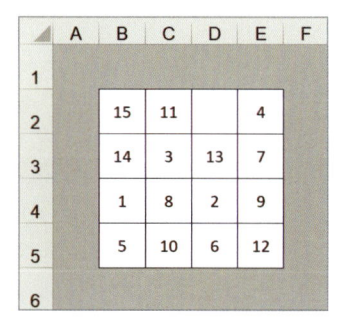

	A	B	C	D	E	F
1						
2		15	11		4	
3		14	3	13	7	
4		1	8	2	9	
5		5	10	6	12	
6						

Ergebnistabelle:

	A	B	C	D	E	F
1						
2		1	2	3	4	
3		5	6	7	8	
4		9	10	11	12	
5		13	14	15		
6						

Excel-Grundlagen

Aufgabe 14

Öffnen Sie die Aufgabe 14.

	A	B	C	D
1	Betriebsausflug			
2	Anzahl Teilnehmer			16
3	Bahnfahrt Luzern - Zürich Hauptbahnhof			
4	Eintritt Kunsthaus Zürich			
5	Nachtessen			35
6	Kosten			
7	Bahnfahrt			0
8	Museumseintritt			0
9	Nachtessen			560
10	**Total**			**560**

Ihr Arbeitgeber ist mit dieser Tabelle nicht zufrieden.

1. Kopieren Sie das Tabellenblatt; geben Sie der Kopie den Namen **Ausflug**.
2. Optimieren Sie die Spaltenbreiten und löschen Sie die Spalten B und C.
3. Fügen Sie vor «Anzahl Teilnehmer», «Kosten» und «Total» je eine leere Zeile ein.
4. Ermitteln Sie mithilfe des Internets den Preis für eine Bahnfahrt 2. Klasse Luzern–Zürich Hauptbahnhof retour mit Halbtax-Abo. Fügen Sie den Preis in die Zelle B4 ein.
5. Suchen Sie mithilfe des Internets den Eintrittspreis heraus, den Erwachsene für den Besuch der Sammlung des Kunsthauses Zürich zu entrichten haben. Tippen Sie diesen Betrag in die Zelle B5 ein.

Haben Sie bemerkt, wie sich das Total in Zelle B13 verändert hat?

Aufgabe 15

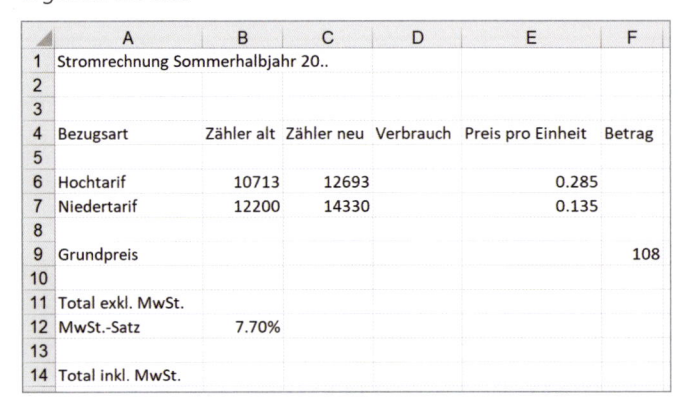

Öffnen Sie die Aufgabe 15. Überarbeiten Sie die folgende Grundtabelle, bis sie das Erscheinungsbild der Ergebnistabelle zeigt.

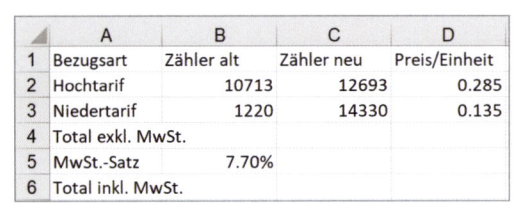

Grundtabelle:

	A	B	C	D
1	Bezugsart	Zähler alt	Zähler neu	Preis/Einheit
2	Hochtarif	10713	12693	0.285
3	Niedertarif	1220	14330	0.135
4	Total exkl. MwSt.			
5	MwSt.-Satz	7.70%		
6	Total inkl. MwSt.			

Ergebnistabelle:

	A	B	C	D	E	F
1	Stromrechnung Sommerhalbjahr 20..					
2						
3						
4	Bezugsart	Zähler alt	Zähler neu	Verbrauch	Preis pro Einheit	Betrag
5						
6	Hochtarif	10713	12693		0.285	
7	Niedertarif	12200	14330		0.135	
8						
9	Grundpreis					108
10						
11	Total exkl. MwSt.					
12	MwSt.-Satz	7.70%				
13						
14	Total inkl. MwSt.					

Aufgabe 16

Öffnen Sie die Aufgabe 16. Überarbeiten Sie die folgende Grundtabelle, ohne bereits vorhandene Daten neu einzugeben, bis sie das Erscheinungsbild der Ergebnistabelle zeigt.

Grundtabelle:

	A	B
1	Bilanz vom 31.12.20..	
2		
3	Kasse	5
4	Post	7
5	Bank	3
6	Debitoren	15
7	Warenlager	45
8	Mobilien	30
9	Immobilien	120
10	Kreditoren	10
11	Bankschuld	20
12	Hypotheken	80
13	Aktienkapital	90
14	Reserven	25

Ergebnistabelle:

	A	B	C	D
1	Bilanz vom 31.12.20..			
2				
3				
4	Aktiven		Passiven	
5	Umlaufvermögen		Fremdkapital	
6	Kasse	5	Kreditoren	10
7	Post	7	Bankschuld	20
8	Bank	3	Hypotheken	80
9	Debitoren	15		
10	Warenlager	45		
11				
12	Anlagevermögen		Eigenkapital	
13	Mobilien	30	Aktienkapital	90
14	Immobilien	120	Reserven	25

1.6.8 AutoAusfüllen

Eine weitere praktische Möglichkeit, Zellinhalte zu kopieren, stellt die Funktion **AutoAusfüllen** dar.

Das kleine grüne Viereck in der rechten unteren Ecke einer Markierung wird als **Ausfüllkästchen** bezeichnet. Wenn Sie auf das Ausfüllkästchen zeigen, nimmt der Mauszeiger die Form eines schwarzen Kreuzes an. Um Inhalte in angrenzende Zellen oder Zellbereiche zu kopieren, markieren Sie die betreffenden Zellen und ziehen Sie das Ausfüllkästchen in die gewünschte Richtung.

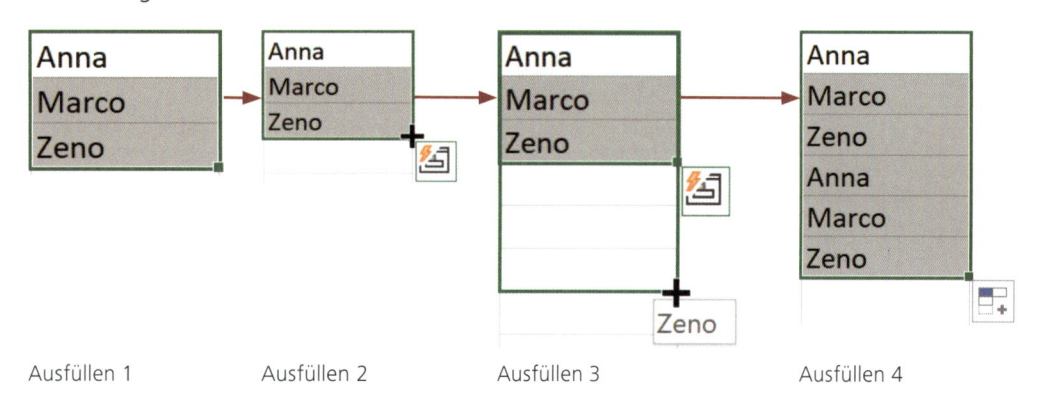

Ausfüllen 1   Ausfüllen 2   Ausfüllen 3   Ausfüllen 4

Excel-Grundlagen

Mithilfe dieser Funktion können Sie aber nicht nur Zellinhalte kopieren, sondern auch sehr schnell und «intelligent» Reihen erstellen.

Wenn Sie beispielsweise in eine Zelle «Montag» schreiben, diese anschliessend markieren und das Ausfüllkästchen in die gewünschte Richtung ziehen, füllt Excel die Zellen automatisch mit den Wochentagen aus.

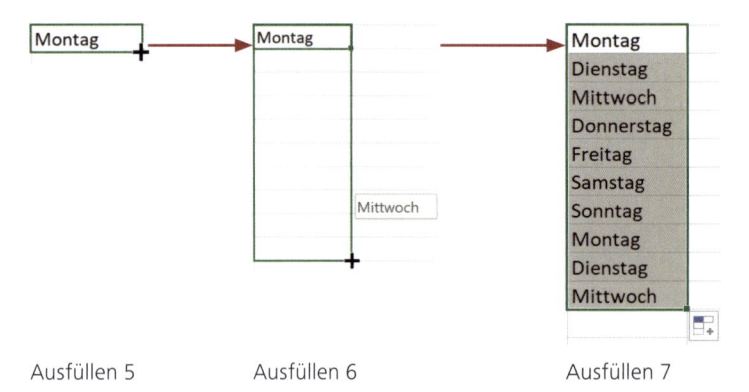

Ausfüllen 5   Ausfüllen 6   Ausfüllen 7

Dieses «intelligente» Ausfüllen basiert auf Vorgaben in den Excel-Optionen: Öffnen Sie das Register **Datei** und klicken Sie auf **Optionen**. Dort finden Sie in der Kategorie **Erweitert** unter der Überschrift **Allgemein** die Schaltfläche **Benutzerdefinierte Listen bearbeiten**.

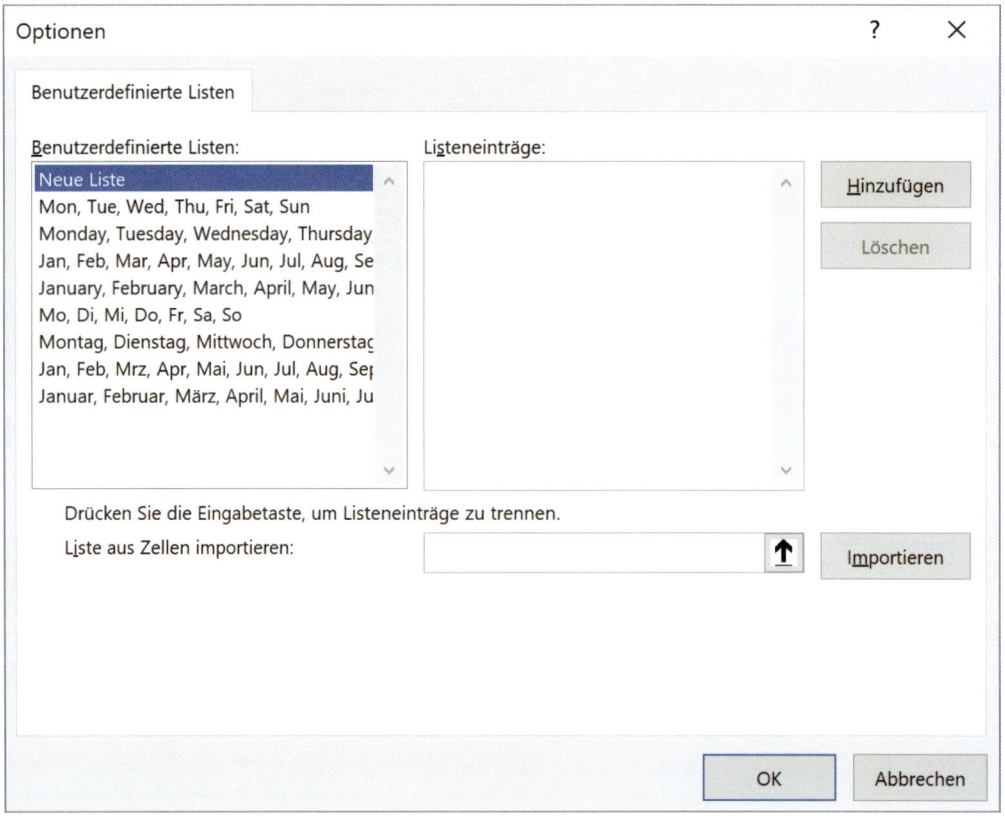

Benutzerdefinierte Listen bearbeiten

Zellenbearbeitung

Hier können Sie für häufig verwendete Texteinträge, beispielsweise die Namen der Mitarbeitenden Ihres Unternehmens, auch eigene Ausfüllreihen erstellen.

Bei Datumseingaben oder Texten, die mit einer Ziffer beginnen oder enden, erzeugt Excel automatisch eine Aufzählung. Falls Sie den Vorgabewert lediglich kopieren wollen, drücken Sie beim Ziehen die **Ctrl-Taste**.

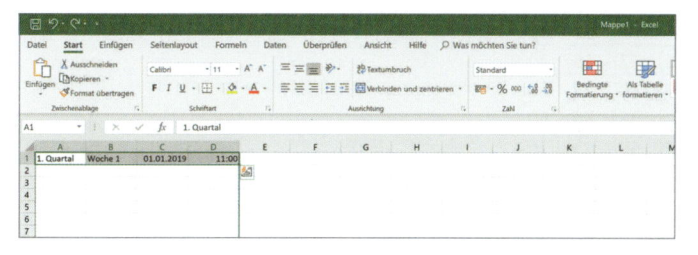

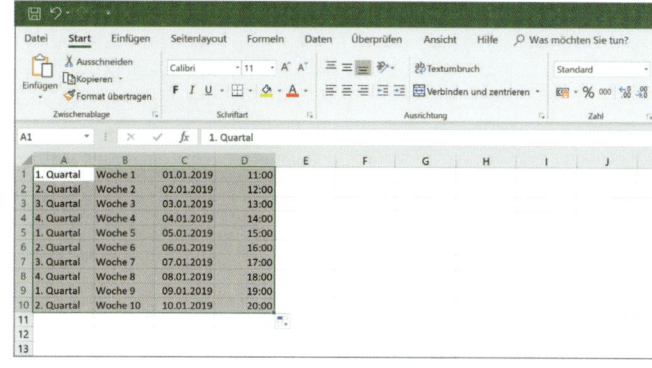

Autoausfüllen 1

Autoausfüllen 2

Um eine Zahlenreihe zu erstellen, müssen Sie als Vorgabe zwei Zahlen eingeben, anschliessend die beiden Zellen markieren und das Ausfüllkästchen in die gewünschte Richtung ziehen. Excel erstellt eine Zahlenreihe, die auf der Differenz der beiden Vorgabewerte basiert.

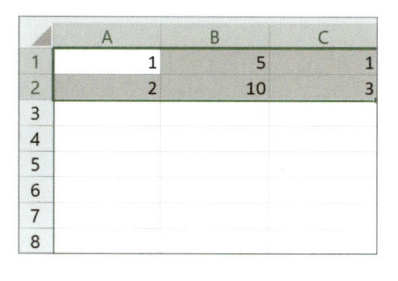

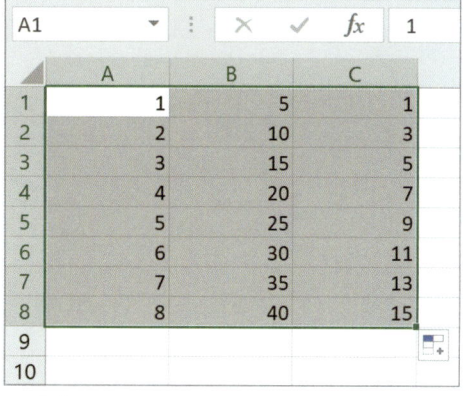

Ausfüllen 8

Ausfüllen 9

Aufgabe 17

Erstellen Sie in einem Tabellenblatt die folgenden Reihen. Verwenden Sie dazu **AutoAusfüllen**.

	A	B	C	D	E	F	G	H	I	J
1	Reihe 1	Reihe 2	Reihe 3	Reihe 4	Reihe 5	Reihe 6	Reihe 7	Reihe 8	Reihe 9	Reihe 10
2	Januar	Monat 1	Jan	1. Quartal	So	01.01.2019	01.01.2019	2019	2	1
3	Februar	Monat 2	Apr	2. Quartal	Mo	01.01.2019	08.01.2019	2020	4	3
4	März	Monat 3	Jul	3. Quartal	Di	01.01.2019	15.01.2019	2021	6	5
5	April	Monat 4	Okt	4. Quartal	Mi	01.01.2019	22.01.2019	2022	8	7
6	Mai	Monat 5	Jan	1. Quartal	Do	01.01.2019	29.01.2019	2023	10	9
7	Juni	Monat 6	Apr	2. Quartal	Fr	01.01.2019	05.02.2019	2024	12	11
8	Juli	Monat 7	Jul	3. Quartal	Sa	01.01.2019	12.02.2019	2025	14	13
9	August	Monat 8	Okt	4. Quartal	So	01.01.2019	19.02.2019	2026	16	15
10	September	Monat 9	Jan	1. Quartal	Mo	01.01.2019	26.02.2019	2027	18	17
11	Oktober	Monat 10	Apr	2. Quartal	Di	01.01.2019	05.03.2019	2028	20	19
12	November	Monat 11	Jul	3. Quartal	Mi	01.01.2019	12.03.2019	2029	22	21
13	Dezember	Monat 12	Okt	4. Quartal	Do	01.01.2019	19.03.2019	2030	24	23

Excel-Grundlagen

Aufgabe 18

Erstellen Sie das kleine Einmaleins. Es dürfen ausschliesslich die grau hinterlegten Zahlen eingegeben werden. Alle übrigen Werte sind durch **AutoAusfüllen** zu generieren.

	A	B	C	D	E	F	G	H	I	J
1	Kleines Einmaleins									
2	1	2	3	4	5	6	7	8	9	10
3	2	4	6	8	10	12	14	16	18	20
4	3	6	9	12	15	18	21	24	27	30
5	4	8	12	16	20	24	28	32	36	40
6	5	10	15	20	25	30	35	40	45	50
7	6	12	18	24	30	36	42	48	54	60
8	7	14	21	28	35	42	49	56	63	70
9	8	16	24	32	40	48	56	64	72	80
10	9	18	27	36	45	54	63	72	81	90
11	10	20	30	40	50	60	70	80	90	100

Formeln 2

2.1 Formelsyntax

2.1.1 Überblick

Formeln sind das Herzstück einer Excel-Tabelle. Mit Formeln werden Berechnungen durchgeführt oder Tabellen nach bestimmten Werten durchsucht. Formeln müssen eine bestimmte Gliederung – auch Syntax genannt – aufweisen. Eine Formel beginnt immer mit einem Gleichheitszeichen, gefolgt von Operanden und Operatoren.

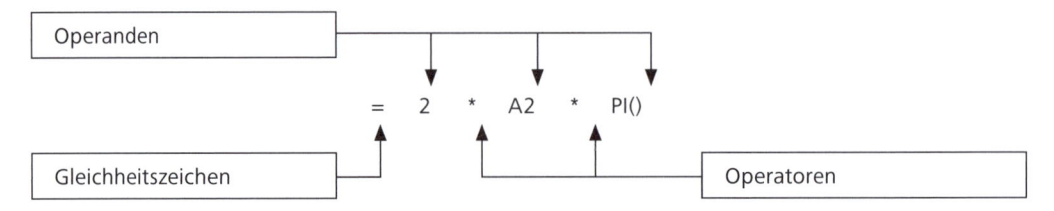

```
Operanden ──────────┐  ↓    ↓      ↓
                    = 2  *  A2  *  PI()
Gleichheitszeichen ─┘          ↑
                    Operatoren ┘
```

Hinweis: In der Sprachwissenschaft ist Syntax gleichbedeutend mit Satzlehre.

In Excel beschreibt die Syntax den korrekten Aufbau von Formeln.

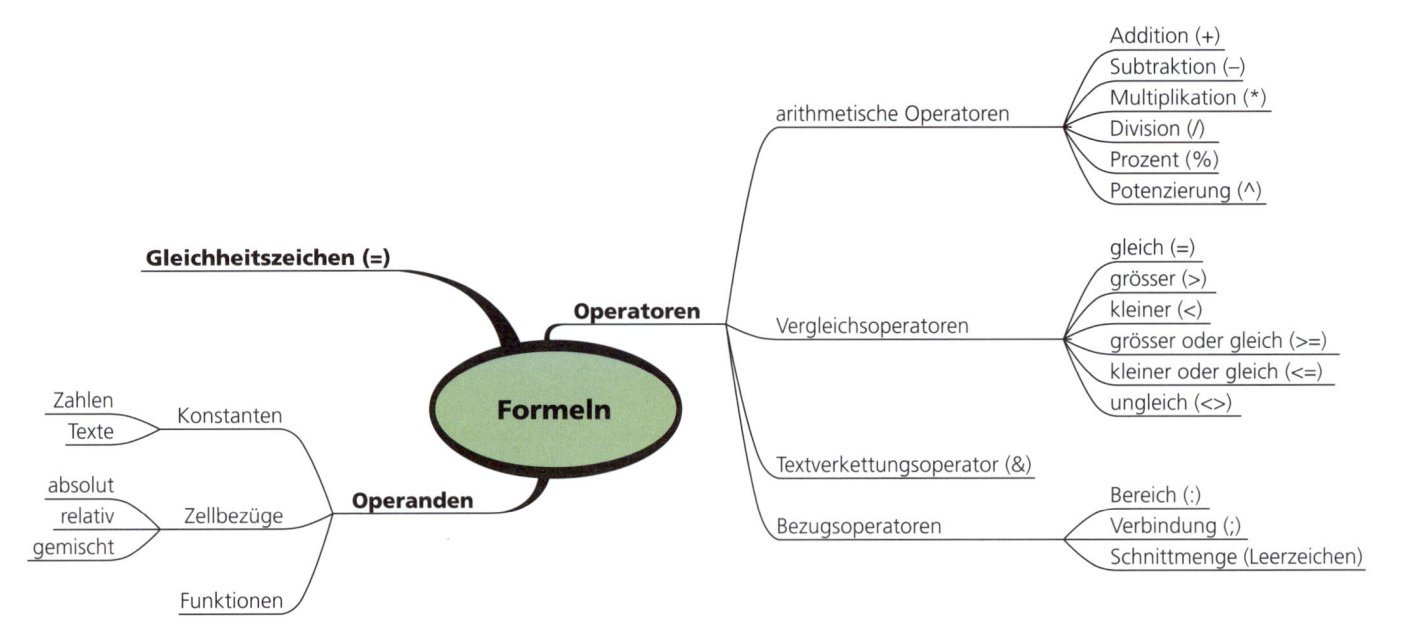

Formeln
- **Gleichheitszeichen (=)**
- **Operatoren**
  - arithmetische Operatoren
    - Addition (+)
    - Subtraktion (–)
    - Multiplikation (*)
    - Division (/)
    - Prozent (%)
    - Potenzierung (^)
  - Vergleichsoperatoren
    - gleich (=)
    - grösser (>)
    - kleiner (<)
    - grösser oder gleich (>=)
    - kleiner oder gleich (<=)
    - ungleich (<>)
  - Textverkettungsoperator (&)
  - Bezugsoperatoren
    - Bereich (:)
    - Verbindung (;)
    - Schnittmenge (Leerzeichen)
- **Operanden**
  - Konstanten
    - Zahlen
    - Texte
  - Zellbezüge
    - absolut
    - relativ
    - gemischt
  - Funktionen

2.1.2 Operatoren

Operatoren legen die Art der Berechnung fest, die mit den Operanden einer Formel durchgeführt werden soll. Dabei wird zwischen arithmetischen Operatoren, Vergleichs-, Text- und Bezugsoperatoren unterschieden.

Arithmetische Operatoren

Arithmetische Operatoren dienen der Durchführung von mathematischen Berechnungen und liefern numerische Ergebnisse.

Operator	Bedeutung	Operation	Ergebnis
+	Addition	2+5	7
–	Subtraktion	9–3	6
*	Multiplikation	3*6	18
/	Division	39/13	3
%	Prozent	20%	0,2
^	Potenzierung	2^3	8

Vergleichsoperatoren

Vergleichsoperatoren dienen dem logischen Vergleich von zwei Werten und liefern als Ergebnis den Wert **Wahr** oder **Falsch**.

Operator	Bedeutung	Operation	Ergebnis
=	ist gleich	7=5	FALSCH
>	grösser als	7>5	WAHR
<	kleiner als	7<7	FALSCH
>=	grösser oder gleich	5>=5	WAHR
<=	kleiner oder gleich	7<=5	FALSCH
<>	ungleich	7<>5	WAHR

Textverkettungsoperator

Der Textverkettungsoperator verknüpft mehrere Textzeichenfolgen und liefert als Ergebnis eine neue Textzeichenfolge.

Operator	Bedeutung	Operation	Ergebnis
&	Textverknüpfung	«Bruch»&«Stelle»	«BruchStelle»

Bezugsoperatoren

Bezugsoperatoren verknüpfen Zellen und Zellbereiche für die Durchführung von Berechnungen. Als Ergebnis liefern sie eine Auswahl von Zellen.

Operator	Bedeutung	Operation	Ergebnis
:	Bereich	B2:B5	Zellen von B2 bis B5
;	Verbindung	B2:B5;C7	Zellen von B2 bis B5 und C7
Leerzeichen	Schnittmenge	B2:B5 A3:C3	Zelle B3

Mathematische Operatorenregeln

Wenn Sie innerhalb einer Formel mehrere arithmetische Operatoren verwenden, wird die Reihenfolge der Rechenschritte durch die mathematischen Operatorenregeln bestimmt. Dabei gilt die bekannte Regel: Punktrechnung vor Strichrechnung.

Formeln

2.1.3 Operanden

Bei den Operanden kann es sich um Konstanten, um Zellbezüge oder um Funktionen handeln. Die verschiedenen Typen von Operanden lassen sich am Beispiel der Berechnung des Kreisumfangs (2*r*Pi) veranschaulichen.

	A	B	C	D	E
1	Radius	Kreisumfang			
2	5	=2*A2*PI()			
3					
4			Konstante	2	bei jeder Berechnung des Kreisumfangs gleich gross
5					
6			Zellbezug	A2	holt den Wert 5 aus Zelle A2
7					
8			Funktion	PI()	berechnet den Wert 3.14159... der Zahl Pi

Elemente einer Formel

- **Konstanten**
  Konstanten sind Werte, die bei einer bestimmten Berechnung immer gleich bleiben, d.h. nicht veränderlich sind.

- **Zellbezüge**
  Mit Zellbezügen wird einer Formel mitgeteilt, wo sich die Daten befinden, mit denen gerechnet werden soll.

- **Funktionen**
  Funktionen sind nichts anderes als vordefinierte Formeln, die komplexe Berechnungen ausführen. Tabellenkalkulationsprogramme stellen eine ganze Reihe solcher Funktionen zur Verfügung. Auf einige werden wir zu einem späteren Zeitpunkt noch eingehen.

2.2 Formeleingabe

2.2.1 Formel erstellen

Um eine Formel zu erstellen, gehen Sie wie folgt vor:

1. Aktivieren Sie die Zelle, die das Ergebnis der Berechnung anzeigen soll.

	A	B	C
1	Zahl 1	Zahl 2	Summe
2	150	30	

2. Beginnen Sie die Formeleingabe mit dem Gleichheitszeichen (=).

	A	B	C
1	Zahl 1	Zahl 2	Summe
2	150	30	=

3. Markieren Sie mit der Maus die Zelle oder den Zellbereich, den Sie in die Formel aufnehmen möchten. In unserem Beispiel klicken Sie auf die Zelle A2. Dieses Anwählen mit der Maus heisst Zeigemethode. Sie ist einfacher und zudem sicherer als das Eingeben der Zellbezüge über die Tastatur.

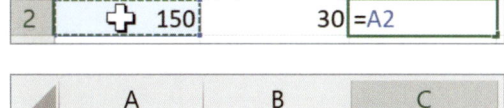

	A	B	C
1	Zahl 1	Zahl 2	Summe
2	150	30	=A2

   Geben Sie das Pluszeichen ein.

	A	B	C
1	Zahl 1	Zahl 2	Summe
2	150	30	=A2+

   Klicken Sie mit der Maus auf die Zelle B2.

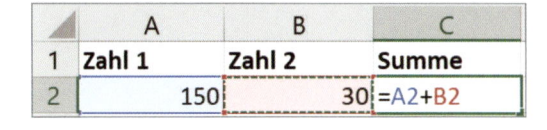

	A	B	C
1	Zahl 1	Zahl 2	Summe
2	150	30	=A2+B2

4. Schliessen Sie die Formeleingabe mit **Enter** ab.

	A	B	C
1	Zahl 1	Zahl 2	Summe
2	150	30	180

Tipp
Beenden Sie die Formeleingabe immer mit **Enter**.

Nachdem die Formel eingegeben wurde, erscheint in der Zelle das Ergebnis der Berechnung. Der Zellinhalt besteht aber aus der Formel, die in der Bearbeitungsleiste sichtbar ist.

Aufgabe 19

Sie haben mit Ihren Freunden etwas getrunken und gegessen. Öffnen Sie die Aufgabe 19. Berechnen Sie das Total in der Zelle E8. Denken Sie an den Grundsatz «Punkt vor Strich»!

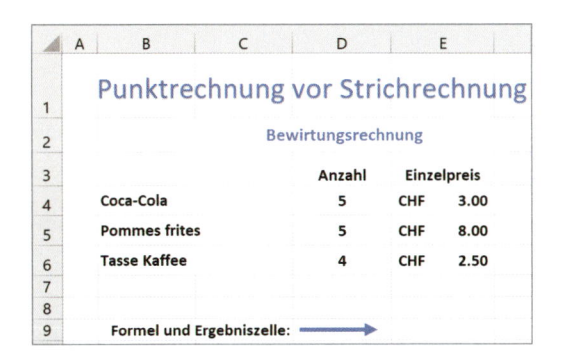

	A	B	C	D	E
1		**Punktrechnung vor Strichrechnung**			
2				Bewirtungsrechnung	
3				Anzahl	Einzelpreis
4		Coca-Cola		5	CHF 3.00
5		Pommes frites		5	CHF 8.00
6		Tasse Kaffee		4	CHF 2.50
7					
8					
9		Formel und Ergebniszelle:		→	

2.2.2 Klammern setzen

Wenn Sie die Rangfolge der Auswertung Ihrer Formel ändern möchten, schliessen Sie die Argumente, die zuerst berechnet werden sollen, in runde Klammern ein. Probieren Sie die Wirkung der Klammern aus:

ohne Klammern: **mit Klammern:**

= 5+6*5   = (5+6)*5

Ergebnis: 35   Ergebnis: 55

In einer Formel muss die Anzahl der öffnenden Klammern mit der Anzahl der schliessenden Klammern übereinstimmen. Excel meldet sonst einen Fehler und markiert die zu korrigierende Stelle in der Formel.

Aufgabe 20

Tabellenblatt **Grundoperationen**:

Öffnen Sie die Aufgabe 20. Führen Sie in Spalte N die folgenden Grundoperationen durch. Verwenden Sie für Ihre Formeln Zellbezüge auf die Spalten B:L und beachten Sie die mathematischen Operatorenregeln.

	A	B	C	D	E	F	G	H	I	J	K	L	M	N	O
1	Aufgaben													Ergebnis	Lösung
3	1									2	+	5	=	7	7
5	2									9	-	3	=	6	6
7	3									3	*	6	=	18	18
9	4									39	:	13	=	3	3
11	5									2	^	3	=	8	8
13	6					5	+	3	*	8	-	2	=	27	27
15	7		(7	+	2)	*	6	-	(5	*	2)		=	44	44
18–19	8									$\frac{8+6-4}{5-4+1}$			=	5	5
22–23	9									$\frac{7*3-3}{2+3+1}$			=	3	3
26–27	10									$\frac{10+5*8}{(3+2)*5}$			=	2	2
30–31	11									$\frac{5*(6+8)}{6*3-4}$			=	5	5
34–35	12						$\frac{9+3}{2}$	-		$\frac{6*2}{4-2}$			=	0	0
38–39	13	$\frac{9*3}{7+2}$				*	$\frac{7-3}{2}$		-	$\frac{6*5}{7+3}$			=	3	3

50

Tabellenblatt **Binomische Formeln:**

Sie kennen sicher die binomischen Formeln. Überprüfen Sie deren Gültigkeit mithilfe von Formeln, die auf die Werte a und b Bezug nehmen.

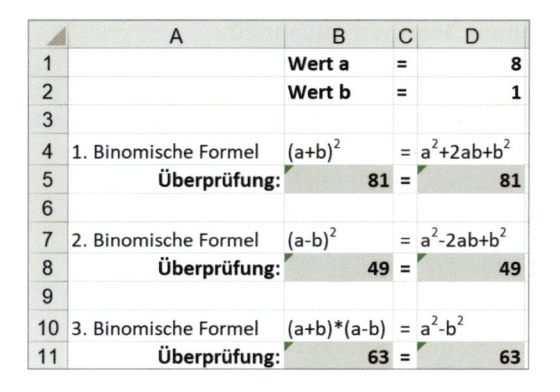

	A	B	C	D
1		Wert a	=	8
2		Wert b	=	1
3				
4	1. Binomische Formel	$(a+b)^2$		$= a^2+2ab+b^2$
5	Überprüfung:	81	=	81
6				
7	2. Binomische Formel	$(a-b)^2$		$= a^2-2ab+b^2$
8	Überprüfung:	49	=	49
9				
10	3. Binomische Formel	$(a+b)*(a-b)$		$= a^2-b^2$
11	Überprüfung:	63	=	63

Aufgabe 21

Öffnen Sie die Aufgabe 21 und lösen Sie die folgenden Dreisatzaufgaben.

1. Die Tara einer Ware macht 12 % des Bruttogewichts aus. Berechnen Sie Tara und Nettogewicht, wenn die ganze Lieferung 612 kg wiegt.
2. Bei einer Abstimmung haben 42 % der Stimmenden ein Nein in die Urne gelegt. Das sind 10 143 Personen. Wie gross war die Anzahl der Stimmenden?
3. Eine Arbeit wird von 8 Personen in 14 Stunden erledigt. Wie lange hätten 5 Personen für dieselbe Arbeit gebraucht, vorausgesetzt, sie arbeiten mit derselben Produktivität?
4. Die Verrechnungssteuer einer Kapitalanlage, die mit 0,75 % verzinst wird, beträgt 35 % des Bruttozinses. Wie gross war der Bruttozins, wenn der Nettozins CHF 236.25 ausmacht? Wie gross ist die Kapitalanlage?
5. 13 Stück eines Artikels kosten total CHF 29.25. Wie viel müsste man für 37 Stück bezahlen?
6. Für eine Ferienreise nach Italien tauschen Sie am Bankschalter CHF 500.– in Euro um. Wie viele Euro erhalten Sie, wenn die Bank mit einem Kurs von 1.20 rechnet?
7. Ein A4-Blatt hat eine Länge von 29,7 cm und eine Breite von 21 cm. Wie gross sind Umfang und Fläche?
8. Ein Rechteck hat eine Breite von 3,5 cm und eine Fläche von 30,8 cm². Wie gross sind Länge und Umfang des Rechtecks?
9. Ein Rechteck hat eine Länge von 16,7 cm und einen Umfang von 64,8 cm. Wie gross sind Breite und Fläche?
10. Für ein Fest besorgen Sie Mineralwasser. Der Getränkehändler macht Ihnen folgendes Angebot: Sie bezahlen pro Flasche CHF 1.35 zuzüglich Depotgebühr von CHF 0.50. Wie teuer kommt Sie ein Harass mit zwölf Flaschen Mineralwasser zu stehen, wenn Sie auch noch eine Depotgebühr von CHF 5.– pro Harass entrichten müssen?

Ändern Sie die Vorgabegrössen und beobachten Sie, wie sich die Ergebnisse verändern.

Formeln

Aufgabe 22

Öffnen Sie die Aufgabe 22 und stellen Sie die folgende Stromrechnung fertig. Verwenden Sie für alle Berechnungen Formeln.

	A	B	C	D	E	F
1	**Stromrechnung Sommerhalbjahr 20..**					
2						
3						
4	**Bezugsart**	**Zähler alt**	**Zähler neu**	**Verbrauch**	**Preis pro Einheit**	**Betrag**
5						
6	Hochtarif	10713	12693	1980	0.285	564.30
7	Niedertarif	12200	14330	2130	0.135	287.55
8						
9	Grundpreis					108.00
10						
11	Total exkl. MwSt.					959.85
12	MwSt.-Satz	7.70%				73.91
13						
14	**Total inkl. MwSt.**					**1033.76**

2.2.3 Formeln analysieren

Tipp
Bearbeitungsmodus einschalten: Zelle mit Formel markieren und **F2** drücken.

Möchten Sie eine Formel schnell überprüfen, oder kann ein Ergebnis nicht stimmen? Im sogenannten Bearbeitungsmodus können Sie sich schnell alle Zellen farbig anzeigen lassen, die sich auf die Formel beziehen. Dadurch können Sie Fehler schnell ausfindig machen. In den Bearbeitungsmodus gelangen Sie durch Drücken von **F2**.

Aufgabe 23

Öffnen Sie die Aufgabe 23. Sie zeigt eine vereinfachte Rechnung für den Motorroller Buffalo, den Sie als Occasion gekauft haben.

	A	B	C
1		**Abrechnung**	
2			
3		Rabattsatz	2%
4		MwSt.-Satz	7.70%
5			
6		Motorroller Buffalo	CHF 800.00
7		MwSt.	CHF 16.00
8		**Total**	**CHF 816.00**

Stimmt das Ergebnis in Zelle C7? Markieren Sie die Zelle C7 und drücken Sie F2. Korrigieren Sie den Fehler, indem Sie mit der Maus den farbig markierten Rahmen auf die richtige Zelle ziehen.

2.3 Bezugsarten

In diesem Kapitel lernen Sie, wie Sie die Zellen für Ihre Berechnungen richtig ansprechen.

2.3.1 Relative Bezüge

Tipp
Nützliche Hinweise erhalten Sie auch von der Excel-Hilfe, die Sie über F1 oder das Dialogfeld «**Was möchten Sie tun?**» aufrufen können.

Zellbezüge in einer Formel werden standardmässig relativ zur Position der aktiven Zelle interpretiert.

Im folgenden Beispiel wird in Zelle B2 Bezug auf die Zelle A1 genommen. Die relative Interpretation dieses Zellbezugs lautet: Hole den Wert aus der Zelle, die eine Spalte links und eine Zeile oberhalb der Ergebniszelle liegt.

Beim Kopieren der Formel in die Zellen B3 und B4 wird der Bezug automatisch angepasst, d. h., die ursprüngliche Formel wird relativ zur Ergebniszelle uminterpretiert.
Sie können demnach Formeln, die mehrfach in einer Tabelle verwendet werden, kopieren. Die Zellbezüge werden automatisch angepasst.

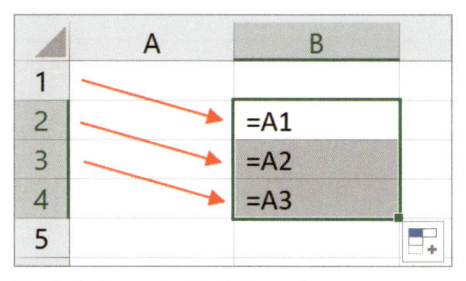

	A	B
1		
2		=A1
3		=A2
4		=A3
5		

Kopierte Formel mit relativem Bezug

Betrachten Sie das folgende Beispiel mit Zahlen: Wenn die Formel in C2 nach C3 und C4 kopiert wird, passt sich die Formel automatisch an: Aus A2*B2 wird A3*B3 bzw. A4*B4.

	A	B	C
1	Menge	Preis	Gesamt
2	50	5.50	=A2*B2
3	75	6.50	=A3*B3
4	80	4.50	=A4*B4

Kopierte Formel mit relativem Bezug

Beachten Sie: Wenn Sie eine Formel **verschieben**, ändern sich die Zellbezüge innerhalb der Formel **nicht**!

Formeln

Aufgabe 24

Ein Schweizer Käsegrosshändler hat sich entschlossen, die Preise zu senken. Öffnen Sie die Aufgabe 24. Nummerieren Sie die Produkte in der Spalte A von 1 bis 50, und zwar möglichst rationell. Berechnen Sie anschliessend in der Zelle F4 den neuen Verkaufspreis für den «Boursault» und kopieren Sie die Formel bis zum letzten Käse («St-Félicien, 150 g»). Beachten Sie, wie sich die Formel beim Kopieren anpasst.

	A	B	C	D	E	F
1	**Neue Käsepreise**					
2						
3		Produktebezeichnung	Alter Verkaufspreis in CHF	Zollgebühr in CHF, die entfällt	Abrundungsbetrag in CHF	Neuer Verkaufspreis in CHF
4	1	Boursault, 125 g	4.10	0.36	0.04	3.70
5	2	Boursin Knoblauch & Kräuter, 150 g	3.80	0.38	0.02	3.40
6	3	Boursin Pfeffer, 150 g	3.80	0.38	0.02	3.40
7	4	Brebiou, per kg	33.50	2.89	0.11	30.50
8	5	Brebio Tradition, per kg	33.00	2.89	0.11	30.00
9	6	Brie de Meaux, per kg	27.00	2.42	0.08	24.50
10	7	Brie d'Henri léger, per kg	28.00	2.89	0.11	25.00
11	8	Brie Vallière, per kg	27.50	2.89	0.11	24.50

2.3.2 Ausfüllen mit Doppelklick

Bei langen Tabellen ist es umständlich, eine Formel über mehrere Dutzend Zeilen zu kopieren. Vielleicht haben Sie das bei der Aufgabe 24 auch so empfunden. Die schnellste Art, eine Formel zu kopieren, ist das Ausfüllen mit einem Doppelklick.

Tipp
Schnelles Kopieren einer Formel: Doppelklicken auf das Ausfüllkästchen

In der rechten unteren Ecke der aktiven Zelle befindet sich bekanntlich das Ausfüllkästchen. Wenn Sie die Maus auf dieses Ausfüllkästchen führen, erscheint ein schwarzes Kreuz. Führen Sie dann einen Doppelklick aus, wird die Formel so lange ausgefüllt, wie sich in der unmittelbar links angrenzenden Spalte Daten befinden. Probieren Sie diese Methode bei der nächsten Aufgabe aus!

Aufgabe 25

Öffnen Sie die Aufgabe 25. Bilden Sie in den Zellen F4 und H4 kopierbare Formeln. Kopieren Sie diese Formeln bis zur Zeile 350 – am schnellsten durch Ausfüllen mit Doppelklick!

	A	B	C	D	E	F	G	H
1	**Bestellung Playmobil**							
2								
3	Code	Artikel-Nr.	Beschreibung	Anzahl	Preis pro Einheit	Bruttobetrag	Rabatt pro Einheit	Nettobetrag
4	PLM	3001	Baggerlader	10	68.90	689.00	10.50	584.00
5	PLM	3003	Gabelstapler	0	41.50	0.00	6.00	0.00
6	PLM	3005	Hofhund/Welpen	5	8.50	42.50	1.50	35.00
7	PLM	3006	Waldtiere	15	29.50	442.50	4.50	375.00
8	PLM	3007	Katzenfamilie	15	6.90	103.50	1.00	88.50
9	PLM	3019	Traumschloss	15	269.00	4035.00	40.50	3427.50

2.3.3 Fenster fixieren

Register	**Ansicht**
Gruppe	**Fenster**
Befehl	Fenster fixieren

Fenster fixieren

Wenn Sie bei langen Tabellen einen Bildlauf nach unten durchführen, verschwinden die Überschriften. Oft kann man dann die einzelnen Daten kaum noch den richtigen Spalten zuordnen. Mit dem Befehl **Fenster fixieren** können Sie festlegen, welcher Bereich der Tabelle bei einem Bildlauf immer sichtbar bleiben soll.

Auf der Registerkarte **Ansicht** befindet sich in der Gruppe **Fenster** der Befehl **Fenster fixieren**. Dieser enthält vier Optionen.

Option	Auswirkung
Fenster fixieren:	Bei diesem Befehl werden die Zeile **oberhalb** und die Spalte **links** der markierten Zelle fixiert. Wenn Sie beispielsweise die Zelle B2 markiert haben, werden die Zeile 1 und die Spalte A fixiert. Bevor Sie diesen Befehl ausführen, sollten Sie also darauf achten, welche Zelle markiert ist.
Oberste Zeile fixieren:	Dieser Befehl fixiert die oberste Zeile – egal, welche Zelle markiert ist.
Erste Spalte fixieren:	Dieser Befehl fixiert die erste Spalte – egal, welche Zelle markiert ist. Fixierte Fenster erkennen Sie an den schwarzen Linien im Tabellenblatt und daran, dass beim Bildlauf der fixierte Bereich stets eingeblendet bleibt. Es lässt sich immer nur *ein* Bereich fixieren.
Fenster fixieren aufheben:	Wählen Sie **Fenster fixieren** an und klicken Sie dann auf **Fixierung aufheben**.

2.3.4 Fenster teilen

Register	**Ansicht**
Gruppe	**Fenster**
Befehl	Teilen

Fenster teilen

Sie können ein Fenster in mehrere Bereiche unterteilen. Dadurch kann in jedem Bereich – unabhängig von den andern – ein Bildlauf durchgeführt werden. Die Balken, die das Fenster unterteilen, lassen sich bequem mit der Maus verschieben.

Aufgabe 26

Öffnen Sie die Aufgabe 26 und probieren Sie das Fixieren von Überschriften und Spalten aus.

1. Fixieren Sie die Zeile 3.
2. Fixieren Sie die Zeile 3 und die Spalte A.
3. Heben Sie die Fixierung wieder auf.
4. Markieren Sie die Zelle D4. Wählen Sie den Befehl **Teilen**. Probieren Sie den Bildlauf in den einzelnen Fenstern aus.

Aufgabe 27

Sie haben CHF 4000.– auf einem Jugendsparkonto angelegt. Für dieses Geld erhalten Sie 2 % Zinsen. Sie nehmen 10 Jahre keine zusätzlichen Einzahlungen vor.

Öffnen Sie die Aufgabe 27. Berechnen Sie den jeweiligen Jahreszins sowie das Guthaben zu Beginn des Jahres unter der Voraussetzung, dass Sie die Zinsen auf dem Konto stehen lassen. Die Formeln der grau hinterlegten Zellen sind zu kopieren.

	A	B	C
1	Jahr	Guthaben Jahresbeginn	2% Zinsen
2	1	4000	80
3	2	4080	81.6
4	3	4161.6	83.232
5	4	4244.832	84.89664
6	5	4329.72864	86.5945728
7	6	4416.323213	88.32646426
8	7	4504.649677	90.09299354
9	8	4594.742671	91.89485341
10	9	4686.637524	93.73275048
11	10	4780.370274	95.60740549

Formeln

Aufgabe 28

Als Product Manager für das Mountainbike Freaky-Budget erstellen Sie eine Übersicht über den Umsatz und den Bruttogewinn im ersten Halbjahr 20.. .

Öffnen Sie die Aufgabe 28. Gegeben sind für die Monate Januar bis Juni jeweils der Einkaufspreis, der Kalkulationsfaktor zur Berechnung des Verkaufspreises und die abgesetzte Stückzahl. Berechnen Sie den jeweiligen Verkaufspreis, den Umsatz und den Bruttogewinn.

Die Inhalte der grau hinterlegten Zellen sind zu kopieren.

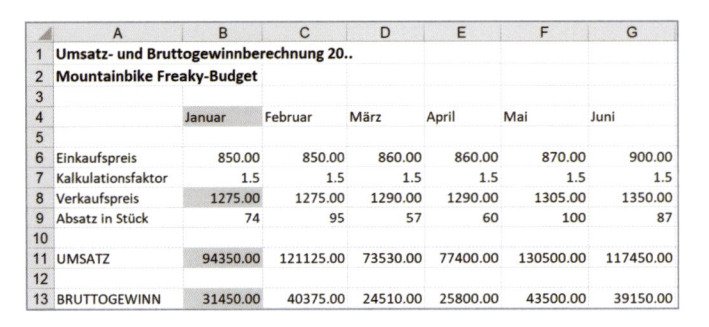

	A	B	C	D	E	F	G
1	Umsatz- und Bruttogewinnberechnung 20..						
2	Mountainbike Freaky-Budget						
3							
4		Januar	Februar	März	April	Mai	Juni
5							
6	Einkaufspreis	850.00	850.00	860.00	860.00	870.00	900.00
7	Kalkulationsfaktor	1.5	1.5	1.5	1.5	1.5	1.5
8	Verkaufspreis	1275.00	1275.00	1290.00	1290.00	1305.00	1350.00
9	Absatz in Stück	74	95	57	60	100	87
10							
11	UMSATZ	94350.00	121125.00	73530.00	77400.00	130500.00	117450.00
12							
13	BRUTTOGEWINN	31450.00	40375.00	24510.00	25800.00	43500.00	39150.00

Hilfe: Verkaufspreis = Einkaufspreis * Kalkulationsfaktor
Bruttogewinn = Umsatz – (Absatz * Einkaufspreis)

2.3.5 Absolute Bezüge

Die relative Interpretation von Zellbezügen bietet viele Vorteile. Es gibt aber auch Situationen, in denen die Anpassung der Zellbezüge nicht erwünscht ist.
Falls in einer Berechnung ein Wert immer aus der gleichen Zelle abgeholt werden sollte, müssen Sie einen absoluten Zellbezug verwenden. Absolut heisst, dass sich dieser Zellbezug beim Kopieren nicht anpasst.

Einen absoluten Bezug erstellen Sie, indem Sie vor der Spalten- und Zeilenbezeichnung ein Dollarzeichen ($) eingeben. Excel fügt die Dollarzeichen automatisch ein, wenn Sie F4 drücken.

Im folgenden Beispiel wird in Zelle B2 Bezug auf die Zelle $A$1 genommen. Die absolute Interpretation dieses Zellbezugs lautet: Hole den Wert aus Spalte 1 und Zeile 1, und zwar immer! Beim Kopieren der Formel wird der Bezug nicht angepasst, d.h., die ursprüngliche Formel bleibt erhalten.

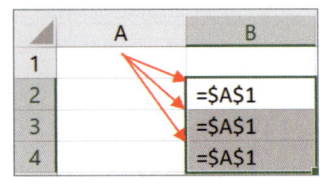

	A	B
1		
2		=$A$1
3		=$A$1
4		=$A$1

Kopierte Formel mit absolutem Bezug

Betrachten Sie das folgende Beispiel mit Zahlen:

	A	B
1	Stückpreis	5.75
2		
3	Menge	Gesamtpreis
4	250	
5	370	
6	310	
7	480	

Bezugsarten

In den Zellen B4 bis B7 muss für verschiedene Mengen der Gesamtpreis berechnet werden, und zwar immer mit demselben Stückpreis. Wenn Sie in Zelle B4 die Formel =A4*B1 schreiben, erhalten Sie ein richtiges Ergebnis. Wenn Sie diese Formel aber nach unten ausfüllen, passt sich die Formel an: In Zelle B5 steht dann =A5*B2, und das ergibt ein falsches Ergebnis. Die Zelle B2 ist ja leer! Sie müssen also den Zellbezug B1 absolut setzen, sodass er sich beim Kopieren der Formel nicht verändert.

Gehen Sie wie folgt vor:

1. Markieren Sie die Zelle B4.
2. Tippen Sie das Gleichheitszeichen ein.
3. Klicken Sie die Zelle A4 an, und tippen Sie das Multiplikationszeichen ein.
4. Klicken Sie auf die Zelle B1.
5. Drücken Sie F4. Excel schreibt vor die Spalte B und vor die Zeile 1 ein Dollarzeichen. Drücken Sie **Enter**.

Die Formel sieht wie folgt aus:

=A4*$B$1

- A4 ist ein relativer Bezug. Wenn Sie die Formel nach unten ausfüllen, passt sich dieser Bezug an: Aus A4 wird A5, A6 und A7.
- $B$1 ist der absolute Bezug. Dieser Bezug passt sich beim Kopieren der Formel nicht an. Der Wert wird immer aus der Zelle B1 geholt.

	A	B
1	Stückpreis	5.75
2		
3	Menge	Gesamtpreis
4	250	=a4*$B$1
5	370	
6	310	
7	480	

Kopierte Formel mit absolutem Bezug

Aufgabe 29

Öffnen Sie die Aufgabe 29. Berechnen Sie in der Zelle B4 das Guthaben samt Zins, und zwar so, dass Sie die Formel bis zur Zelle B12 ausfüllen können.

Wenn Sie in der Zelle B1 den Zinssatz ändern, sollten sich die Guthaben automatisch anpassen. Probieren Sie es aus.

	A	B
1	Zinssatz:	2%
2	Jahr	Guthaben Jahresbeginn
3	1	4000
4	2	4080
5	3	4161.6
6	4	4244.832
7	5	4329.72864
8	6	4416.323213
9	7	4504.649677
10	8	4594.742671
11	9	4686.637524
12	10	4780.370274

Formeln

Aufgabe 30

Sie haben den Auftrag, die Benzinkosten Ihres Geschäftsfahrzeugs zu erfassen. Zu diesem Zweck tragen Sie nach jedem Tanken das Datum, die seit der letzten Tankfüllung zurückgelegte Kilometerzahl sowie die Anzahl getankte Liter in eine Tabelle ein.

	A	B	C	D	E	F	G
1	**Benzinkosten**						
2	Preis	CHF/Liter	1.62				
3							
4	Datum	km-Stand	km	Liter	Betrag	Liter/100 km	CHF/100 km
5	18.03.20..	13725					
6	25.03.20..	14151	426	34	55.08	7.98	12.93
7	29.03.20..	14505	354	29	46.98	8.19	13.27
8	04.04.20..	14798	293	26	42.12	8.87	14.38
9	06.04.20..	15297	499	42	68.04	8.42	13.64
10	13.04.20..	15685	388	27	43.74	6.96	11.27
11	16.04.20..	16121	436	26	42.12	5.96	9.66
12	19.04.20..	16644	523	23	37.26	4.40	7.12
13	20.04.20..	17156	512	45	72.90	8.79	14.24
14	25.04.20..	17621	465	37	59.94	7.96	12.89
15	16.05.20..	17811	190	13	21.06	6.84	11.08
16	18.05.20..	18296	485	41	66.42	8.45	13.69

Öffnen Sie die Aufgabe 30. Berechnen Sie aufgrund dieser Vorgaben die Benzinkosten sowie den Verbrauch pro 100 km.

Aufgabe 31

Sie erhalten den Auftrag, eine Abrechnung für den Energieverbrauch der Abteilungen Lager, Fertigung und Verwaltung zu erstellen. Gegeben sind die Energiekosten pro Einheit sowie die Verbrauchszahlen der einzelnen Kostenstellen.

Öffnen Sie die Aufgabe 31. Berechnen Sie die Energiekosten der einzelnen Kostenstellen sowie die Totale. Öffnen Sie die Aufgabe 32. Die Formeln der grau hinterlegten Zellen sind zu kopieren.

	A	B	C	D	E
1	Verbrauchsabrechnung 20..				
2					
3	Einheitskosten				
4	Strom	CHF/kWh	0.21		
5	Wasser	CHF/m³	1.25		
6	Heizöl	CHF/100 l	50.16		
7					
8		Kostenstellen			
9	Verbrauch	Lager	Fertigung	Verwaltung	Total
10	Strom in KWh	5791	13268	8954	28013
11	Wasser in m³	264	1057	846	2167
12	Heizöl in Liter	2648	15624	6984	25256
13					
14	Energiekosten in CHF				
15	Strom	1216.11	2786.28	1880.34	5882.73
16	Wasser	330	1321.25	1057.5	2708.75
17	Heizöl	1328.2368	7836.9984	3503.1744	12668.4096
18	Total	2874.3468	11944.5284	6441.0144	21259.8896

2.3.6 Gemischte Bezüge

Ein gemischter Bezug hat entweder eine absolute Spalte und eine relative Zeile oder eine absolute Zeile und eine relative Spalte. Der absolute Teil eines Zellbezugs wird durch das Voranstellen eines Dollarzeichens ($) gekennzeichnet.

Bezug	Interpretation
A1	relative Spalte und relative Zeile
$A$1	absolute Spalte und absolute Zeile
A$1	relative Spalte und absolute Zeile
$A1	absolute Spalte und relative Zeile

2.3.7 Wechseln zwischen Bezugsarten

Um zwischen relativen, absoluten und gemischten Bezügen zu wechseln, können Sie die benötigten Dollarzeichen entweder über die Tastatur eingeben oder aber die Funktionstaste F4 benützen. In diesem Fall gehen Sie wie folgt vor.

1. Markieren Sie die Zelle, die die Formel enthält.
2. Setzen Sie den Cursor in der Bearbeitungsleiste oder direkt in der Zelle auf den Zellbezug, den Sie ändern möchten.
3. Drücken Sie die Funktionstaste F4 so oft, bis die richtige Kombination von relativen und absoluten Spalten- und Zeilenbezügen angezeigt wird.
4. Wenn die korrekte Bezugsvariante angezeigt wird, drücken Sie **Enter**.

Betrachten wir ein Beispiel: Alle Stückpreise sind in der Zeile 2, aber in verschiedenen Spalten. Die Mengen befinden sich alle in der Spalte A, aber in verschiedenen Zeilen. Gesucht ist eine Formel in der Zelle B3, die sich bis zur Zelle D6 kopieren lässt.

	A	B	C	D
1		Stückpreis		
2	Menge	CHF 5.50	CHF 6.50	CHF 7.50
3	300			
4	705			
5	830			
6	950			
7				

Gemischte Bezüge

Gehen Sie wie folgt vor:

1. Markieren Sie die Zelle B3 und tippen Sie das Gleichheitszeichen ein.
2. Klicken Sie die Zelle A3 an. Da alle Werte aus der Spalte A geholt werden müssen, muss die **Spalte absolut** gesetzt werden. Die **Zeile muss relativ** bleiben, da sich die Mengen ja in verschiedenen Zeilen befinden. Drücken Sie also dreimal F4, bis der Bezug so aussieht: =$A3.
3. Tippen Sie das Multiplikationszeichen ein und klicken Sie auf die Zelle B2. Alle Stückpreise sind in der Zeile 2, aber in verschiedenen Spalten. Folglich muss die **Zeile absolut** und die **Spalte relativ** sein. Drücken Sie zweimal F4, bis der Bezug so aussieht: B$2. Drücken Sie **Enter**.

Die optimale, weil kopierbare Formel in Zelle B3 lautet also: =$A3*B$2. Diese Formel können Sie durch Ausfüllen bis in die Zelle D6 kopieren.

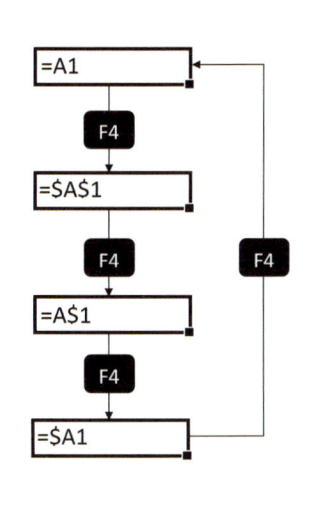

Formeln

Aufgabe 32

Der Fahrradhersteller Freaky setzt seine Fahrräder über verschiedene Absatzkanäle ab und berechnet die Verkaufspreise seiner Modellpalette mithilfe von Kalkulationsfaktoren aus den Herstellungskosten. Öffnen Sie die Aufgabe 32. Die Formel der grau hinterlegten Zelle ist zu kopieren.

	A	B	C	D	E
1	Absatzkanal		Grossisten	Detaillisten	Endverbraucher
2	Kalkulationsfaktor		1.25	1.75	2
3					
4	Modell	Herstellungskosten	Verkaufspreise		
5	Budget	900	1125	1575	1800
6	Mid LX	1200	1500	2100	2400
7	High XT	1600	2000	2800	3200

Aufgabe 33

Sie beabsichtigen, ein Haus zu kaufen, das Sie über eine Hypothek finanzieren wollen. Um Ihre jährliche Belastung durch die Hypothekarzinse zu bestimmen, erstellen Sie eine Modellrechnung.

Die Rechnung ermöglicht Ihnen, die anfallenden Hypothekarzinse bei unterschiedlichen Zinssätzen und unterschiedlichen Hypothekarschulden zu ermitteln. Ausserdem lassen sich das Minimalkapital sowie die Kapitalsprünge und der Minimalzins sowie die Zinssprünge flexibel festlegen.

Öffnen Sie die Aufgabe 33. Die Formeln der grau hinterlegten Zellen sind zu kopieren.

	A	B	C	D	E	F	G
1	Minimalkapital:	250000			Minimalzins:		2,50%
2	Kapitalsprung:	50000			Zinssprung:		0,25%
3							
4		Kapital					
5	Zinssatz	250000	300000	350000	400000	450000	500000
6	2,50%	6250	7500	8750	10000	11250	12500
7	2,75%	6875	8250	9625	11000	12375	13750
8	3,00%	7500	9000	10500	12000	13500	15000
9	3,25%	8125	9750	11375	13000	14625	16250
10	3,50%	8750	10500	12250	14000	15750	17500
11	3,75%	9375	11250	13125	15000	16875	18750
12	4,00%	10000	12000	14000	16000	18000	20000
13	4,25%	10625	12750	14875	17000	19125	21250
14	4,50%	11250	13500	15750	18000	20250	22500
15	4,75%	11875	14250	16625	19000	21375	23750
16	5,00%	12500	15000	17500	20000	22500	25000

Aufgabe 34

Eine Musikschule erteilt Instrumentalunterricht für Blockflöte, Trompete, Gitarre und Klavier. Auf die Basispreise je Lektion werden Ermässigungen in Abhängigkeit von der Anzahl gebuchter Lektionen gewährt. Ab zehn Lektionen kostet jede Lektion CHF 2.–, ab 20 Lektionen CHF 5.– weniger.

Öffnen Sie die Aufgabe 34. Die Formel der grau hinterlegten Zelle ist zu kopieren.

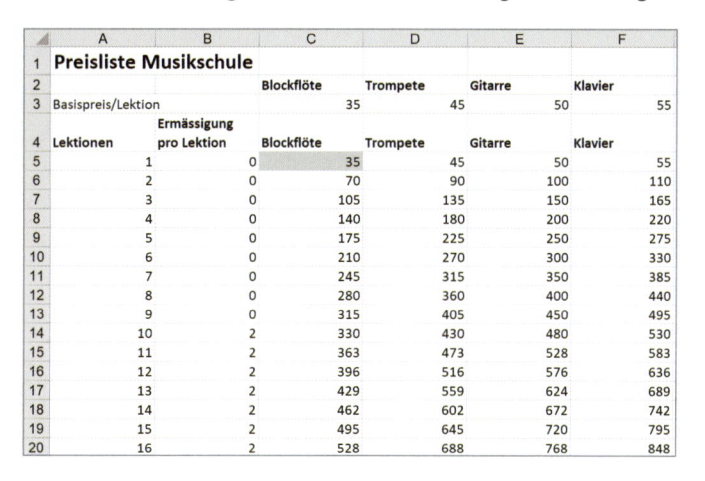

	A	B	C	D	E	F
1	Preisliste Musikschule					
2			Blockflöte	Trompete	Gitarre	Klavier
3	Basispreis/Lektion		35	45	50	55
4	Lektionen	Ermässigung pro Lektion	Blockflöte	Trompete	Gitarre	Klavier
5	1	0	35	45	50	55
6	2	0	70	90	100	110
7	3	0	105	135	150	165
8	4	0	140	180	200	220
9	5	0	175	225	250	275
10	6	0	210	270	300	330
11	7	0	245	315	350	385
12	8	0	280	360	400	440
13	9	0	315	405	450	495
14	10	2	330	430	480	530
15	11	2	363	473	528	583
16	12	2	396	516	576	636
17	13	2	429	559	624	689
18	14	2	462	602	672	742
19	15	2	495	645	720	795
20	16	2	528	688	768	848

2.3.8 Zellbezüge auf andere Tabellenblätter

Bezüge können sich nicht nur auf Zellen des gleichen Tabellenblatts beziehen, sondern auch auf Zellen anderer Tabellenblätter, ja sogar anderer Arbeitsmappen (Dateien).

Aufgabe 35

Sie haben ein kleines Weingeschäft und verkaufen drei Weinsorten in vier verschiedene Länder. Für jeden Wein führen Sie die Absatzzahlen in einem eigenen Tabellenblatt. Auf einem separaten Tabellenblatt möchten Sie den Gesamtabsatz berechnen. Öffnen Sie die Aufgabe 35. Sie finden in der Arbeitsmappe vier Tabellen vor:

- Weinabsatz gesamt
- Munötler
- Blauburgunder
- Moselblümchen

Alle Tabellen sind gleich aufgebaut:

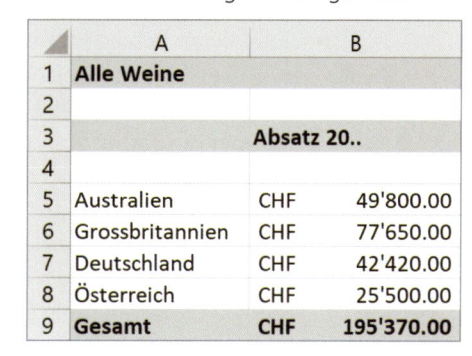

	A	B
1	Alle Weine	
2		
3		Absatz 20..
4		
5	Australien	CHF 49'800.00
6	Grossbritannien	CHF 77'650.00
7	Deutschland	CHF 42'420.00
8	Österreich	CHF 25'500.00
9	**Gesamt**	**CHF 195'370.00**

Auf der Tabelle **Weinabsatz gesamt** möchten Sie den Absatz aller drei Weine berechnen.

1. Aktivieren Sie das Tabellenblatt **Weinabsatz gesamt**. Markieren Sie die Zelle B5.
2. Geben Sie das Gleichheitszeichen ein und wechseln Sie zum Tabellenblatt **Munötler**. Klicken Sie dort auf die Zelle B5.
3. Geben Sie ein Pluszeichen ein und wechseln Sie zum Tabellenblatt **Blauburgunder**. Klicken Sie dort ebenfalls auf die Zelle B5.
4. Geben Sie erneut das Pluszeichen ein und wechseln Sie zum Tabellenblatt **Moselblümchen**. Klicken Sie erneut auf die Zelle B5. Drücken Sie Enter.

Formeln

Die Formel sieht wie folgt aus:
=Munötler!B5+Blauburgunder!B5+Moselblümchen!B5

Der Bezug beginnt jeweils mit dem Namen des Tabellenblatts, gefolgt von einem Ausrufezeichen und dem Zellbezug.

In der Zelle B5 des Tabellenblattes **Weinabsatz gesamt** sollte der Betrag von CHF 49 800.00 stehen. Der gleiche Aufbau aller vier Tabellen erlaubt Ihnen das bequeme Kopieren der Formel bis zur Zelle B9.

Aufgabe 36

Ein Unternehmen beschäftigt drei Handelsreisende (Muster, Meier und Müller), die monatlich ihre Spesen – differenziert nach Fahrtkosten, Verpflegung und Unterkunft – abrechnen und in einem Tabellenblatt erfassen. Diese drei Quelltabellen sind in der unten stehenden Abbildung in der oberen Zeile zu sehen.

Sie erhalten den Auftrag, für den Jahresbericht des Unternehmens eine Spesenauswertung vorzunehmen. Dabei soll das Total der Spesen je Monat, Spesenart und Handelsreisenden ersichtlich sein. Die drei Zieltabellen sind in der unten stehenden Abbildung in der unteren Zeile zu sehen.

	A	B	C
1	Spesenauswertung 20.. nach Monaten		
2			
3	20..	Total	
4	Januar	1972	
5	Februar	1699	
6	März	1730	
7	April	1486	
8	Mai	1365	

	A	B	C
1	Spesenauswertung 20.. nach Spesenart		
2			
3	20..	Total	
4	Fahrkosten	9772	
5	Verpflegung	4417	
6	Unterkunft	6718	
7			
8	Total	20907	

	A	B	C	D
1	Spesenauswertung 20.. nach Handelsreisenden			
2				
3	20..	Total		
4	Muster	6607		
5	Meier	7597		
6	Müller	6703		
7				
8	Total	20907		

▶ Öffnen Sie die Aufgabe 36.

▶ Fügen Sie ein neues Tabellenblatt ein und benennen Sie es **Total nach Monaten**.

▶ Fügen Sie in das neue Tabellenblatt die Überschrift «Spesenauswertung 20.. nach Monaten» und die Monate Januar bis Dezember ein. Tippen Sie keine Zahlen ab!

▶ Summieren Sie die Monatsspesen der drei Handelsreisenden in Spalte B, indem Sie
  1. in Zelle B4 ein Gleichheitszeichen eingeben, das Tabellenblatt **Muster** auswählen und die Zelle E4 anklicken;
  2. über die Tastatur den Operator + einfügen, das Tabellenblatt **Meier** auswählen und die Zelle E4 anklicken;
  3. über die Tastatur den Operator + einfügen, das Tabellenblatt **Müller** auswählen und die Zelle E4 anklicken;
  4. die Formeleingabe mit **Enter** beenden;
  5. die Formel aus Zelle B4 für die Monate Februar bis Dezember kopieren.

▶ Fügen Sie ein weiteres Tabellenblatt mit dem Namen «Total nach Spesenart» ein und fassen Sie die Spesen der drei Handelsreisenden nach Spesenart zusammen.

▶ Fügen Sie ein drittes Tabellenblatt mit dem Namen «Total nach HR» ein und fassen Sie die Jahresspesen der drei Handelsreisenden zusammen.

2.3.9 Externe Bezüge

Von externen Bezügen spricht man, wenn die Bezüge auf eine andere Arbeitsmappe verweisen. Erstellen Sie solche Bezüge immer mit der Maus (Zeigemethode). Das ist einfacher und sicherer als Eintippen.

Das Verwenden von externen Bezügen ist besonders sinnvoll, um

- umfangreiche und komplexe Tabellenmodelle besser zu strukturieren und übersichtlicher darzustellen;
- Daten von mehreren Benutzern in einer Arbeitsmappe zusammenzuführen;
- unterschiedliche Ansichten von Daten einer Arbeitsmappe zu erstellen.

Externe Bezüge erstellt man wie folgt:

1. Öffnen Sie die Arbeitsmappe, in der die gewünschten Ergebnisse stehen sollen (Zielarbeitsmappe).
2. Öffnen Sie zusätzlich zur Zielarbeitsmappe alle Arbeitsmappen, aus denen Sie Daten zusammenführen wollen (Quellarbeitsmappen).
3. Beginnen Sie mit der Formeleingabe in der Zielarbeitsmappe.
4. Um einen Zellbezug auf eine Quellarbeitsmappe zu verwenden, wechseln Sie zur entsprechenden Arbeitsmappe: Klicken Sie im Register **Ansicht**, Befehlsgruppe **Fenster**, auf den Befehl **Fenster wechseln**. Wählen Sie dort die gewünschte Arbeitsmappe an.
5. Markieren Sie die Zelle oder den Zellbereich, den Sie übernehmen wollen.
6. Externe Bezüge werden standardmässig absolut gesetzt! Ändern Sie daher bei Bedarf die Bezugsart (relativ oder gemischt) mithilfe der Funktionstaste F4.
7. Wechseln Sie, wie in Schritt 4 beschrieben, zurück zur Zielarbeitsmappe und beenden Sie die Formeleingabe, oder geben Sie weitere Operatoren und Operanden ein.

Als Ergebnis sehen Sie in der Bearbeitungsleiste die vollständige Formel mit dem externen Bezug.

Register	**Ansicht**
Gruppe	**Fenster**
Befehl	Fenster wechseln

Fenster wechseln

Formeln

Aufgabe 37

Ein Unternehmen hat die Abteilungskosten der Jahre 2016 bis 2018 quartalsweise in je einer Arbeitsmappe erfasst.

Sie erhalten die Aufgabe, in einer neuen Arbeitsmappe eine Gesamtübersicht über die drei Geschäftsjahre zu erstellen.

Register	**Ansicht**
Gruppe	Fenster
Befehl	Alle anordnen
Befehl	Unterteilt

Alle geöffneten Arbeitsmappen im Fenster sichtbar machen

1. Öffnen Sie die drei Quellarbeitsmappen zu dieser Aufgabe (Aufgabe_37_2016.xlsx, Aufgabe_37_2017.xlsx, Aufgabe_37_2018.xlsx) und eine leere Arbeitsmappe, in der Sie die Gesamtübersicht über die drei Geschäftsjahre erstellen werden (Zielarbeitsmappe).
2. Machen Sie über das Register **Ansicht**, Befehlsgruppe **Fenster**, Befehl **Alle anordnen**, **Unterteilt**, alle geöffneten Arbeitsmappen sichtbar.
3. Geben Sie in der leeren Zielarbeitsmappe die **Texte** und die Jahreszahlen 2016, 2017 und 2018 gemäss unten stehender Abbildung ein. Die Zahlen dürfen Sie selbstverständlich nicht abschreiben.

	A	B	C	D
1	**Gesamtübersicht**	**2016**	**2017**	**2018**
2				
3	Entwicklung	183879	281189	311551
4	Produktion	291996	252936	229987
5	Verwaltung	148822	126752	313900
6	Übrige	120218	198179	323644
7				
8	**Total**	744915	859056	1179082

4. Erstellen Sie mithilfe von externen Bezügen die Gesamtübersicht der Abteilungskosten über die drei Geschäftsjahre. Denken Sie daran: Passen Sie wenn nötig die Bezugsart von absolut zu relativ an!

2.4 Bereichsnamen anstelle von Zellbezügen

Erreichen die Tabellenblätter eine gewisse Grösse, werden Formeln durch Zellbezüge unübersichtlich. Hier schaffen die **Bereichsnamen** Abhilfe.

Gültigkeit der Bereichsnamen

Ein Name muss mit einem Buchstaben beginnen und darf weder Leerzeichen noch Bindestrich, Punkt, Semikolon oder Doppelpunkt enthalten. Ein Unterstrich (_) ist dagegen erlaubt. Namen unterscheiden nicht zwischen Gross- und Kleinschreibung, die maximale Länge beträgt 255 Zeichen.

2.4.1 Bereichsnamen erstellen

Am einfachsten verwenden Sie zur Vergabe des Bereichsnamens das Namenfeld in der Bearbeitungsleiste oben links.

Beispiel: Geben Sie der Zelle B1 den Namen MWST. Dazu gehen Sie wie folgt vor:

1. Markieren Sie die Zelle **B1**.
2. Klicken Sie in das **Namenfeld** oben links.
3. Geben Sie nun im **Namenfeld** den Begriff «MWST» ein und drücken Sie **Enter**.
4. Der Bereichsname für die Zelle B1 ist jetzt von B1 in MWST umgeändert worden.

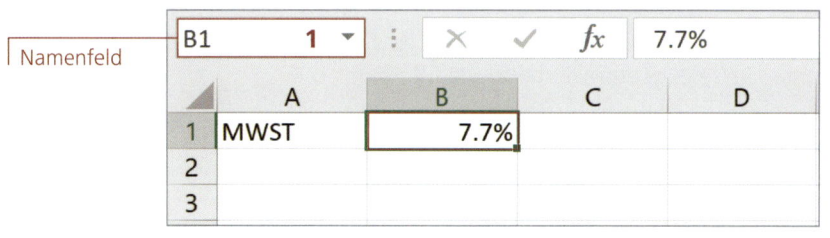

Im Namenfeld ist noch kein Bereichsname vergeben.

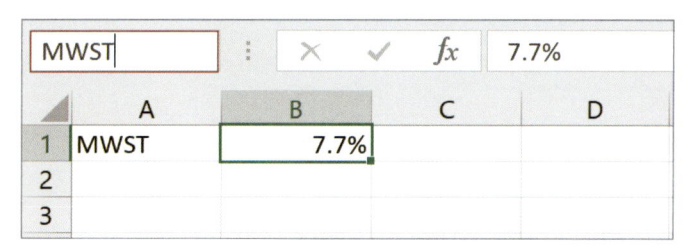

Ins Namenfeld wurde der Begriff «MWST» eingetippt.

Formeln

Sie können den Namen auch festlegen, indem Sie durch Klicken der rechten Maustaste aus dem Kontextmenü die Option **Namen definieren** wählen.

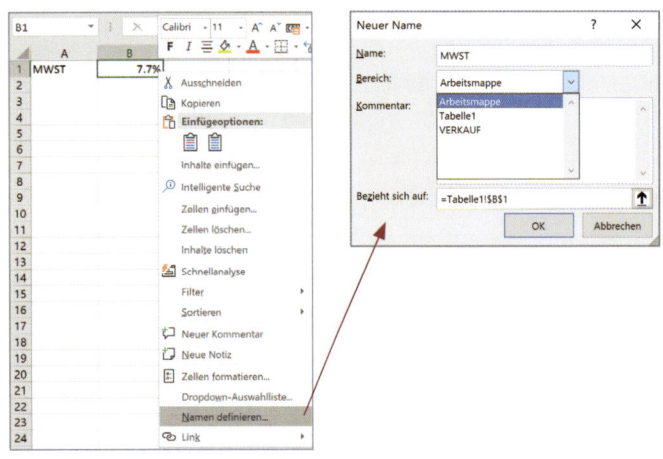

Option **Namen definieren** im Kontextmenü

Bereichsnamen werden in Formeln anstelle von absoluten Zellbezügen verwendet. Sie besitzen, wenn im Listenfeld unter **Bereich** nichts anderes festgelegt wurde, innerhalb der gesamten Arbeitsmappe Gültigkeit. Man kann die Gültigkeit auf eine einzelne Tabelle bzw. Arbeitsmappe (im Beispiel Tabelle1 oder Verkauf) beschränken.

2.4.2 Bereichsnamen für Tabellen vergeben

Die **Bereichsnamen** lassen sich auch für **Listen** innerhalb einer Arbeitsmappe definieren. Für unser Beispiel gehen Sie dafür wie folgt vor.

In einem ersten Schritt formatieren Sie den gewünschten Bereich als Tabelle.

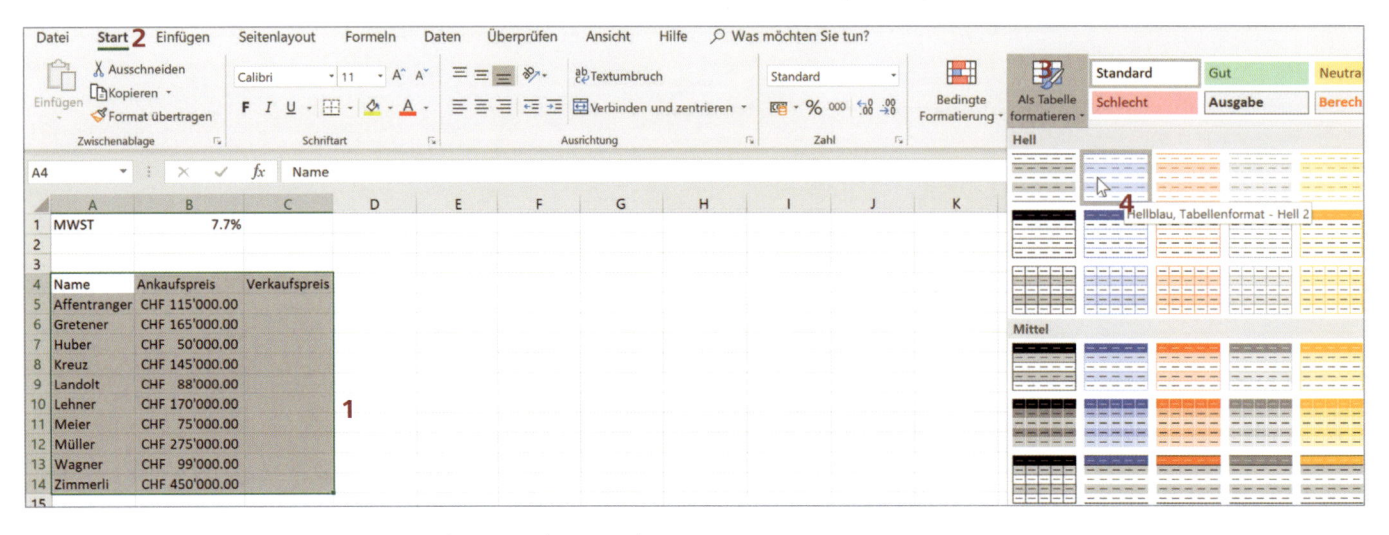

1. Markieren Sie den Bereich **A4:C14**.
2. Klicken Sie auf Register **Start**.
3. Klicken Sie auf den Befehl **Als Tabelle formatieren**.
4. Klicken Sie dort die Option **Hellblau, Tabellenformat – Hell 2** an.

Excel vergibt für den Bereich **A4:C14** den Namen «Tabelle1». Diese Bezeichnung benennen wir im weiteren Verlauf in «tblVerkauf» um.

Anmerkung: Würde man einen weiteren Bereich als Tabelle formatieren, bekäme er den Namen «Tabelle2» usw.

Bereichsnamen anstelle von Zellbezügen

Tipp

Die Tabelle mit Namensbereich kann auch mittels der Tastenkombination **Ctrl+T** erstellt werden. Dazu muss zuerst im Bereich A4:C14 eine beliebige Zelle selektiert und anschliessend die obige **Tastenkombination** angewendet werden.

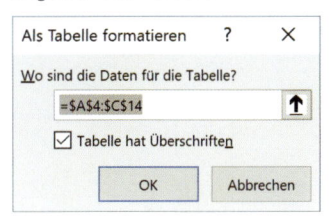

Die Checkbox **Tabelle hat Überschriften** müssen Sie in diesem Fall aktivieren.

Als Tabelle formatierter Bereich A4:C14

Der Bereich **A5:C14** bekam den Namen «Tabelle1» und wurde automatsch neu formatiert. In der Kopfzeile A4:C4 sehen Sie den **Autofilter** für [Name], [Ankaufspreis] und [Verkaufspreis]. Die **Zellen** im Bereich **A5:C14** wurden alternierend eingefärbt, hellblau und weiss. Man nennt diesen Effekt auch Zebrapapier. Damit wird das Lesen einzelner Zeilen vereinfacht.

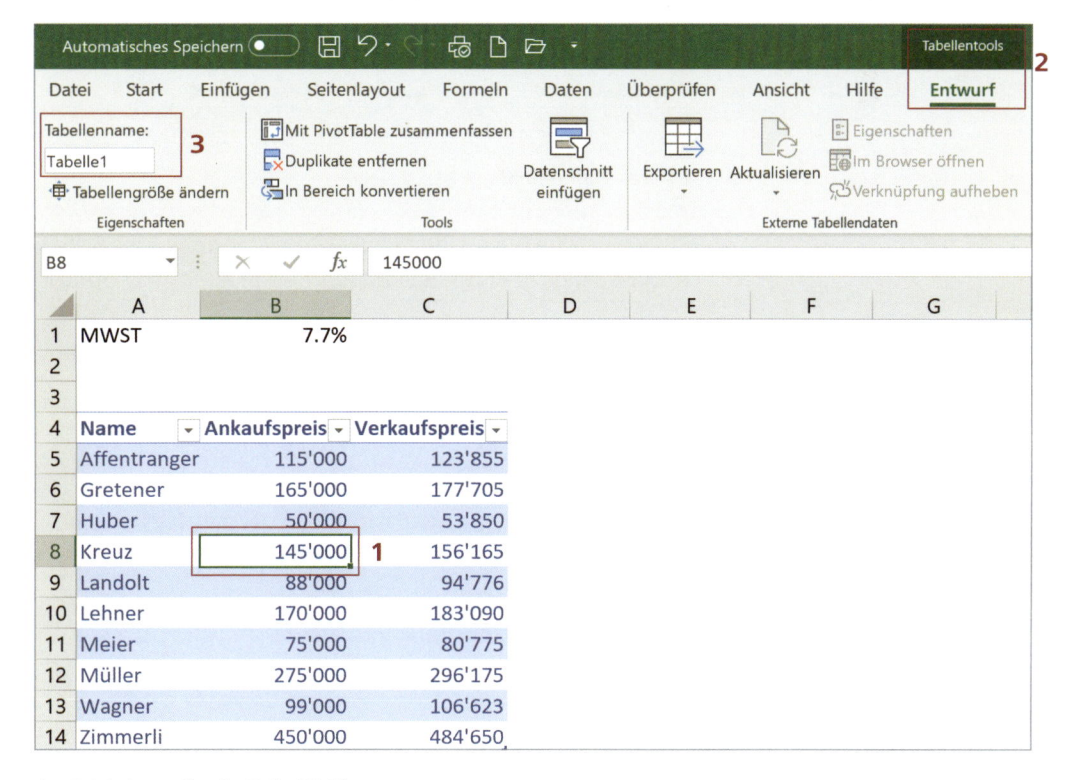

1 Selektieren Sie die Zelle B8 (1).
2 Nun erscheint im Menüband ein neues Register **Tabellentools**, darunter sehen Sie das Register **Entwurf** (2).
3 Links in der Gruppe **Eigenschaften** sehen Sie beim Unterpunkt **Tabellenname** (3) den Namen **Tabelle1**.

Innerhalb des Registers **Entwurf** finden Sie übrigens noch diverse Möglichkeiten, wie eine Tabelle mit Bereichsnamen sehr effizient analysiert werden kann. Beachten Sie dazu auch die Kapitel 6 Datenlisten sowie 1.4.3 Schnellanalysetool in diesem Lehrbuch.

Formeln

Ändern Sie in der Gruppe **Eigenschaften** als Tabellennamen den Namen von **Tabelle1** zu **tblVerkauf**.

Wenn Sie nun mit dem Mauszeiger über das Listenfeld fahren, erscheint der Hinweis **Namenfeld**.

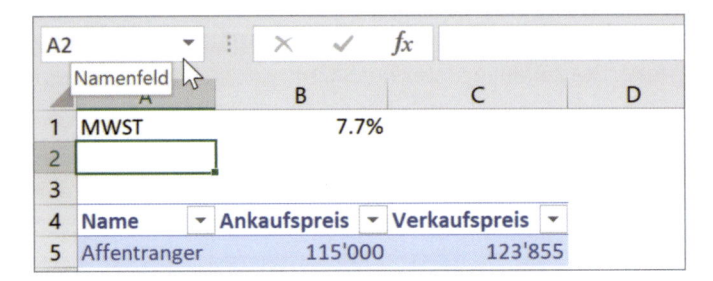

Hinweis **Namenfeld** mit Mauszeiger

Zur Kontrolle können Sie sich alle Bereichsnamen der Arbeitsmappe anzeigen lassen. Klicken Sie dazu in der Bearbeitungsleiste auf den Drop-down-Pfeil des Namenfelds.

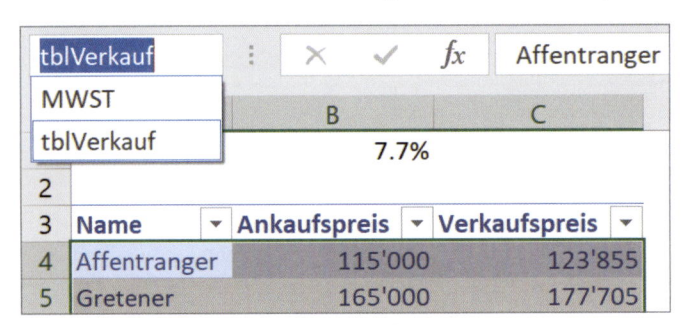

Geöffnete Drop-down-Liste des Namenfelds

Nachdem Sie den Bereichsnamen «tblVerkauf» selektiert haben, erscheint dieser im Listenfeld, und unten im Arbeitsblatt ist der Tabellenbereich A4:C14 markiert.

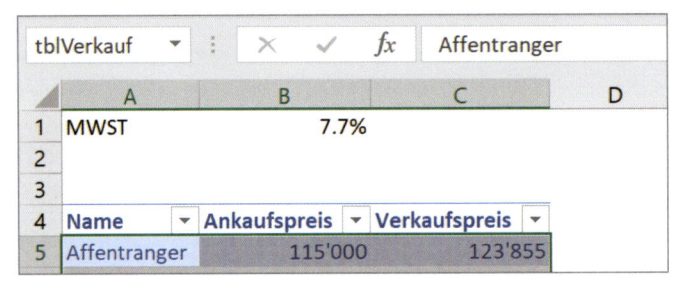

Markierter Bereich nach Auswahl des Bereichsnamens

2.4.3 Bereichsnamen verwalten

Im Register **Formeln** befindet sich der **Namens-Manager**. Hier finden Sie die Übersicht aller in der betreffenden Arbeitsmappe erfassten Bereichsnamen.

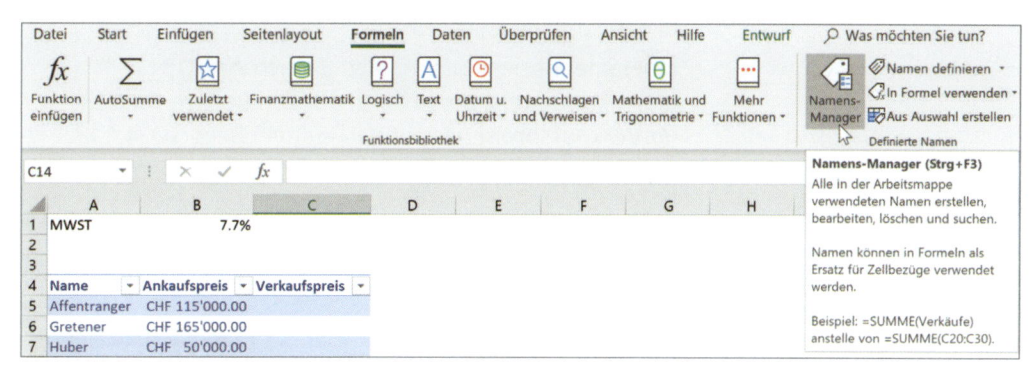

Namens-Manager öffnen

Die Bereichsnamen lassen sich im Namens-Manager sehr einfach verwalten. Unter **Bearbeiten** kann der Bereichsname umbenannt oder der Bereich A5:C7 bzw. die Referenz von tblVerkauf neu definiert werden. Mit der Filteroption können die einzelnen benannten Bereiche auf Tabellen bzw. Bereiche gefiltert werden.

Ansicht des **Namens-Managers**

2.4.4 Bereichsnamen in Formeln verwenden

Sie berechnen für unser Beispiel nun den Verkaufspreis, der sich wie folgt zusammensetzt:

$$\frac{\text{Ankaufspreis} + \text{Ankaufspreis} * \text{MWST}}{\text{Verkaufspreis}}$$

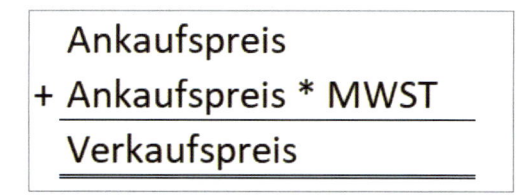

Da Sie den Bereich für Ihre Berechnung als Bereichsnamen mit der Bezeichnung **tblVerkauf** (und den dazugehörigen Tabellenüberschriften Name, Ankaufspreis, Verkaufspreis und MWST) definiert haben, verwendet Excel in den Formeln nun auch diese Namen anstelle der Zelladressen.

Die Formel zur Berechnung des Verkaufspreises sieht deshalb wie folgt aus:

=[@Ankaufspreis]+[@Ankaufspreis]*MWST

Bei Bereichsnamen, denen eine Tabelle hinterlegt wurde, verwendet Excel die Spaltennamen in den Formeln:

[@Name] bezieht sich auf den Bereich **A4:A13**.
[@Ankaufspreis] bezieht sich auf den Bereich **B4:B13**.
[@Verkaufspreis] bezieht sich auf den Bereich **C4:C13**.

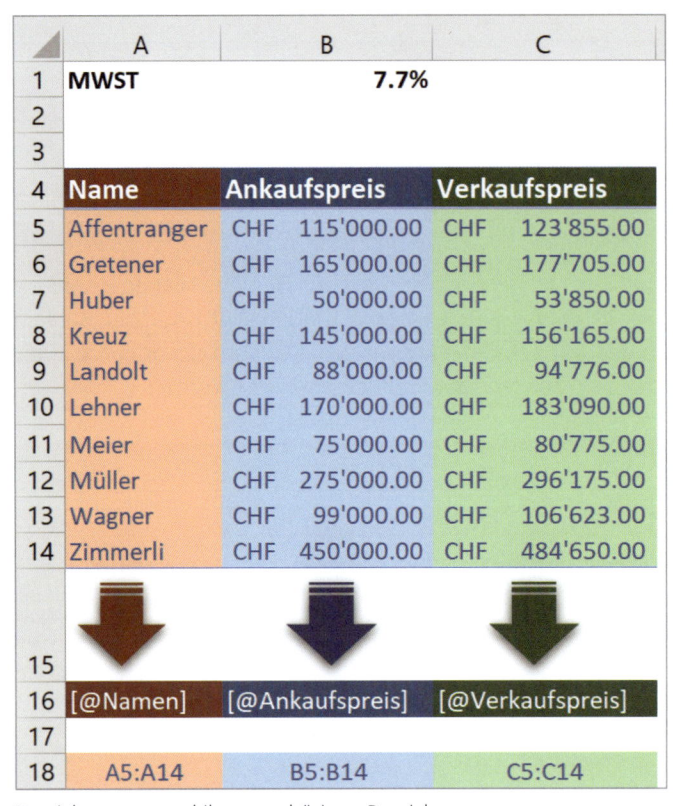

Bereichsnamen und ihre zugehörigen Bereiche

Gehen Sie wie folgt vor:

1. Setzen Sie den Cursor in die Zelle **C5**.
2. Fügen Sie ein Gleichheitszeichen (=) mittels Tastatur ein.
3. Wählen Sie nun mit der Maus die Zelle **B6** aus und beachten Sie dabei, dass Excel anstelle des Zellnamens B4 den Ausdruck [@Ankaufspreis] anzeigt.
   In der **Bearbeitungsleiste** steht nun also: =[@Ankaufspreis].
4. Geben Sie über die Tastatur das Pluszeichen + ein und klicken Sie erneut in die Zelle **B5**.
   In der **Bearbeitungsleiste** steht nun: =[@Ankaufspreis]+[@Ankaufspreis].
5. Tippen Sie jetzt über die Tastatur das Multiplikationszeichen * ein. Klicken Sie dann mit der Maus in die Zelle **B1**. Excel trägt nun **MWST** bei der Formel ein.
   In der **Bearbeitungsleiste** steht nun: =[@Ankaufspreis]+[@Ankaufspreis]*MWST.

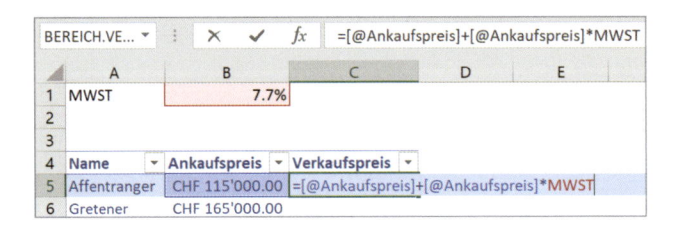

6. Schliessen Sie die Formel mit der **Enter**-Taste ab.

Bereichsnamen anstelle von Zellbezügen

Da es sich gemäss Bereichsnamen um eine Tabelle handelt, muss die Formel für die Berechnung des Verkaufspreises nur in der Zelle C5 eingetragen werden. Excel fügt bei allen anderen Zellen im Bereich C6:C14 die Formel automatisch ein.

Name	Ankaufspreis	Verkaufspreis
Affentranger	CHF 115'000.00	CHF 123'855.00
Gretener	CHF 165'000.00	CHF 177'705.00
Huber	CHF 50'000.00	CHF 53'850.00
Kreuz	CHF 145'000.00	CHF 156'165.00
Landolt	CHF 88'000.00	CHF 94'776.00
Lehner	CHF 170'000.00	CHF 183'090.00
Meier	CHF 75'000.00	CHF 80'775.00
Müller	CHF 275'000.00	CHF 296'175.00
Wagner	CHF 99'000.00	CHF 106'623.00
Zimmerli	CHF 450'000.00	CHF 484'650.00

Die Eingabe erfolgt nur in der grün umrandeten Zelle, die übrigen Verkaufspreise hat Excel automatisch ausgefüllt.

Tipp
Diese Möglichkeit können Sie auch nutzen, wenn Sie überprüfen möchten, ob und welche Formeln in einer Arbeitsmappe vorhanden sind.

Wählen Sie im Register **Formeln** den Befehl **Formeln anzeigen**, sehen Sie anstelle der berechneten Zahlenwerte die Formeln.

	A	B	C
1	MWST	0.077	
2			
3			
4	Name	Ankaufspreis	Verkaufspreis
5	Affentranger	115000	=[@Ankaufspreis]+[@Ankaufspreis]*MWST
6	Gretener	165000	=[@Ankaufspreis]+[@Ankaufspreis]*MWST
7	Huber	50000	=[@Ankaufspreis]+[@Ankaufspreis]*MWST
8	Kreuz	145000	=[@Ankaufspreis]+[@Ankaufspreis]*MWST
9	Landolt	88000	=[@Ankaufspreis]+[@Ankaufspreis]*MWST
10	Lehner	170000	=[@Ankaufspreis]+[@Ankaufspreis]*MWST
11	Meier	75000	=[@Ankaufspreis]+[@Ankaufspreis]*MWST
12	Müller	275000	=[@Ankaufspreis]+[@Ankaufspreis]*MWST
13	Wagner	99000	=[@Ankaufspreis]+[@Ankaufspreis]*MWST
14	Zimmerli	450000	=[@Ankaufspreis]+[@Ankaufspreis]*MWST

Formelansicht in Excel

Formeln

2.4.5 Formatoptionen für Tabellen mit Bereichsnamen

Tabellen mit Bereichsnamen lassen sich sehr einfach formatieren. Klicken Sie dazu eine Zelle der Tabelle an, z. B. C6. Es erscheint eine neue Registerkarte **Entwurf** im Menüband. Mit dem Menüpunkt **Tabellenformatoptionen** erhält man die verschiedenen Möglichkeiten der Darstellung.

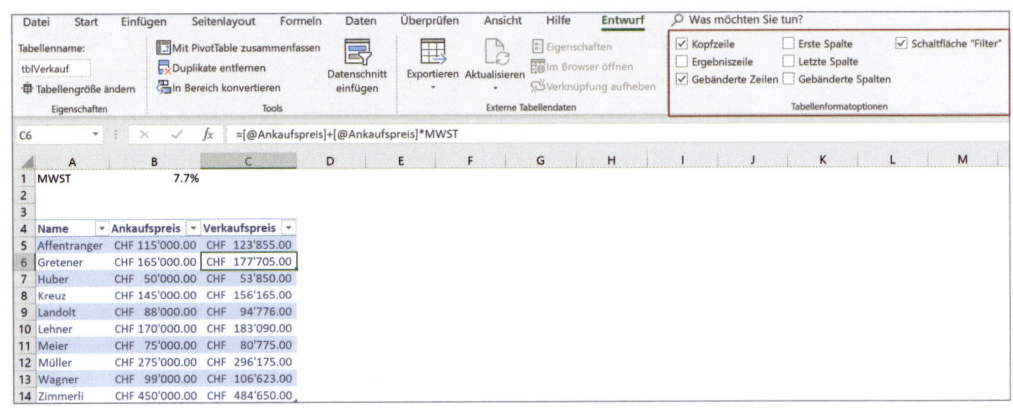

Der Menüpunkt **Tabellenformatoptionen** in der Registerkarte **Entwurf**

2.4.6 Datenschnitte (Filteroptionen) für Tabellen mit Bereichsnamen

Im Menü kann man mittels des Befehls **Datenschnitt** einen visuellen Filter einfügen. Diese Art von Filter eignet sich hervorragend, um auf einen Blick erkennen zu können, auf welche Werte gefiltert wurde.

Vorgehen beim Einbinden eines Datenschnitts (Filter):

1. Klicken Sie mit der Maus in eine beliebige Zelle des Bereichsnamens **tblVerkauf** (A4:C14). Im folgenden Beispiel wurde **C8** gewählt.
2. Das Register **Entwurf** öffnet sich.
3. Wählen Sie nun die Option **Datenschnitt einfügen**.
4. Es öffnet sich das Fenster **Datenschnitt auswählen**. Die drei **Spaltenüberschriften** **[Name], [Ankaufspreis]** und **[Verkaufspreis]** sind darin aufgelistet und mit Checkboxen versehen.
   Aktivieren Sie dort die Checkbox **Name**.
5. Schliessen Sie das Fenster mit **OK**.

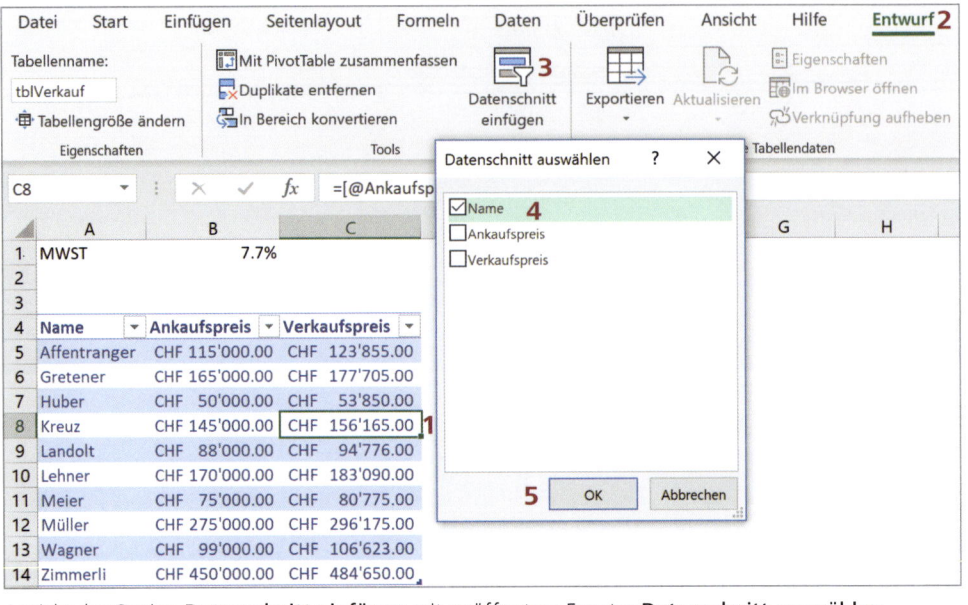

Ansicht der Option **Datenschnitt einfügen** mit geöffnetem Fenster **Datenschnitt auswählen**

Sie sehen nun die Namen aller Käufer aufgelistet. Wählen Sie z. B. «Huber» aus, wird nur diese Zeile oder dieser Datensatz angezeigt.

Name	Ankaufspreis	Verkaufspreis
Huber	CHF 50'000.00	CHF 53'850.00

Name
- Affentranger
- Gretener
- **Huber**
- Kreuz
- Landolt
- Lehner
- Meier
- Müller

Filteransicht für unsere Tabelle mit Datenschnitt der Spalte **Name**

2.4.7 Tabellen mit Bereichsnamen erweitern

Die Tabelle **tblVerkauf** wird um den Kunden **Braun** erweitert.

1. Tippen Sie den Namen in die nächste freie Zeile.

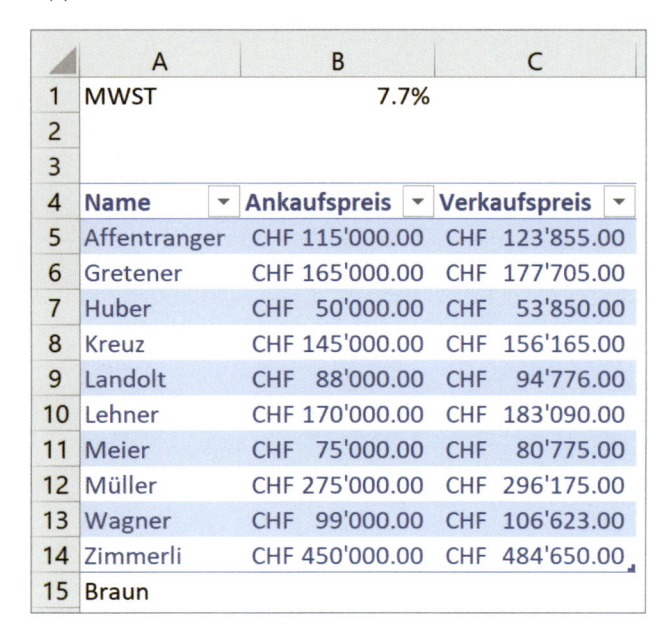

	A	B	C
1	MWST	7.7%	
2			
3			
4	Name	Ankaufspreis	Verkaufspreis
5	Affentranger	CHF 115'000.00	CHF 123'855.00
6	Gretener	CHF 165'000.00	CHF 177'705.00
7	Huber	CHF 50'000.00	CHF 53'850.00
8	Kreuz	CHF 145'000.00	CHF 156'165.00
9	Landolt	CHF 88'000.00	CHF 94'776.00
10	Lehner	CHF 170'000.00	CHF 183'090.00
11	Meier	CHF 75'000.00	CHF 80'775.00
12	Müller	CHF 275'000.00	CHF 296'175.00
13	Wagner	CHF 99'000.00	CHF 106'623.00
14	Zimmerli	CHF 450'000.00	CHF 484'650.00
15	Braun		

2. Wählen Sie nun das Begrenzungszeichen der Tabelle unten rechts an der Zelle C13 mit der Maus und ziehen Sie es nach unten.

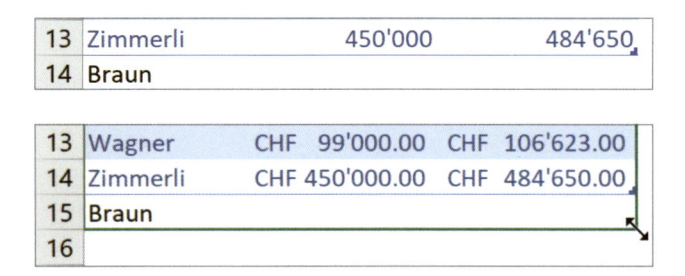

13	Zimmerli	450'000	484'650
14	Braun		

13	Wagner	CHF 99'000.00	CHF 106'623.00
14	Zimmerli	CHF 450'000.00	CHF 484'650.00
15	Braun		
16			

Alternativ können Sie die Eingabe von **Braun** einfach mit der Eingabetaste abschliessen.

	A	B	C
1	MWST	7.7%	
2			
3			
4	Name	Ankaufspreis	Verkaufspreis
5	Affentranger	CHF 115'000.00	CHF 123'855.00
6	Gretener	CHF 165'000.00	CHF 177'705.00
7	Huber	CHF 50'000.00	CHF 53'850.00
8	Kreuz	CHF 145'000.00	CHF 156'165.00
9	Landolt	CHF 88'000.00	CHF 94'776.00
10	Lehner	CHF 170'000.00	CHF 183'090.00
11	Meier	CHF 75'000.00	CHF 80'775.00
12	Müller	CHF 275'000.00	CHF 296'175.00
13	Wagner	CHF 99'000.00	CHF 106'623.00
14	Zimmerli	CHF 450'000.00	CHF 484'650.00
15	Braun		CHF -
16			

Formatierung

3

3.1 Grundlagen der Zellformatierung

3.1.1 Überblick

Tabellenkalkulationsprogramme enthalten vielfältige Funktionen, mit denen Sie das Erscheinungsbild der Daten ansprechend gestalten können.

Die gebräuchlichsten Zellformate lassen sich wie folgt gliedern:

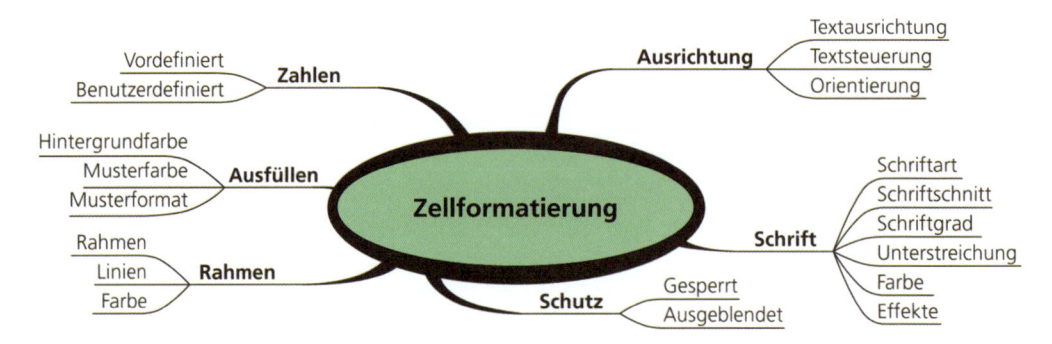

- **Zahlen**
  - Vordefiniert
  - Benutzerdefiniert
- **Ausrichtung**
  - Textausrichtung
  - Textsteuerung
  - Orientierung
- **Ausfüllen**
  - Hintergrundfarbe
  - Musterfarbe
  - Musterformat
- **Schrift**
  - Schriftart
  - Schriftschnitt
  - Schriftgrad
  - Unterstreichung
  - Farbe
  - Effekte
- **Rahmen**
  - Linien
  - Farbe
- **Schutz**
  - Gesperrt
  - Ausgeblendet

Wenn Sie eine Zelle formatieren, ändert sich nur das Aussehen, nicht aber der Inhalt. Was Sie in einer Zelle sehen, kann erheblich vom Inhalt der Zelle abweichen. Deshalb ist die Unterscheidung von Zellinhalt und Zellformat ausgesprochen wichtig.

Im unten stehenden Beispiel wird in der Zelle A1 der Wert 5 angezeigt. In der Bearbeitungsleiste erkennen Sie aber, dass der Zellinhalt in Wirklichkeit 4,5 beträgt. Dies ist darauf zurückzuführen, dass der Zelle A1 ein Zahlenformat ohne Dezimalstellen zugewiesen wurde.

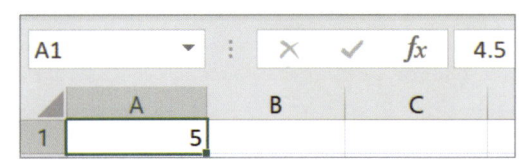

Zellformat und Zellinhalt

Wenn der Inhalt einer formatierten Zelle gelöscht wird, bleibt das zugewiesene Zellformat erhalten. Neue Inhalte werden deshalb mit der bestehenden Formatierung angezeigt.

Um eine Zelle oder ganze Zellbereiche zu formatieren, müssen Sie diese zuerst markieren. Es gibt verschiedene Wege, Zellen zu formatieren.

Grundlagen der Zellformatierung

3.1.2 Wege der Zellformatierung

Formatieren über das Menüband

Register	Start
Gruppen	Schriftart Ausrichtung Zahl Zellen

Zellformatierung

Die grundlegenden und häufigsten Befehle finden Sie im Register **Start** in vier Gruppen: **Schriftart**, **Ausrichtung**, **Zahl** und **Zellen**. Das Register **Formatvorlagen** behandeln wir in Kapitel 3.7.

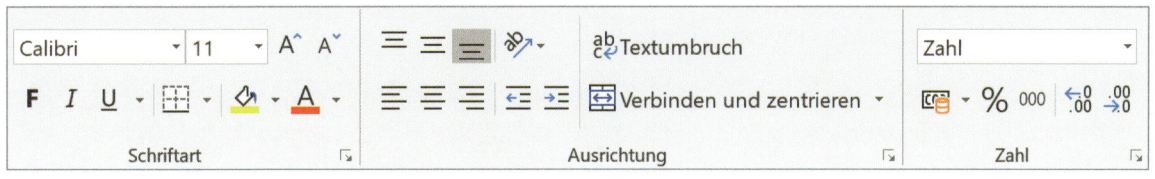

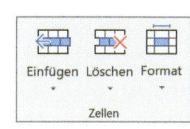

Die Gruppen **Schriftart**, **Ausrichtung**, **Zahl** und **Zellen**

Formatieren über Kontextmenü und Minisymbolleiste

Beim Rechtsklick auf eine Zelle erscheinen eine Minisymbolleiste (oben) und ein Kontextmenü (unten):

Die Minisymbolleiste liefert Ihnen 17 der am häufigsten benutzten Formatierungsbefehle:

- sieben für das Anpassen der Schriftformate
- fünf für das Festlegen von Zahlenformaten
- zwei für das Ändern der Ausrichtung
- einen für das Zuweisen von Rahmenlinien
- einen für das Ändern der Zellfarbe
- einen für das Übertragen von Formaten

Die Minisymbolleiste ist ein hervorragendes Instrument zum Formatieren. Die Symbolleiste ist unveränderbar, das heisst, es können weder Symbole hinzugefügt noch entfernt werden.

Minisymbolleiste und Kontextmenü

77

Formatierung

Formatieren über Tasten und Tastenkombinationen

Für häufige Befehle eignen sich auch Tastenkombinationen. Wenn Sie beispielsweise mit der Maus auf das Symbol für **Fett** fahren, wird die Tastenkombination **Ctrl+Shift+F** eingeblendet:

Formatieren mit Tastenkombinationen

Tipp
Am schnellsten gelangen Sie ins Feld **Zellen formatieren** mit Ctrl+1.

Die wichtigste Tastenkombination für schnelles Formatieren ist **Ctrl+1**. Sie ruft das Dialogfeld **Zellen formatieren** auf. Darin finden Sie alle Befehle in sechs Registerkarten angeordnet:

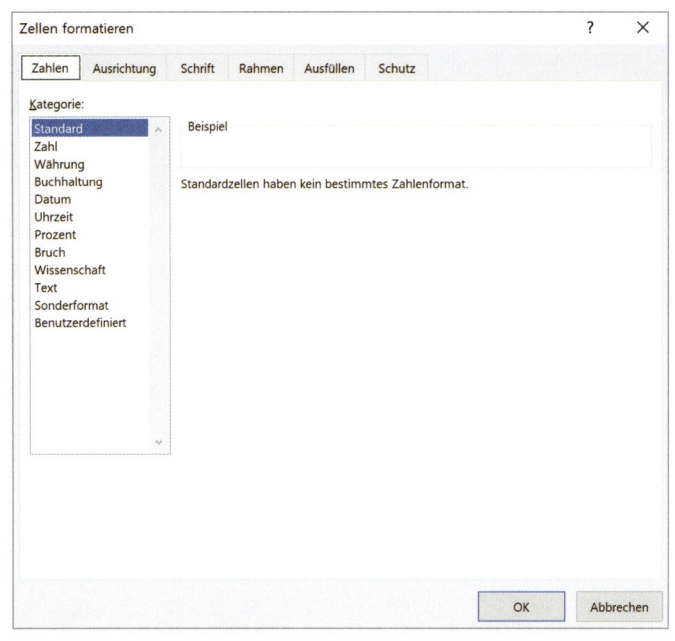

Dialogfeld **Zellen formatieren**

Dieses Dialogfeld können Sie auch aufrufen, wenn Sie in den Gruppen **Schriftart**, **Ausrichtung** oder **Zahl** auf den kleinen Pfeil in der rechten unteren Ecke klicken (**Startprogramm für das Dialogfeld**):

Dialogfeld öffnen

Excel ist so eingerichtet, dass Sie mehrere Möglichkeiten haben, um zum gewünschten Formatierungsbefehl zu gelangen. Man kann auch keinen Weg als den besten bezeichnen: Je nach Erfahrung und bevorzugter Arbeitstechnik arbeitet der eine Benutzer lieber mit Tastenkombinationen, während der andere das Kontextmenü bevorzugt.

Grundlagen der Zellformatierung

Aufgabe 38

Anhand dieser Aufgabe lernen Sie die wichtigsten Formatierungen kennen. Öffnen Sie Aufgabe 38. Die Grundtabelle darin sieht so aus:

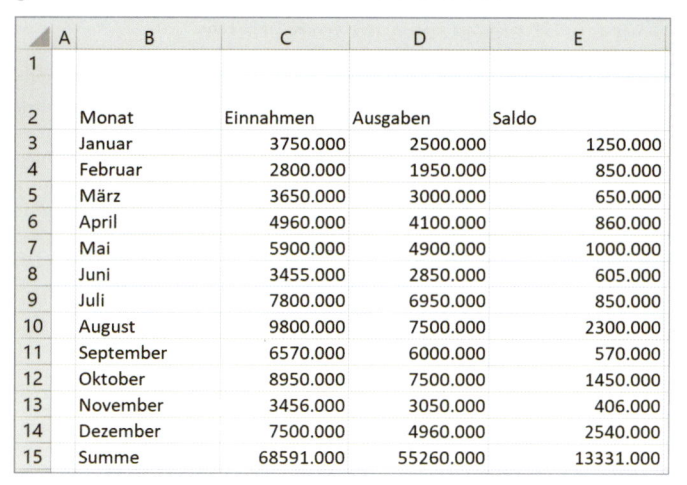

	A	B	C	D	E
1					
2		Monat	Einnahmen	Ausgaben	Saldo
3		Januar	3750.000	2500.000	1250.000
4		Februar	2800.000	1950.000	850.000
5		März	3650.000	3000.000	650.000
6		April	4960.000	4100.000	860.000
7		Mai	5900.000	4900.000	1000.000
8		Juni	3455.000	2850.000	605.000
9		Juli	7800.000	6950.000	850.000
10		August	9800.000	7500.000	2300.000
11		September	6570.000	6000.000	570.000
12		Oktober	8950.000	7500.000	1450.000
13		November	3456.000	3050.000	406.000
14		Dezember	7500.000	4960.000	2540.000
15		Summe	68591.000	55260.000	13331.000

Grundtabelle

Beurteilung der Tabelle

- Die Tabelle hat keine Überschrift.
- Die Spalten sind unregelmässig breit.
- Die Spaltenüberschriften sind weder zentriert noch sonstwie hervorgehoben.
- Die Monatsnamen sind nicht hervorgehoben.
- Die Zahlen sind nicht gut lesbar. Tausendertrennzeichen fehlen, ebenso die Angabe über die Währung. Drei Nachkommastellen sind unüblich.
- Die ganze Tabelle wirkt nicht als Ganzes. Ein Rahmen könnte Abhilfe schaffen.
- Die Summenzeile ist zu wenig hervorgehoben; sie soll fett formatiert und vom Rest der Tabelle durch eine Rahmenlinie abgetrennt werden.
- Die Leserführung ist schlecht. Die Tabelle wäre leserfreundlicher, wenn jede zweite Zeile farblich hervorgehoben wäre.

Im Folgenden wird Schritt für Schritt beschrieben, wie Sie rationell zur Ergebnistabelle gelangen. Nachdem Sie die Tabelle bearbeitet haben, sollte sie so aussehen:

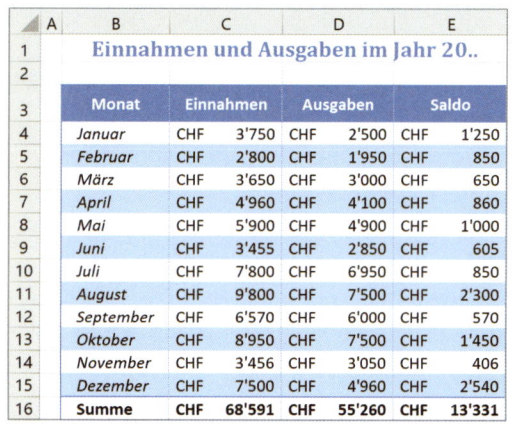

	A	B	C	D	E
1		**Einnahmen und Ausgaben im Jahr 20..**			
2					
3		**Monat**	**Einnahmen**	**Ausgaben**	**Saldo**
4		*Januar*	CHF 3'750	CHF 2'500	CHF 1'250
5		*Februar*	CHF 2'800	CHF 1'950	CHF 850
6		*März*	CHF 3'650	CHF 3'000	CHF 650
7		*April*	CHF 4'960	CHF 4'100	CHF 860
8		*Mai*	CHF 5'900	CHF 4'900	CHF 1'000
9		*Juni*	CHF 3'455	CHF 2'850	CHF 605
10		*Juli*	CHF 7'800	CHF 6'950	CHF 850
11		*August*	CHF 9'800	CHF 7'500	CHF 2'300
12		*September*	CHF 6'570	CHF 6'000	CHF 570
13		*Oktober*	CHF 8'950	CHF 7'500	CHF 1'450
14		*November*	CHF 3'456	CHF 3'050	CHF 406
15		*Dezember*	CHF 7'500	CHF 4'960	CHF 2'540
16		**Summe**	**CHF 68'591**	**CHF 55'260**	**CHF 13'331**

Ergebnistabelle

Formatierung

3.1.3 Überschriften und Text formatieren

Überschrift einsetzen und formatieren

Für die folgenden Formatierungen benutzen wir hauptsächlich die Befehle im Register **Start**. Achten Sie daher darauf, dass das Register **Start** immer aktiviert ist. Öffnen Sie die Aufgabe 38.

1. Fügen Sie eine neue Zeile ein. Klicken Sie dazu auf den Kopf der Zeile 1, um die Zeile vollständig zu markieren. Öffnen Sie mit einem Rechtsklick das Kontextmenü und wählen Sie **Zellen einfügen**.
2. Markieren Sie die Zelle B1 und tippen Sie **Einnahmen und Ausgaben im Jahr 20..** ein.
3. Lassen Sie die Zelle B1 markiert. Klicken Sie in der Gruppe **Schriftart** zweimal auf das Symbol **Schriftgrad vergrössern**. Mit jedem Klick erhöhen Sie den Schriftgrad. Ab Schriftgrad 28 werden die «Sprünge» deutlich grösser.
4. Öffnen Sie in der gleichen Gruppe die Liste **Schriftart** und wählen Sie anstelle von **Calibri** die Schriftart **Cambria**. Wie Sie im Listenfeld erkennen können, ist **Cambria** für Überschriften vorgesehen.
5. Öffnen Sie die Drop-down-Liste **Schriftfarbe** und wählen Sie ein dunkles Blau aus. Formatieren Sie die Überschrift zusätzlich fett.
6. Markieren Sie die Zelle B1 bis E1. Klicken Sie in der Gruppe **Ausrichtung** auf das Symbol **Verbinden und zentrieren**. Dadurch verbinden sich die vier Zellen (B1 bis E1) zu einer Zelle, und der Inhalt wird zentriert.

Spaltenüberschriften vertikal und horizontal zentrieren

Die Überschriften in Zeile 3 kleben unschön am unteren Zellrand. Mit den folgenden Schritten ordnen Sie sie sowohl vertikal als auch horizontal zentriert an:
1. Markieren Sie die Zellen B3 bis E3.
2. Klicken Sie in der Gruppe **Ausrichtung** auf die Symbole in der **Mitte: Zentriert ausrichten** und **Zentriert**.

Spalten- und Zeilenüberschriften zusätzlich hervorheben

1. Damit die Spaltenüberschriften optisch schneller erfasst werden, verändern wir die Schrift- und die Zellfarbe.
2. Markieren Sie die Zellen B3 bis E3. Klicken Sie in der Gruppe **Schriftart** auf den Pfeil neben dem Symbol **Füllfarbe**. Wählen Sie erneut das dunkle Blau. Lassen Sie die Markierung stehen.
3. Klicken Sie auf den Pfeil neben dem Symbol **Schriftfarbe** und wählen Sie Weiss. Damit die Schrift noch besser zu lesen ist, klicken Sie auf das Symbol für **Fett**.
4. Markieren Sie alle Zeilenbezeichnungen (Januar bis Dezember) und klicken Sie auf das Symbol für **Kursiv (Italic)**.

Texte einrücken

Alle Einträge in Spalte B sollen ein wenig vom linken Spaltenrand eingezogen werden. Sie sind dadurch besser lesbar, vor allem dann, wenn die Tabelle mit einer Rahmenlinie umgeben wird.

1. Markieren Sie die Zellen B4 bis B16.
2. Klicken Sie in der Registerkarte **Start**, Gruppe **Ausrichtung**, auf das Symbol **Einzug vergrössern**. Excel schiebt den markierten Text ein wenig nach rechts.

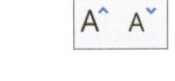

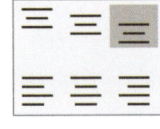

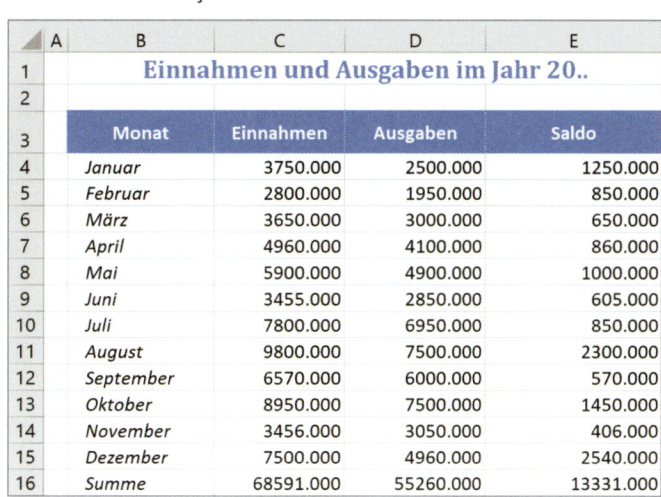

Die Tabelle sollte jetzt so aussehen:

	A	B	C	D	E
1		Einnahmen und Ausgaben im Jahr 20..			
2					
3		Monat	Einnahmen	Ausgaben	Saldo
4		Januar	3750.000	2500.000	1250.000
5		Februar	2800.000	1950.000	850.000
6		März	3650.000	3000.000	650.000
7		April	4960.000	4100.000	860.000
8		Mai	5900.000	4900.000	1000.000
9		Juni	3455.000	2850.000	605.000
10		Juli	7800.000	6950.000	850.000
11		August	9800.000	7500.000	2300.000
12		September	6570.000	6000.000	570.000
13		Oktober	8950.000	7500.000	1450.000
14		November	3456.000	3050.000	406.000
15		Dezember	7500.000	4960.000	2540.000
16		Summe	68591.000	55260.000	13331.000

Text einrücken

Zahlenformate zuweisen

Die Zahlen sind unübersichtlich:
- Sie sollten mit Tausendertrennzeichen (Apostroph) gegliedert werden.
- Üblich sind zwei statt drei Nachkommastellen. Bei ganzen Zahlen kann man sogar darauf verzichten.
- Handelt es sich um Euro oder Schweizer Franken? Die Währungsbezeichnung darf nicht fehlen.

Alle diese drei Formatierungen lassen sich mit wenigen Mausklicks bewerkstelligen. 
1. Markieren Sie die Zellen C4 bis E16.
2. Klicken Sie in der Gruppe **Zahl** auf das Symbol **Buchhaltungszahlenformat**. Dieses Symbol verwendet das Währungszeichen der Regions- und Sprachoptionen der Windows-Systemsteuerung.

Ihre Tabelle sollte nun so aussehen:

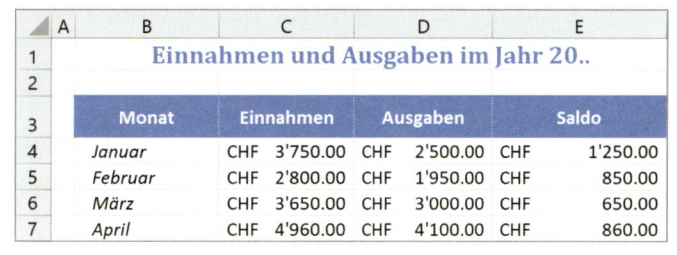

	A	B	C		D		E	
1		Einnahmen und Ausgaben im Jahr 20..						
2								
3		Monat	Einnahmen		Ausgaben		Saldo	
4		Januar	CHF	3'750.00	CHF	2'500.00	CHF	1'250.00
5		Februar	CHF	2'800.00	CHF	1'950.00	CHF	850.00
6		März	CHF	3'650.00	CHF	3'000.00	CHF	650.00
7		April	CHF	4'960.00	CHF	4'100.00	CHF	860.00

Aussehen nach Verwenden des Symbols **Buchhaltungszahlenformat**

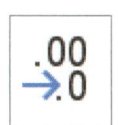

Lassen Sie die Zellen C4 bis E16 markiert. Blenden Sie alle Nachkommastellen aus, indem Sie in der Gruppe **Zahl** zweimal auf das Symbol **Dezimalstelle löschen** klicken.

Spaltenbreite anpassen

1. Markieren Sie die Spalten C bis E.
2. Bewegen Sie die Maus im Spaltenkopf an den rechten Rand der Spalte E, bis ein schwarzer Doppelpfeil erscheint. 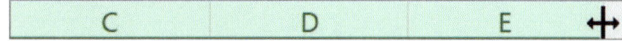
3. Doppelklicken Sie an dieser Stelle. Alle markierten Spalten werden daraufhin an ihre optimale Breite angepasst.

Formatierung

3.1.4 Rahmen und Ausfüllen

Die Tabelle mit einem Rahmen versehen

Zum Schluss versehen wir die Tabelle noch mit einem Rahmen. Die Gitternetzlinien, die Sie am Bildschirm sehen, werden ja nicht gedruckt. Viele Anwender wählen den schnellsten, aber nicht den besten Weg: Sie klicken in der Gruppe **Schriftart** auf den Pfeil neben dem Symbol für **Rahmenlinien** und wählen **Alle Rahmenlinien**. Dadurch entsteht ein schwarzes Gitternetz, das nicht sehr lesefreundlich ist.

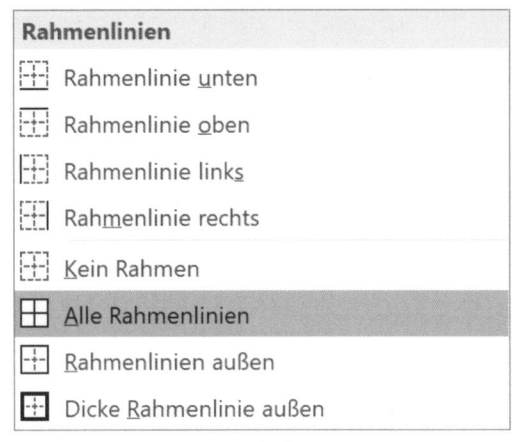

Rahmenlinien
- Rahmenlinie unten
- Rahmenlinie oben
- Rahmenlinie links
- Rahmenlinie rechts
- Kein Rahmen
- **Alle Rahmenlinien**
- Rahmenlinien außen
- Dicke Rahmenlinie außen

Die schnellste, aber nicht die beste Variante

Rahmenlinien sollten dem Betrachter das Lesen der Tabelle erleichtern. Sie sollten die Struktur des Zahlenmaterials verdeutlichen. Beherzigen Sie daher folgende Tipps:

- Umgeben Sie die ganze Tabelle mit einer durchgehenden Rahmenlinie. Sie kann durchaus stärker sein als die Linien im Innern der Tabelle.
- Setzen Sie starke Linien dort ein, wo Sie Zahlengruppen voneinander abgrenzen wollen. In unserem Beispiel empfiehlt sich eine solche Linie vor der Zeile mit den Summen.
- Verwenden Sie zwischen den Spalten eher dünne Linien in zurückhaltender Farbe oder gepunktete Linien.
- Weisen Sie jeder zweiten Zeile eine abweichende Farbe zu. Bewährt hat sich beispielsweise Grau. Dadurch erhält das Auge eine Navigationshilfe: Rahmenlinien, um zwischen den Spalten zu unterscheiden, und die Zellschattierung, um die Zeilen voneinander abzugrenzen.

Rahmenlinien zuweisen:

1. Markieren Sie die die Zellen B3 bis E16.
2. Betätigen Sie **Ctrl+1** und klicken Sie auf das Register **Rahmen**.

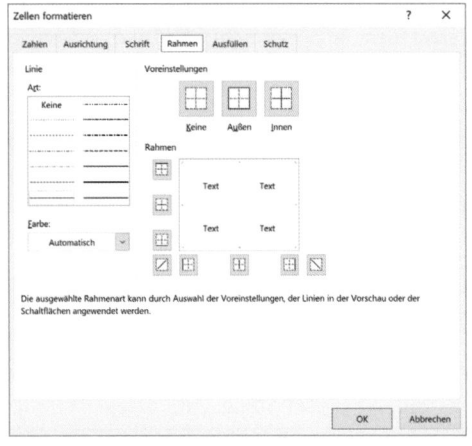

Register **Rahmen**

3. Klicken Sie im Feld **Art** rechts die dritte Linie von unten an; sie hat die richtige Stärke für unsere Aussenlinie.
4. Öffnen Sie darunter im Feld **Farbe** die Liste und wählen Sie wieder das dunkle Blau, das wir schon für die Überschrift verwendet haben.
5. Klicken Sie rechts oberhalb des Vorschaubilds auf die Schaltfläche **Aussen**.
6. Für die senkrechten Linien wählen Sie im Feld **Art** die oberste Linie links (unter dem Wort **Keine**). Sie ist gepunktet und eignet sich daher gut als Innenlinie. Die Farbe belassen wir bei Blau.
7. Klicken Sie nun in die Mitte des Vorschaubilds. Damit aktivieren Sie die Innenlinie. Beenden Sie Ihre Einstellungen durch Klicken auf **OK**.

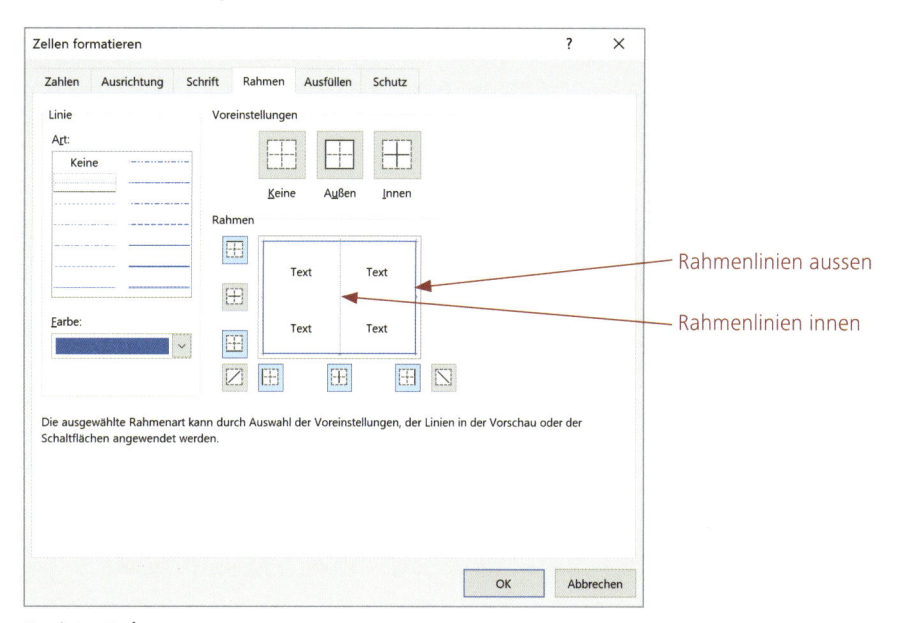

Register **Rahmen**

8. Nun grenzen wir noch die Summenzeile etwas ab. Markieren Sie dazu den Bereich B15:E15. Öffnen Sie erneut das Fenster **Zellen formatieren** mit **Ctrl+1**.
9. Im Vorschaubild sehen Sie, dass die untere Rahmenlinie fehlt. Klicken Sie im Vorschaubild auf diese Stelle und schliessen Sie das Dialogfenster über **OK**.

Ihre Tabelle ist nun durch Rahmenlinien vom Rest des Arbeitsblatts klar abgegrenzt und in sich strukturiert.

Jede zweite Zeile farblich hinterlegen

Damit der Betrachter beim Lesen der Tabelle mühelos innerhalb einer Monatszeile bleibt, färben Sie jede zweite Zeile leicht ein.

1. Markieren Sie den Zellbereich B5:E5.
2. Drücken Sie die Ctrl-Taste und markieren Sie nacheinander die Bereiche B7:E7, B9:E9, B11:E11, B13:E13 und B15:E15.
3. Klicken Sie in der Gruppe **Schriftart** auf den Pfeil neben dem Symbol **Füllfarbe** und wählen Sie ein etwas helleres Blau als für die Spaltenüberschriften.
4. Markieren Sie abschliessend noch die Zellen B16:E16 und weisen Sie diesen die Formatierung **Fett** zu.

Tipp
Noch einfacher geht es mit dem Befehl **Format übertragen** im Register **Start**/ Gruppe **Zwischenablage**:

1. Formatieren Sie die Zellen B5 bis E5 blau.
2. Markieren Sie die Zellen B5 bis E5.
3. Klicken Sie auf den Befehl **Format übertragen**.
4. Übertragen Sie die Formatierung mit gedrückter linker Maustaste auf die Zellen B6 bis B15.

3.1.5 Wichtige Zellen vor Überschreiben schützen

Die Tabelle ist fertig formatiert. Bevor Sie die Tabelle jemandem geben, sollten Sie verhindern, dass Ihre Formeln absichtlich oder versehentlich überschrieben werden. Dies ist vor allem bei komplexen Formeln wichtig.

Zellschutz

Es mag für Sie eigenartig klingen, aber in Excel sind standardmässig **alle** Zellen als **Gesperrt** eingestellt. Davon haben Sie bis jetzt nichts gemerkt. Sie können ja jede Zelle beliebig verändern. Der Zellschutz wird erst aktiv, wenn Sie die zweite Stufe des Schutzes einschalten, den sogenannten Blattschutz.

Daher müssen Sie sich beim Schützen zunächst die Frage stellen, welche Zellen **nicht** geschützt, also weiterhin bearbeitet werden sollen. Diese Zellen entsperren Sie. Dann schalten Sie den Blattschutz ein, der dazu führt, dass nur die gesperrten Zellen tatsächlich auch geschützt sind.

In unserer Tabelle schützen wir die E4:E15 und C16:E16. Alle übrigen Zellen sollen veränderbar bleiben.

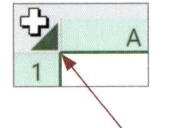

Vorgehen:
1. Markieren Sie das ganze Arbeitsblatt, indem Sie auf den Kreuzungspunkt von Spalten- und Zeilenkopf klicken.
2. Öffnen Sie mit **Ctrl+1** das Dialogfeld **Zellen formatieren** und klicken Sie auf die Registerkarte **Schutz**.

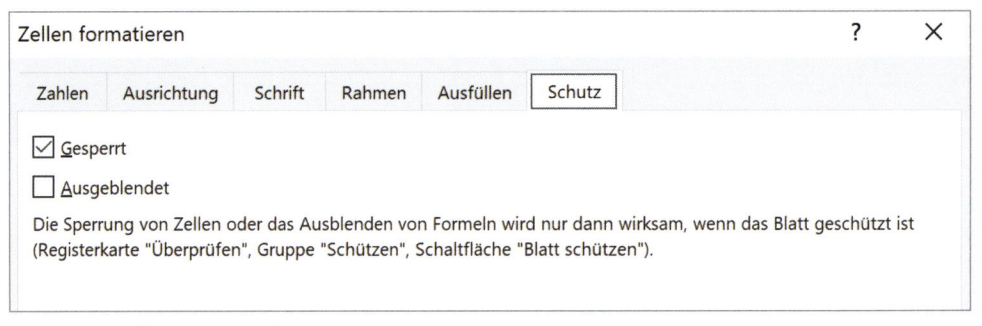

Dialogfenster **Zellen formatieren**, Register **Schutz**

3. Heben Sie den Zellschutz für alle markierten Zellen auf, indem Sie das Häkchen bei **Gesperrt** entfernen. Klicken Sie auf **OK**. Jetzt ist keine Zelle mehr gesperrt. Alle Formelzellen erhalten in der linken oberen Ecke einen grünen Indikator. Excel teilt uns mit, dass diese Zellen Formeln enthalten, aber nicht geschützt sind.
4. Markieren Sie die Zellbereiche E4:E15 und C16:E16.
5. Öffnen Sie erneut mit **Ctrl+1** das Dialogfenster **Zellen formatieren**. Klicken Sie auf die Registerkarte **Schutz** und setzen Sie bei **Gesperrt** ein Häkchen. Klicken Sie auf **OK**. Die grünen Indikatoren sollten jetzt verschwunden sein.

Grundlagen der Zellformatierung

Register	**Start**
Gruppe	**Zellen**
Befehl	**Format**
Befehl	**Blatt schützen**

Blatt schützen

Nach dem Zellschutz folgt der Blattschutz

Wenn Sie jetzt probehalber etwas in die Zelle E4 eintippen, überschreiben Sie deren Inhalt, obwohl die Zelle geschützt ist. Machen Sie diese Eingabe wieder rückgängig. Sie kennen den Grund: Der Zellschutz wird erst durch den Blattschutz aktiv.

1. Klicken Sie auf der Registerkarte **Start** in der Gruppe **Zellen** auf die Schaltfläche **Format**.
2. Wählen Sie im Menü **Format** den Eintrag **Blatt schützen**.

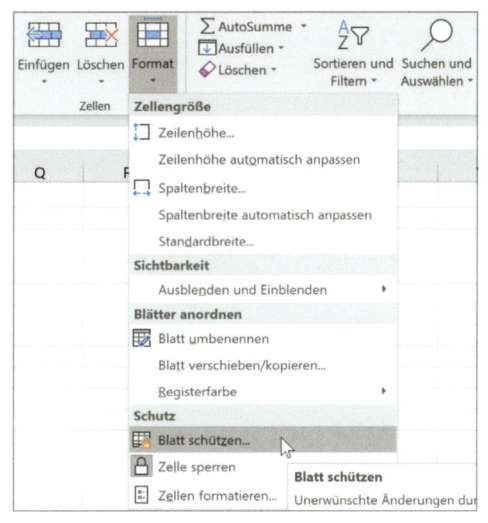

Blatt schützen

3. Im folgenden Dialogfeld können Sie je nach Bedarf festlegen, was andere Anwender in diesem Arbeitsblatt machen dürfen. Mit einem Kennwort verhindern Sie, dass jemand den Blattschutz wieder aufhebt. Wichtig ist, dass Sie sich das Kennwort merken.

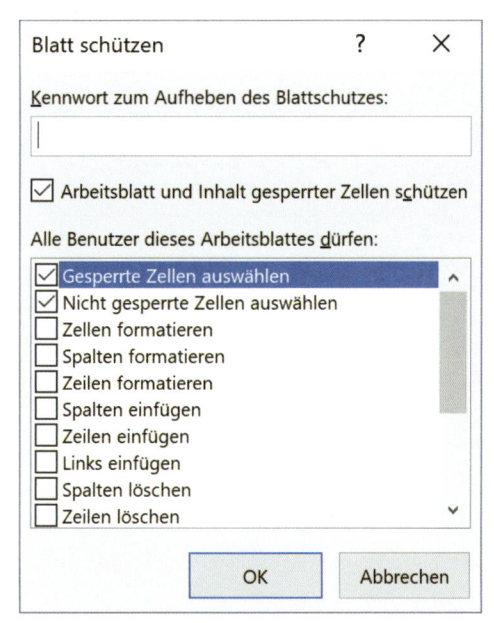

Dialogfeld **Blatt schützen**

Formatierung

4. Klicken Sie auf **OK**, um den Blattschutz zu aktivieren. Haben Sie ein Kennwort vergeben, müssen Sie dieses zur Sicherheit wiederholen.

Wenn Sie jetzt versuchen, eine Formel zu überschreiben, erscheint ein Hinweis, dass die Zelle geschützt ist.

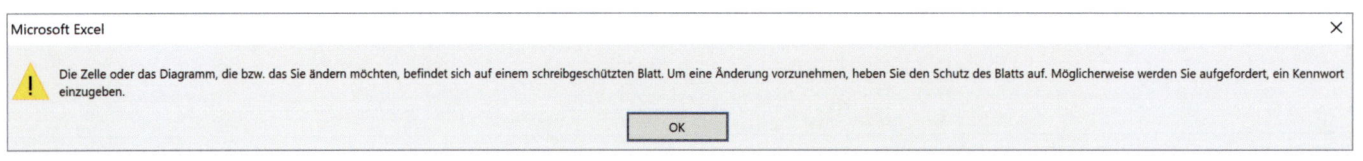

Hinweis auf Schreibschutz

In diesem Dialogfenster ist auch beschrieben, wie man den Blattschutz wieder aufhebt. Selbst für einen Excel-Laien dürfte diese Anleitung genügen, um den Blattschutz aufzuheben. Deshalb bietet nur ein Blattschutz mit Kennwort eine gewisse Sicherheit. Absolut sicher ist das Kennwort jedoch nicht. Im Internet findet man kostenlose Programme, um es zu knacken.

Sie haben an einer unformatierten Tabelle die häufigsten Zellformate angewandt und einige Regeln zur Gestaltung kennengelernt. In den folgenden Kapiteln nehmen wir einzelne Formate etwas genauer unter die Lupe.

3.2 Zahlenformate

3.2.1 Die häufigsten Formate

Zahlenformate spielen eine zentrale Rolle beim Formatieren von Tabellen. Die häufigsten Formate finden Sie in der Gruppe **Zahl** des Registers **Start**:

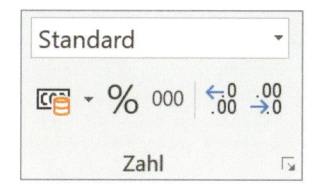

Gruppe **Zahl**

Symbol	Bezeichnung	Erläuterung
Standard	Listenfeld	zeigt das Format der markierten Zelle an.
[Symbol]	Buchhaltungszahlenformat	stellt die Zahl als Geldbetrag dar und verwendet dazu das in Windows eingestellte Währungssymbol. Andere Währungssymbole sind über das Ausklappmenü des Symbols erreichbar.
%	Prozent	stellt die Zahl als Prozentzahl dar; Beispiel: 0,1 wird zu 10 %.
000	1000er-Trennzeichen	gliedert die Zahl mit Tausendertrennzeichen und fügt zwei Dezimalstellen an.
[Symbol]	Dezimalstelle hinzufügen	fügt dem bestehenden Format eine Dezimalstelle hinzu.
[Symbol]	Dezimalstelle löschen	entfernt im bestehenden Format eine Dezimalstelle.

Auch in der Minisymbolleiste, die Sie mit einem Rechtsklick aufrufen können, stehen Ihnen einige dieser Formate zur Verfügung:

Minisymbolleiste

Alle Zahlenformate finden Sie im Dialogfenster **Zellen formatieren**, das Sie am schnellsten mit **Ctrl+1** aufrufen:

Dialogfeld **Zellen formatieren**

Formatierung

Im Register **Zahlen** des Dialogfeldes **Zellen formatieren** können Sie vordefinierte Zahlenformate auswählen oder benutzerdefinierte Zahlenformate erstellen. Zu diesem Zweck wählen Sie im Dialogfeld die entsprechende **Kategorie** aus und legen die jeweils zur Verfügung gestellten Parameter fest, z. B. Anzahl Dezimalstellen. Im Bereich **Beispiel** des Dialogfelds sehen Sie in einer Vorschau, wie sich das Erscheinungsbild der aktiven Zelle verändert, sofern die Zelle nicht leer ist. Ausserdem wird zur jeweils ausgewählten Kategorie ein kurzer Hilfetext eingeblendet.

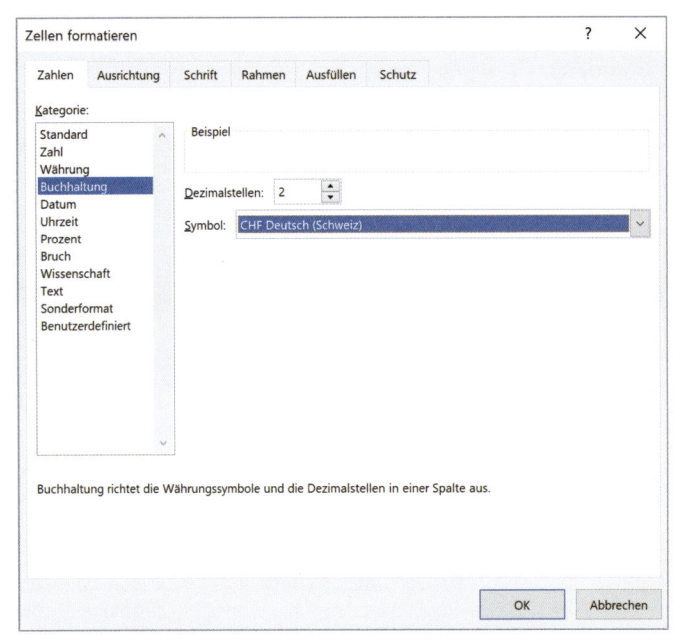

Dialogfeld **Zellen formatieren**, Register **Zahlen**, Kategorie **Buchhaltung**

3.2.2 Vordefinierte Zahlenformate

Kategorie	Beschreibung
Standard	zeigt den Inhalt der Zelle so an, wie er eingegeben wurde.
Zahl	In dieser Kategorie legen Sie fest, wie viele Dezimalstellen benutzt werden, ob Tausendertrennzeichen angezeigt werden und wie mögliche negative Werte aussehen sollen.
Währung	formatiert die Zahl als Währung, wobei Sie das Währungssymbol auswählen und die Anzahl Dezimalstellen festlegen können.
Buchhaltung	ähnlich wie Währung; das Währungszeichen wird jedoch am linken Zellrand ausgerichtet.
Datum	stellt verschiedene Anzeigeformate für Datumsangaben zur Verfügung.
Prozent	weist dem Wert das Prozentformat zu; aus 0,01 wird 1 %.
Bruch	stellt Dezimalzahlen als Bruch dar.
Wissenschaft	Die Zahlen werden in der Exponentialschreibweise angezeigt.
Text	Nehmen Sie dieses Format, wenn Sie wollen, dass Zahlen als Text behandelt werden. Sinnvolle Beispiele sind Telefonnummern, die mit einer Null beginnen.
Sonderformat	Dieses Format soll dafür sorgen, dass Zahlen wie eine Postleitzahl oder wie Telefonnummern angezeigt werden. Vorsicht: Nicht in jedem Fall sind die richtigen Formatcodes vorbereitet.
Benutzerdefiniert	Wenn keines der vordefinierten Zahlenformate Ihren Vorstellungen entspricht, können Sie in dieser Kategorie eigene Zahlenformate kreieren.

Zahlenformate

Die folgende Tabelle zeigt, wie sich das Erscheinungsbild eines Zellinhalts durch Zuweisung eines vordefinierten Zahlenformats verändert.

Zellinhalt	Kategorie	Erscheinungsbild
4723.141593	Standard	4723.141593
4723.141593	Zahl	4723.14
4723.141593	Währung	CHF 4'723.14
4723.141593	Buchhaltung	CHF 4'723.14
4723.141593	Datum	5. Dezember 1912
4723.141593	Uhrzeit	3:23:54
4723.141593	Prozent	472314.16%
4723.141593	Bruch	4723 1/7
4723.141593	Wissenschaft	4.72E+03
4723.141593	Text	4723.141593

Aufgabe 39

In der folgenden Tabelle wird in Spalte B Bezug genommen auf die Zahl in Zelle B1. Die Zellen in Spalte B sollen so formatiert werden, wie das in Spalte A angegeben ist.

	A	B
1	Zahl	37787.645
2		
3	**Kategorie**	**Erscheinungsbild**
4	Zahl	37787.65
5	Zahl	37787.6
6	Währung	CHF 37'787.65
7	Währung	37'788 €
8	Buchhaltung	CHF 37'787.65
9	Datum	15.06.2019
10	Datum	Samstag, 15. Juni 2019
11	Uhrzeit	15:28:48
12	Uhrzeit	15.28 Uhr
13	Prozent	3778764.50%
14	Prozent	3778765%
15	Bruch	37787 2/3
16	Bruch	37787 129/200
17	Wissenschaft	3.78E+04
18	Wissenschaft	3.7787645E+04
19	Text	37787.645

Vorgehen:

1. Öffnen Sie die Aufgabe 39.
2. Die Formel in Zelle B4 lautet: =$B$1. Damit übernehmen Sie den Wert aus Zelle B1.
   Kopieren Sie diese Formel bis zur Zelle B19.
3. Formatieren Sie die Zelle B4 so, wie das in Zelle A4 angegeben ist, nämlich als Zahl mit zwei Dezimalstellen.
4. Fahren Sie so fort mit den Zellen B5 bis B19.

Formatierung

Besondere Beachtung verdienen die Kategorien **Datum**, **Uhrzeit** und **Prozent**, weil ihre Wirkung allenfalls nicht auf den ersten Blick verständlich ist. Sie werden deshalb im Folgenden etwas näher erläutert.

3.2.3 Datum und Uhrzeit

Bei der Eingabe eines Datums oder einer Uhrzeit wird der Zelle automatisch das Zahlenformat **Datum** bzw. **Uhrzeit** zugewiesen. Intern werden Daten aber als ganze Zahlen und Uhrzeiten als Dezimalbrüche gespeichert. Um diesen internen Wert einer Datums- oder Zeitangabe anzuzeigen, müssen Sie das Format der Zelle auf **Standard** ändern.

Die Zeitrechnung in Excel beginnt am 1. Januar 1900. Dieses Datum entspricht der Zahl 1. Der 2. Januar 1900 wird intern als 2, der 3. Januar 1900 als 3 usw. gespeichert. Die Zeitrechnung endet am 31. Dezember 9999.

Uhrzeiten werden als Teilmenge des Tages betrachtet. Eine Stunde entspricht somit $1/24$, eine Minute entspricht $1/1440$ und eine Sekunde $1/86400$:

Zeit	Formel	Einheiten pro Tag	Darstellung
Stunde	=1/24	24	01:00:00
Minute	=1/(24*60)	1440	00:01:00
Sekunde	=1/(24*60*60)	86400	00:00:01

Das müssen Sie bei Berechnungen mit Uhrzeiten berücksichtigen.

Aufbauend auf dieser Logik werden detaillierte Zeitangaben aus Datum und Uhrzeit gebildet. Der 18. August 2003, 16:43:25 Uhr, entspricht dem Wert 37851.6968171296.

Nur weil Daten und Uhrzeiten Zahlen sind, können Sie damit rechnen. Um aussagekräftige Ergebnisse zu erhalten, müssen Sie der Ergebniszelle manchmal das geeignete Zahlenformat zuweisen.

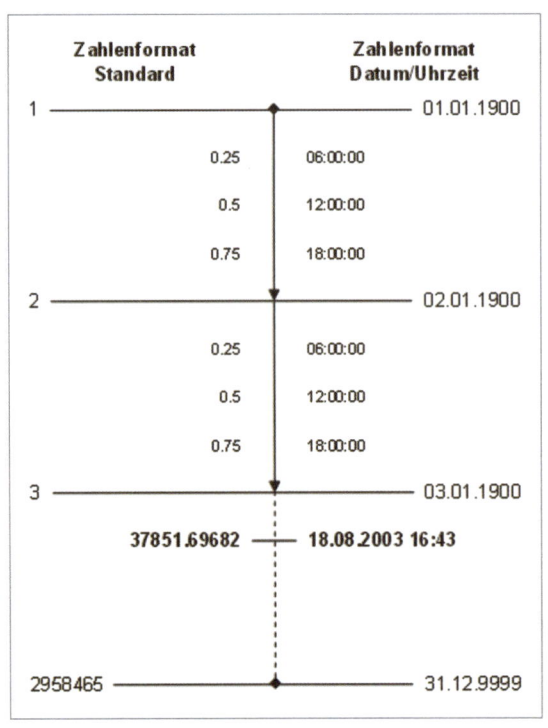

Daten im Datums-/Uhrzeitformat und im Standardformat

Zahlenformate

Im folgenden Beispiel wird in der Zelle B4 mit der Formel =B3−B2 die Anzahl Tage zwischen dem Lehrbeginn (Zelle B2) und dem Lehrende (Zelle B3) berechnet.

Der Ergebniszelle B4 wird automatisch das Format **Standard** zugewiesen, obwohl die Ausgangszellen B2 und B3 als Datum formatiert sind.

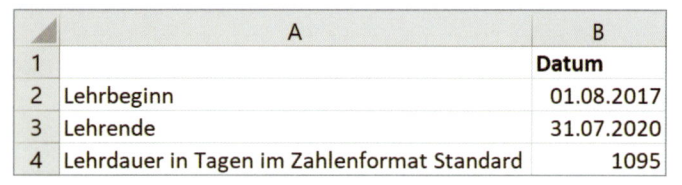

	A	B
1		Datum
2	Lehrbeginn	01.08.2017
3	Lehrende	31.07.2020
4	Lehrdauer in Tagen im Zahlenformat Standard	1095

Berechnung Anzahl Tage zwischen zwei Daten

Wie gesagt: Das Rechnen mit Uhrzeiten hat seine Tücken, wie das folgende Beispiel zeigt. Ein Computertechniker hat für Sie eine halbe Stunde gearbeitet. Tippen Sie die folgenden Daten ab und berechnen Sie den Lohn in Zelle C2.

	A	B	C
1	Dauer	Stundensatz	Lohn
2	00:30	CHF 120.00	

Rechnen mit Stunden

Vorgehen:

1. Markieren Sie die Zelle C2 und geben Sie die Formel =A2*B2 ein.
2. Das Ergebnis ist 2,5! Weshalb?
3. Bedenken Sie: Die Uhrzeit ist als Bruchteil eines Tages gespeichert. Eine Stunde ist $1/24$ eines Tages. Folglich müssen Sie A2 mit 24 multiplizieren. Die richtige Formel lautet: A2*24*B2.
4. Jetzt beträgt der Lohn CHF 60.–, und der Computerfachmann ist zufrieden.

Aufgabe 40

Ihr Unternehmen führt eine Kontrollliste über die Ausgangsrechnungen, in der die Rechnungsnummer, das Rechnungsdatum und die Zahlungsfrist erfasst werden.

Die Liste dient dazu, an jedem beliebigen Stichtag zu ermitteln, welche Kunden mit ihren Zahlungen im Rückstand sind. Öffnen Sie die Aufgabe 40 oder erstellen Sie die entsprechende Tabelle und ermitteln Sie für jede Faktura das Fälligkeitsdatum und den Zahlungsrückstand in Tagen.

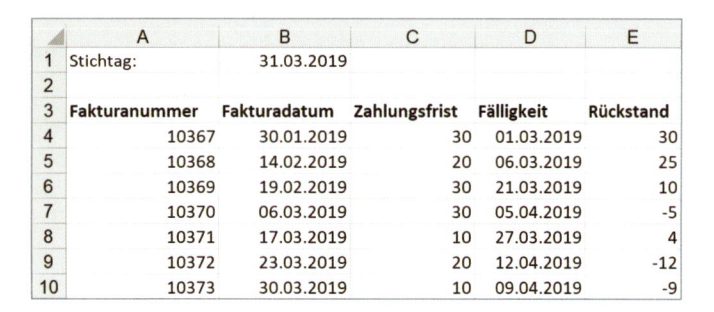

	A	B	C	D	E
1	Stichtag:	31.03.2019			
2					
3	Fakturanummer	Fakturadatum	Zahlungsfrist	Fälligkeit	Rückstand
4	10367	30.01.2019	30	01.03.2019	30
5	10368	14.02.2019	20	06.03.2019	25
6	10369	19.02.2019	30	21.03.2019	10
7	10370	06.03.2019	30	05.04.2019	-5
8	10371	17.03.2019	10	27.03.2019	4
9	10372	23.03.2019	20	12.04.2019	-12
10	10373	30.03.2019	10	09.04.2019	-9

Formatierung

Aufgabe 41

Die Automechaniker einer Garage erfassen bei jedem Auftrag die einzelnen Arbeiten mit Anfangs- und Endzeit in einem Arbeitsrapport. Auf dieser Basis wird später die Rechnung erstellt und mit den Materialkosten ergänzt. Öffnen Sie die Aufgabe 41 oder erstellen Sie die entsprechende Tabelle.

Beachten Sie, dass hinter der Zeitberechnung eine Dezimalzahl steht, die den Zeitaufwand als Bruchteil eines Tages ausdrückt. Da Sie nicht mit Tages-, sondern mit Stundenansätzen rechnen, müssen Sie diese Tatsache bei der Berechnung der Arbeitskosten berücksichtigen.

	A	B	C	D	E
1	Auftragsnummer:	20030001			
2	Datum:	27.03.2019			
3	Stundenansatz:	CHF 96.00			
4					
5	**Arbeit**	**Beginn**	**Ende**	**Dauer**	**Arbeitskosten**
6	Motor/Motorraum waschen	07:15	07:30	00:15	CHF 24.00
7	Chassis waschen	07:30	08:30	01:00	CHF 96.00
8	Bremsflüssigkeit ersetzen	08:35	08:45	00:10	CHF 16.00
9	Zahnriemen ersetzen	08:50	09:55	01:05	CHF 104.00
10	Kraftstofffilter ersetzen	10:15	10:20	00:05	CHF 8.00
11	Wasserpumpe ersetzen	10:20	10:30	00:10	CHF 16.00
12	Thermostat Dichtung ersetzen	10:40	10:45	00:05	CHF 8.00
13	Raumluftfilter ersetzen	10:45	10:50	00:05	CHF 8.00
14	Heizschalterbeleuchtung reparieren	11:00	11:35	00:35	CHF 56.00

3.2.4 Prozent

- In der Wirtschaft werden viele Angaben in Prozentwerten ausgedrückt, z. B. Skonti, Rabatte, Zinsen, Gewinne, Verluste oder Grössenveränderungen.
- Wenn Sie einer Zahl in Excel das Format **Prozent** zuweisen, wird die Zahl als Prozentwert dargestellt. Hinter dem Prozentwert steht aber eine normale Dezimalzahl, die – wie der Name schon sagt – ein Hundertstel des Prozentwerts beträgt.
- Sie haben zwei Möglichkeiten, einer Zelle das Zahlenformat **Prozent** zuzuweisen.
  1. Sie geben die Zahl bereits als Prozentwert ein (z. B. 53,5 %).
  2. Sie geben die Zahl als Dezimalzahl ein (z. B. 0,535) und formatieren die Zelle anschliessend über das Symbol **Prozentformat** der Gruppe **Zahl** bzw. über das **Dialogfeld Zellen formatieren,** Register **Zahlen**.
- Die Zuweisung des Formates **Prozent** verändert lediglich das Erscheinungsbild der Zelle. Intern speichert und rechnet Excel mit der Dezimalzahl und nicht mit dem Prozentwert. Diese Tatsache müssen Sie beim Rechnen mit Prozentwerten beachten. 1 % ist also mit 0,01 absolut identisch!

Grundbegriffe

- Der Grundwert beträgt 100 % und wird mit G abgekürzt.
- Die Angabe in % heisst Prozentsatz, abgekürzt p %.
- Der Wert, der dem Prozentsatz entspricht, heisst Prozentwert, abgekürzt W.

20 %	von	CHF 400.–	sind	CHF 80.–
Prozentsatz (p %)		Grundwert (G)		Prozentwert (W)

Berechnen von Prozentwerten

Auf den Betrag von CHF 2500.– müssen Sie 7,7 % Mehrwertsteuer zahlen. Wie hoch ist dieser Prozentwert in Franken?

Die Lösung auf dem Papier sieht folgendermassen aus: $\frac{2500 \cdot 7{,}7}{100}$

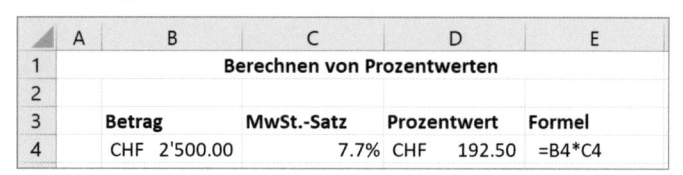

Die Lösung in Excel:

A	B	C	D	E
1		Berechnen von Prozentwerten		
2				
3	Betrag	MwSt.-Satz	Prozentwert	Formel
4	CHF 2'500.00	7.7%	CHF 192.50	=B4*C4

Berechnen von Prozentwerten

Berechnen von Prozentsätzen

Bei einem investierten Kapital von CHF 15 000.– haben Sie CHF 2500.– Gewinn gemacht. Wie hoch ist der Gewinn in Prozenten?

Die Lösung auf dem Papier sieht folgendermassen aus: $\frac{100 \cdot 2500}{15\,000}$

Die Lösung in Excel:

A	B	C	D	E
1		Berechnen von Prozentsätzen		
2				
3	Kapital	Gewinn	Gewinn in %	Formel
4	CHF 15'000.00	CHF 2'500.00	16.67%	=C4/B4

Berechnen von Prozentsätzen

Denken Sie daran, der Zelle D4 das Prozentformat zuzuweisen!

Berechnen von Grundwerten

Die Bank hat Ihnen bei einem Prozentsatz von 2,5 % CHF 3500.– Zinsen gutgeschrieben. Wie gross ist Ihr Kapital?

Die Lösung auf dem Papier sieht folgendermassen aus: $\frac{3500 \cdot 100}{2{,}5}$

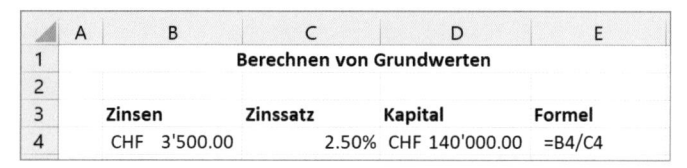

Die Lösung in Excel:

A	B	C	D	E
1		Berechnen von Grundwerten		
2				
3	Zinsen	Zinssatz	Kapital	Formel
4	CHF 3'500.00	2.50%	CHF 140'000.00	=B4/C4

Berechnen von Grundwerten

Formatierung

Prozentaufschlag

Bei einem Prozentaufschlag muss ein gegebener Prozentsatz auf einen Grundwert aufgeschlagen werden. Aufgabe: Auf einen Nettopreis von CHF 450.– soll die Mehrwertsteuer von 7,7 % aufgeschlagen werden. Das Ergebnis – der Bruttopreis – beinhaltet den Nettopreis und die Mehrwertsteuer.

Die Lösung auf dem Papier sieht folgendermassen aus: $\dfrac{450 \cdot 107{,}7}{100}$

Die Lösung in Excel:

Nettopreis * (1 + MwSt.-Satz) = Bruttopreis

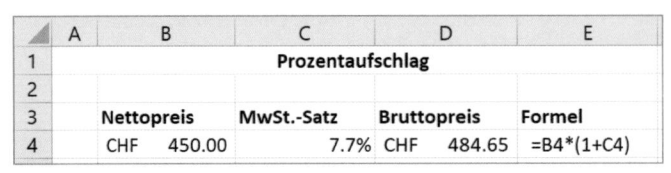

	A	B	C	D	E
1			Prozentaufschlag		
2					
3		Nettopreis	MwSt.-Satz	Bruttopreis	Formel
4		CHF 450.00	7.7%	CHF 484.65	=B4*(1+C4)

Prozentaufschlag

Der Wert in Klammern (1 + MwSt.-Satz) ergibt 107,7 %.

Prozentabschlag

Bei einem Prozentabschlag ist ein Grundwert um einen bestimmten Prozentsatz zu vermindern. Das ist eine häufige Anwendung bei Rabatten und Skonti. Aufgabe: Auf den Betrag von CHF 5600.– erhalten Sie 5 % Rabatt. Wie hoch ist der Barpreis?

Die Lösung auf dem Papier sieht folgendermassen aus: $\dfrac{5600 \cdot 95}{100}$

Die Lösung in Excel:

Betrag * (1 – Rabatt) = Barpreis

	A	B	C	D	E
1			Prozentabschlag		
2					
3		Betrag	rabatt	Barpreis	Formel
4		CHF 6'500.00	5.0%	CHF 5'320.00	=B4*(1-C4)

Prozentabschlag

Zahlenformate

Aufgabe 42

Öffnen Sie die Aufgabe 42. Fügen Sie drei Spalten für die Prozentsätze ein. Berechnen Sie anschliessend den prozentualen Anteil der einzelnen Einnahmeposten, gemessen am Total der Einnahmen.

	A	B	C	D	E	F	G
1	**Einnahmen des Bundes in Mrd. CHF**						
2							
3		2012		2013		2014	
4		absolut	in %	absolut	in %	absolut	in %
5	Mehrwertsteuer	22.1	35.2%	22.6	34.7%	22.6	35.4%
6	Direkte Bundessteuer	18.3	29.1%	18.4	28.3%	18.0	28.2%
7	Zölle	1.0	1.6%	1.1	1.7%	1.1	1.7%
8	Verrechnungssteuer	4.3	6.8%	5.9	9.1%	5.6	8.8%
9	Stempelabgaben	2.1	3.3%	2.1	3.2%	2.1	3.3%
10	Tabaksteuer	2.4	3.8%	2.3	3.5%	2.3	3.6%
11	Regalien und Konzessionen	0.9	1.4%	0.9	1.4%	0.6	0.9%
12	Mineralölsteuer	5.0	8.0%	5.0	7.7%	5.0	7.8%
13	Übrige Einnahmen	6.7	10.7%	6.8	10.4%	6.6	10.3%
14	**Einnahmen total**	**62.8**	**100.0%**	**65.1**	**100.0%**	**63.9**	**100.0%**

Aufgabe 43

Sie beabsichtigen, eine Liegenschaft für CHF 750 000.– zu kaufen. Um Ihre jährliche und monatliche Belastung durch das Wohneigentum zu ermitteln, erstellen Sie eine Tabelle.

Ihre Bank ist bereit, für die Finanzierung eine erste Hypothek im Umfang von 65 % des Anlagewerts zu einem Zinssatz von 3,5 % zu gewähren. Mindestens 20 % des Anlagewerts müssen Sie aus eigenen Mitteln aufbringen. Für den Restbetrag gewährt Ihnen die Bank eine zweite Hypothek zu einem Zinssatz von 4 %. Diese Hypothek ist in jährlichen Raten innert 20 Jahren zurückzuzahlen. Neben Amortisation und Zinsen müssen Sie noch mit Nebenkosten von 1 % des Anlagewerts rechnen.

Öffnen Sie die Aufgabe 43. Nachdem Sie die Berechnungen durchgeführt haben, heben Sie wichtige Wörter und Zahlen durch Fettschrift hervor. Versehen Sie zudem alle Zellen, in denen Formeln enthalten sind, mit einem Zellschutz, sodass die Formeln nicht überschrieben werden können.

	A	B	C
1	**Jährliche und monatliche Belastung durch Wohneigentum**		
2			
3	**Anlagekosten**	CHF	750'000.00
4			
5	**Finanzierung**		
6	Eigenkapital	20.00% CHF	150'000.00
7	1. Hypothek	65.00% CHF	487'500.00
8	2. Hypothek	15.00% CHF	112'500.00
9			
10	**Kosten**		
11	Amortisation 2. Hypothek	5.00% CHF	5'625.00
12	Nebenkosten (in Prozenten der Anlagekosten)	1.00% CHF	7'500.00
13	Zins 1. Hypothek	3.50% CHF	17'062.50
14	Zins 2. Hypothek	4.00% CHF	4'500.00
15	**Jährliche Belastung**	CHF	**34'687.50**
16	**Monatliche Belastung**	CHF	**2'890.63**

Wie verändert sich Ihre Belastung bei unterschiedlichen Eigenkapitalanteilen, Anlagekosten und Zinssätzen?

3.2.5 Benutzerdefinierte Zahlenformate

Falls Sie in der umfangreichen Auswahl vordefinierter Zahlenformate nichts Passendes finden, können Sie auch eigene, benutzerdefinierte Zahlenformate erstellen. Bevor wir eigene erstellen, schauen wir uns einmal den Aufbau eines benutzerdefinierten Formats an:

1. Öffnen Sie mit **Ctrl+1** das Dialogfeld **Zellen formatieren**.
2. Klicken Sie im Register **Zahlen** auf **Währung**, anschliessend auf **Benutzerdefiniert**.
3. Im Feld **Typ** steht Ihnen eine Vielzahl benutzerdefinierter Währungsformate zur Auswahl. Diese können Sie Ihren Bedürfnissen anpassen.

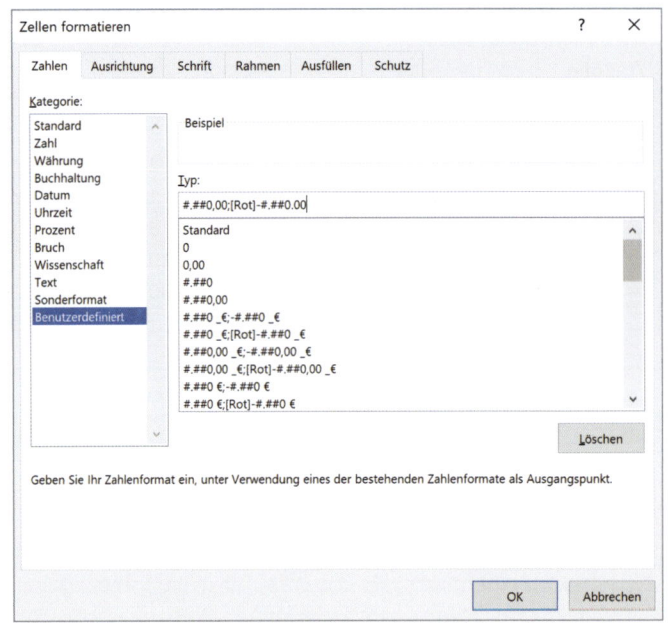

Benutzerdefinierte Zahlenformate

Das im Bildschirmausdruck markierte Format besteht aus zwei Abschnitten, getrennt durch einen Strichpunkt (Semikolon). Der erste Abschnitt legt das Aussehen positiver Zahlen fest, der zweite dasjenige negativer Zahlen. Wie Sie sehen, werden negative Zahlen rot [Rot] formatiert und erhalten ein Minuszeichen vorangestellt.

Die Einteilung von Zahlenformaten in Abschnitte

Sie können das Format nicht nur für positive und negative Werte festlegen, sondern auch für Nullwerte und Text. Insgesamt können Sie für die Darstellung von Zellinhalten vier Formatvarianten definieren, und zwar für
- positive Werte,
- negative Werte,
- Nullwerte,
- Text.

Probieren Sie das gleich aus: Sie möchten ein Währungsformat erstellen, bei dem
- positive Werte schwarz,
- negative Werte rot,
- Nullwerte durch das Wort «Null» ersetzt werden und
- Text in Blau erscheint.

1. Öffnen Sie mit **Ctrl+1** das Dialogfeld **Zellen formatieren**.
2. Wählen Sie im Register **Zahlen** die Kategorie **Währung**.
3. Klicken Sie auf **Benutzerdefiniert**.
4. Wählen Sie das Format CHF #'##0.00;[ROT]CHF -#'##.0.00.
   Dieses Format definiert bereits die positiven und negativen Werte.
5. Setzen Sie den Cursor in der Zeile **Typ** ans Ende:

   Typ:

   | CHF #'##0.00;[Rot]CHF -#'##0.00 |

6. Definieren Sie den dritten Abschnitt für Nullwerte: Tippen Sie einen Strichpunkt und Folgendes ein: "Null" (mit Anführungs- und Schlusszeichen!).
7. Definieren Sie im vierten Abschnitt das Format für Text. Geben Sie einen Strichpunkt ein, gefolgt von [Blau]. Die Zeile sollte nun so aussehen:

   Typ:

   | CHF #'##0.00;[Rot]CHF -#'##0.00;"Null";[Blau] |

8. Klicken Sie auf **OK**.

Probieren Sie Ihr benutzerdefiniertes Format aus. Tippen Sie untereinander in vier verschiedenen Zellen Folgendes ein:

500
−450
0
Excel 2019 / Excel 365

Markieren Sie diese Zellen und wählen Sie Ihr benutzerdefiniertes Format an. Entsprechen die Formatierungen Ihren Einstellungen?

Grundsätzliches Vorgehen beim Zuweisen benutzerdefinierter Formate

1. Markieren Sie die Zellen, die Sie formatieren möchten.
2. Öffnen Sie mit **Ctrl+1** das Dialogfeld **Zellen formatieren**.
3. Wählen Sie die **Kategorie**, die dem gewünschten Zahlenformat am nächsten kommt.
4. Klicken Sie auf die Kategorie **Benutzerdefiniert**.
5. Wählen Sie ein Format aus, passen Sie es Ihren Bedürfnissen an oder erstellen Sie ein neues Format.

Formatcodes und ihre Bedeutung

Wenn Sie die Kategorie **Benutzerdefiniert** auswählen, sehen Sie rechts u. a. Rauten (#), Nullen und Sternchen (*). Was bedeuten diese Zeichen oder Formatcodes?

 # (Raute) sorgt dafür, dass nur Ziffern angezeigt werden, die Sie tatsächlich eingeben:
- Eine führende Null (z. B. 07) wird nicht angezeigt.
- Haben Dezimalstellen nach dem Komma mehr Stellen, als Rauten vorhanden sind, wird auf die Anzahl der eingegebenen #-Zeichen rechts vom Komma gerundet.
- Werden mehr Ziffern vor dem Komma eingegeben, als Rauten vorgesehen sind, werden die Ziffern zusätzlich angezeigt.

0 (Null) wird im Unterschied zur Raute als fester Platzhalter für Ziffern verwendet:
- Am Bildschirm werden mindestens so viele Ziffern angezeigt, wie Nullen als Platzhalter im Zahlenformat enthalten sind.
- Dieses Zahlenformat eignet sich, wenn Sie in Datenreihen führende Nullen brauchen, z. B. bei Rechnungs- oder Telefonnummern.

Formatierung

Probieren Sie diese Formatcodes aus:

1. Erfassen Sie die Zahlen gemäss der Spalte **Eingabe**.
2. Markieren Sie die Zelle, die Sie formatieren möchten.
3. Wählen Sie **Ctrl+1**.
4. Wählen Sie im Register **Zahlen** die Kategorie **Zahl**.
5. Klicken Sie auf **Benutzerdefiniert**.
6. Passen Sie das Format gemäss der Spalte **Format** an.

Eingabe	Format	Ergebnis
1529.3792	#'###.##	1'529.38
1529.3792	#'##0.00000	1'529.3920
007	###	7
007	000	007

_ (Unterstrich) sorgt dafür, dass ein Leerraum in der Grösse des nachfolgenden Zeichens reserviert wird. Diesen Formatcode brauchen Sie, wenn Sie beispielsweise die Zahlen etwas vom rechten Zellrand wegrücken möchten. In den Ergebniszellen sehen Sie, dass die erste Zahl um die Breite des Buchstabens **l** und die zweite Zahl um die Breite des Buchstabens **m** vom rechten Rand eingerückt wurden.

Eingabe	Format	Ergebnis
1529.3792	#'###.00_l	1'529.38
1529.3792	#'###.00_m	1'529.38

Anführungszeichen für "Text" brauchen Sie, wenn vor oder nach der Zahl ein Text stehen soll, z. B. eine Masseinheit (km, kg). Den Text müssen Sie zwischen Anführungs- und Schlusszeichen setzen. Nur so ist gewährleistet, dass Sie mit dieser Zelle rechnen können.

- Alles, was zwischen Anführungs- und Schlusszeichen steht, interpretiert Excel als Text.
- Auf diese Weise können Sie vor oder hinter eine Zahl einen beliebigen Text, z. B. eine Masseinheit, schreiben. Bitte ausprobieren!

Eingabe	Format	Distanz
10.5	0.0 "km"	10.5 km

@ Textplatzhalter gilt für Texte. Man braucht ihn beispielsweise dann, wenn man Texte mit Aufzählungspunkten gliedern will. Excel bietet ja nicht wie Word eine Aufzählungsfunktion. Probieren Sie den Textplatzhalter gleich anhand der folgenden kleinen Übung aus:

1. Markieren Sie mehrere Zellen mit Text und öffnen Sie mit **Ctrl+1** das Dialogfeld zum Formatieren. Klicken Sie auf die Registerkarte **Zahlen**.
2. Klicken Sie nacheinander auf die Einträge **Text** und **Benutzerdefiniert**. Sie erhalten somit den Platzhalter @.
3. Setzen Sie den Cursor vor dieses Zeichen. Halten Sie die **Alt**-Taste gedrückt und geben Sie auf dem Zahlenblock die Zeichenfolge 0149 für den Punkt ein (oder 0150 für den Halbgeviertstrich). Tippen Sie noch ein Leerzeichen ein, um das Aufzählungszeichen vom nachfolgenden Text abzusetzen.

Eingabe	Format	Ergebnis
Eigenkapital	• @	• Eigenkapital
1. Hypothek	• @	• 1. Hypothek
2. Hypothek	• @	• 2. Hypothek

Zahlenformate

* (Sternchen) oder Asterisk-Zeichen ist ein Ausfüllzeichen.
- Es wirkt wie ein Tabulator und sorgt dafür, dass Informationen am linken und rechten Rand angeordnet werden.
- Dazu wird das Zeichen, das dem Sternchen folgt, so oft wiederholt, bis die Zelle aufgefüllt ist.

1. Tippen Sie in die Zelle A1 das Datum 06.01.2019 ein.
2. Füllen Sie das Datum bis zur Zelle A6 aus. In Zelle A6 sollte der 11.01.2019 stehen.
3. Markieren Sie diese Zellen.
4. Betätigen Sie **Ctrl+1**.
5. Wählen Sie in der Registerkarte **Zahlen** die Kategorie **Datum**.
6. Weisen Sie den Zellen das Format *14.03.2012 zu.
7. Klicken Sie auf **Benutzerdefiniert**. Tippen Sie am Anfang des Feldes **Typ** drei **TTT** ein, sodass das Feld so aussieht: TTT TT.MM.JJJJ. Beenden Sie Ihre Eingabe mit **OK**.

Die Zellen sehen so aus:

	A
1	So 06.01.2019
2	Mo 07.01.2019
3	Di 08.01.2019
4	Mi 09.01.2019
5	Do 10.01.2019
6	Fr 11.01.2019

Sie möchten das Format ändern: Die Wochentage sollen am linken Rand, die Daten am rechten Rand stehen.

1. Markieren Sie die Zellen A1:A6.
2. Betätigen Sie **Ctrl+1**.
3. Setzen Sie den Cursor hinter das dritte T.
4. Tippen Sie einen * (Stern) ein. Nach dem Stern sollte ein Leerzeichen stehen. Klicken Sie auf **OK**.

Ihre Daten sehen wie folgt aus:

	A
1	So 06.01.2019
2	Mo 07.01.2019
3	Di 08.01.2019
4	Mi 09.01.2019
5	Do 10.01.2019
6	Fr 11.01.2019

Formatierung

Daten und Uhrzeiten

Je nach gewünschtem Erscheinungsbild können die folgenden Codierungen frei kombiniert werden.

Code	Erscheinungsbild	von … bis
T	Tage als	1–31
TT	Tage als	01–31
TTT	Tage als	So–Sa
TTTT	Tage als	Sonntag–Samstag
M	Monate als	1–12
MM	Monate als	01–12
MMM	Monate als	Jan–Dez
MMMM	Monate als	Januar–Dezember
JJ	Jahre als	00–99
JJJJ	Jahre als	1900–9999
h	Stunden als	0–23
hh	Stunden als	00–23
m	Minuten als	0–59
mm	Minuten als	00–59
s	Sekunden als	0–59
ss	Sekunden als	00–59
[hh]	Stunden als	00–über 24

Formate für Daten und Uhrzeiten

	A	B	C
1	Eingabe	Format	Ergebnis
2	28.08.2019	TTTT, TT. MMMM JJJJ	Mittwoch, 28. August 2019
3	28.08.2019	TTT, TT.MM.JJJJ	Mi, 28.08.2019
4	28.08.2019	TT. MMMM JJ	28. August 19
5	28.08.2019	TT.MM.JJJJ	28.08.2019
6	28.08.2019	TTTT, TT. MMM. JJJJ	Mittwoch, 28. Aug. 2019

Datenformate

Aufgabe 44

Öffnen Sie die Aufgabe 44. Nehmen Sie in Spalte B Bezug auf Spalte A. Beispiel: In der Zelle B2 geben Sie die Formel =A2 ein. Formatieren Sie anschliessend die Zellen der Spalte B so, dass sie wie in der folgenden Tabelle aussehen.

	A	B
1	Zahl	Erscheinungsbild
2	11	11 kg
3	44500 CHF	44'500.00
4	03.12.2019 Di,	3. Dezember 2019
5	24.04.1961	Montag, 24. April 1961
6	-565	- CHF 565.00
7	7	007
8	890	Rechnung Nr. 890
9	Excel 2019/Excel 365	• Excel 2019/Excel 365
10	5600	5600

3.3 Ausrichtung

3.3.1 Überblick

Im Register **Ausrichtung** des Dialogfelds **Zellen formatieren** können Sie die Positionierung bestimmen.

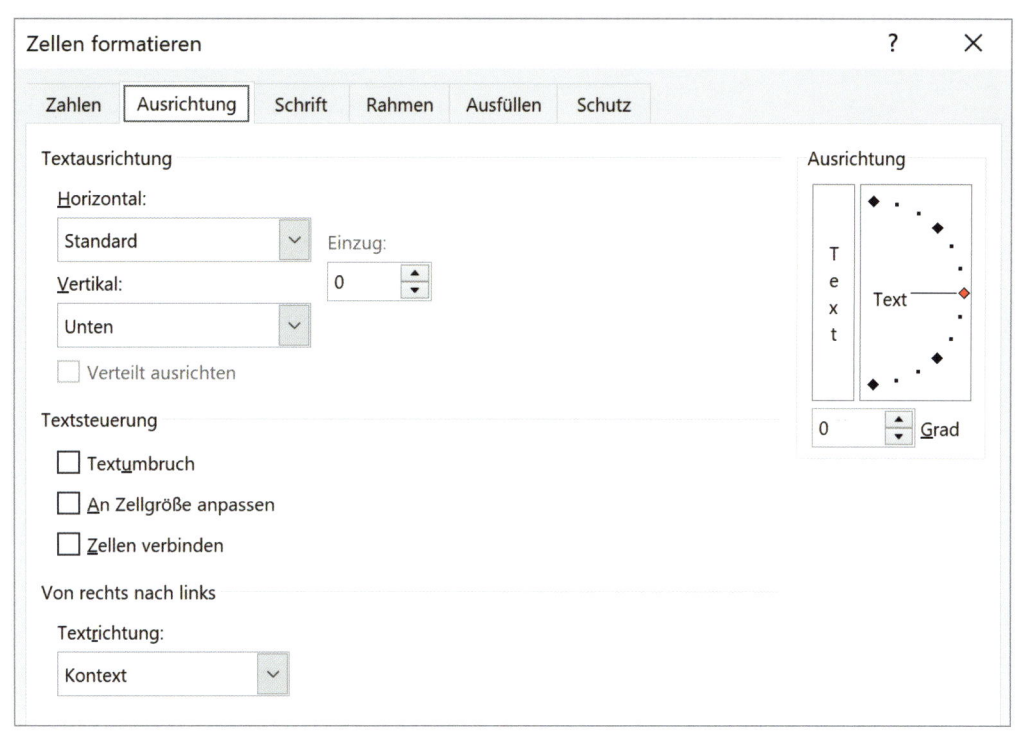

Dialogfeld **Zellen formatieren** im Register **Ausrichtung**

3.3.2 Textausrichtung

Im Bereich **Textausrichtung** lassen sich Daten innerhalb einer Zelle **horizontal** und **vertikal** ausrichten.

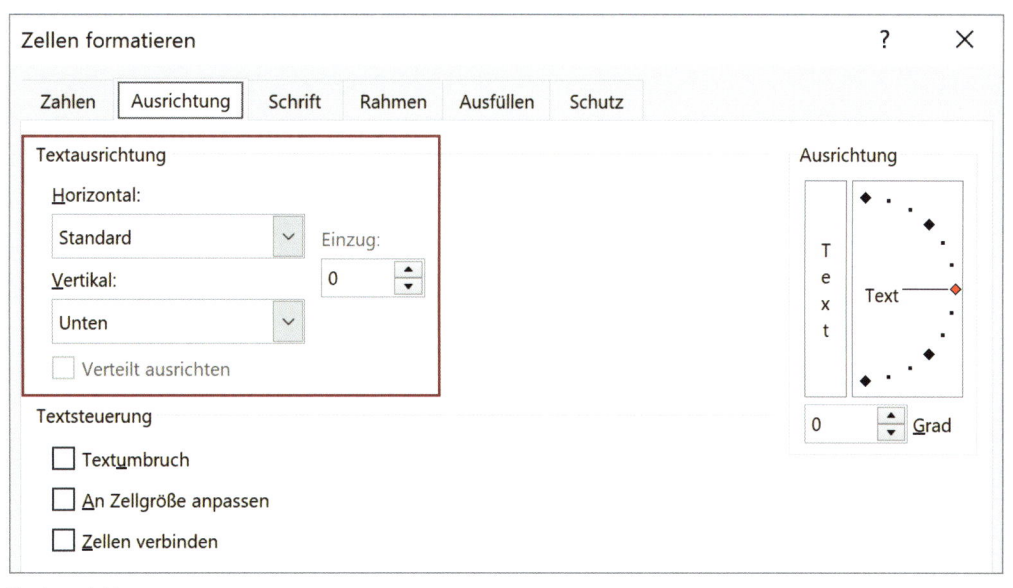

Textausrichtung

Formatierung

Tipp
Die häufigsten Textausrichtungsarten sind auf der Registerkarte **Start,** Gruppe **Ausrichtung,** zu finden.

Symbol	Bezeichnung
≡	Linksbündig
≡	Zentriert
≡	Rechtsbündig

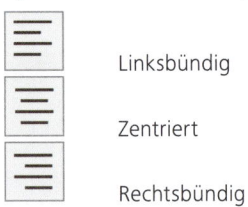

Horizontal

Die zur Verfügung gestellten Parameter der Option **Horizontal** haben folgende Bedeutung:

Parameter	Erläuterung	Erscheinungsbild
Standard	Text linksbündig; Zahlen rechtsbündig	Standard
Links (Einzug)	Zellinhalt linksbündig	Links (Einzug)
Zentriert	Zellinhalt zentriert	Zentriert
Rechts (Einzug)	Zellinhalt rechtsbündig	Rechts (Einzug)
Ausfüllen	wiederholt Zellinhalt, bis die Zelle ausgefüllt ist.	AusfüllenAusfüllen
Blocksatz	Die horizontalen Abstände zwischen den Wörtern werden angepasst, sodass der Zellinhalt gleichmässig zwischen dem linken und dem rechten Rand der Zelle verteilt ist.	Dieser Zelle wurde das Format Blocksatz zugewiesen.
Über Auswahl zentrieren	zentriert Zellinhalt über mehrere Zellen, ohne die Zellen zu verbinden.	Über Auswahl zentrieren
Verteilt (Einzug)	verteilt Zellinhalt gleichmässig zwischen dem linken und dem rechten Zellrand.	Verteilt (Einzug)

Vertikal

Damit Sie die Wirkung des gewählten Parameters der Option **Vertikal** auf das Erscheinungsbild einer Zelle erkennen können, muss die Zeilenhöhe über dem Standardwert für die Schriftgrösse der formatierten Zelle liegen.

Die Standardeinstellung der Option **Vertikal** entspricht dem Parameter **Unten**. Die verfügbaren Parameter haben folgende Bedeutung:

Parameter	Erläuterung	Erscheinungsbild
Oben	Zellinhalt wird am oberen Zellrand ausgerichtet.	Oben
Zentrieren	Zellinhalt wird vertikal zentriert.	Zentrieren
Unten	Zellinhalt wird am unteren Zellrand ausgerichtet.	Unten
Blocksatz	Die vertikalen Abstände werden angepasst, sodass der Zellinhalt gleichmässig zwischen dem oberen und dem unteren Rand der Zelle verteilt ist.	Dieser Zelle wurde das Format Ausrichtung > Vertikal > Blocksatz zugewiesen.
Verteilt	Die vertikalen Abstände werden angepasst, sodass der Zellinhalt gleichmässig zwischen dem oberen und dem unteren Rand der Zelle verteilt ist; dies entspricht der Einstellung **Blocksatz**.	Dieser Zelle wurde das Format Ausrichtung > Vertikal > Verteilt zugewiesen.

Einzug

Bei Textausrichtungsoptionen, die mit dem Klammerzusatz **(Einzug)** bezeichnet sind, können Sie im Feld **Einzug** einen Abstand des Zellinhalts zum Zellrand definieren. Je nach Parameter bezieht sich dieser Abstand auf den linken oder rechten Zellrand. Benutzen Sie Einzüge nur für Text, nicht für Zahlen.

Der Einzug in einer Zelle kann auch über die Symbole **Einzug vergrössern** und **Einzug verkleinern** der Gruppe **Ausrichtung** gesteuert werden.

Symbol **Einzug verkleinern**   Symbol **Einzug vergrössern**

3.3.3 Ausrichtung

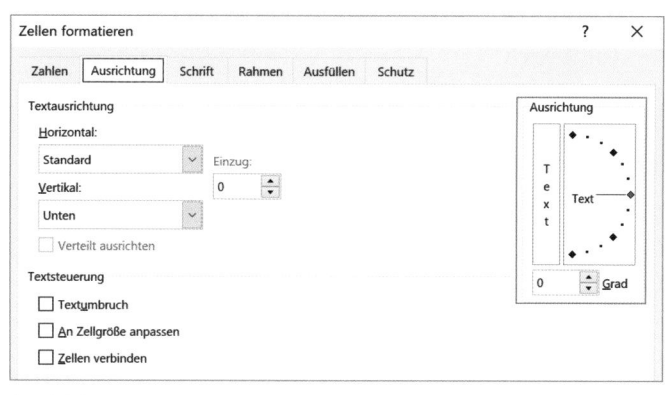

Ausrichtung

Tipp
Über das Symbol **Ausrichtung** der Gruppe **Ausrichtung** können Sie die häufigsten Formatierungen direkt anwählen.

Symbol **Ausrichtung**

Im Dialogfeld **Zellen formatieren,** Register **Ausrichten** können Sie festlegen, dass ein Zellinhalt vertikal dargestellt oder in einem beliebigen Winkel zwischen −90° und +90° gedreht wird.

Zu diesem Zweck wählen Sie die Option **Text** oder stellen den Parameter **Grad** auf den gewünschten Winkel ein.

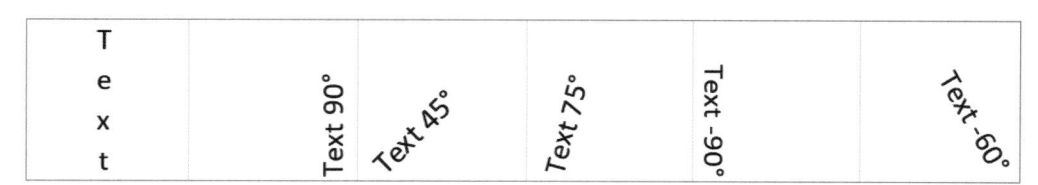

Unterschiedliche Ausrichtung von Zellinhalten

Formatierung

3.3.4 Textsteuerung

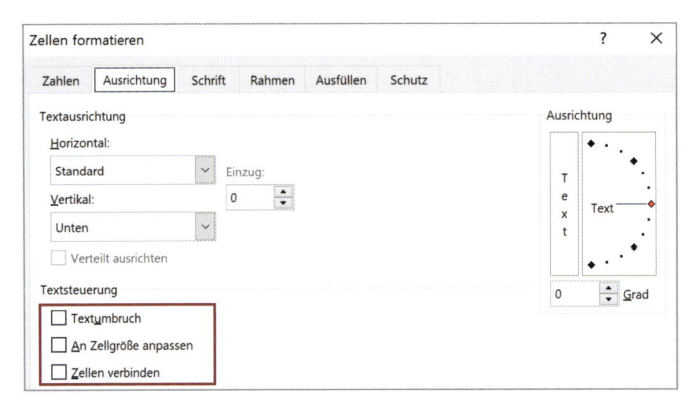

Textsteuerung

Tipp
Für den Textumbruch können Sie auch das Symbol **Textumbruch** der Gruppe **Ausrichtung** verwenden.

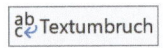

*Symbol **Textumbruch***

Textumbruch

Zellinhalte, die eine Überlänge aufweisen, werden – abhängig vom Inhalt der Nachbarzelle – abgeschnitten oder über den Zellrand hinaus geschrieben. Um einen abgeschnittenen Zellinhalt vollständig anzuzeigen, können Sie die Spaltenbreite entsprechend anpassen.

Im Bereich **Textsteuerung** des Registers **Ausrichtung** im Dialogfeld **Zellen formatieren** haben Sie aber auch die Möglichkeit, einen Zellinhalt auf mehreren Zeilen darzustellen. Zu diesem Zweck aktivieren Sie das Kontrollfeld **Textumbruch**. Der Textumbruch wird automatisch festgelegt.

Um die Umbrüche manuell zu setzen, verwenden Sie bei der Dateneingabe die Tastenkombination **Alt+Enter**.

Zellgrösse anpassen

Falls Sie weder die Spaltenbreite vergrössern noch mit Zeilenumbrüchen arbeiten wollen, können Sie den Zellinhalt auch so verkleinern, dass er genau in die Zelle passt. Dazu aktivieren Sie das Kontrollfeld **An Zellgrösse anpassen**.

Zellen verbinden

Über das Kontrollfeld **Zellen verbinden** oder alternativ über das entsprechende Symbol in der Gruppe **Ausrichtung** können Sie mehrere markierte Zellen zu einer einzigen Zelle verbinden.

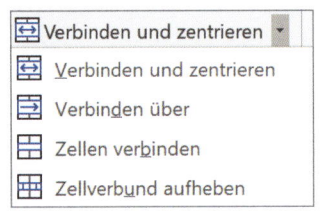

*Symbol **Zellen verbinden***

3.3.5 Von rechts nach links

Der Bereich **Von rechts nach links** im Register **Ausrichtung** des Dialogfelds **Zellen formatieren** dient der Festlegung der Textrichtung. Auf diese Option wird hier nicht näher eingegangen. Sie ist lediglich bei Sprachen von Bedeutung, die im Gegensatz zur deutschen und zu den meisten anderen europäischen Sprachen von rechts nach links gelesen werden.

3.4 Schrift

3.4.1 Überblick

Im Register **Schrift** des Dialogfelds **Zellen formatieren** können Sie eine Vielzahl von Schriftauszeichnungen festlegen. Schriftformate können einer markierten Zelle, einem markierten Zellbereich oder aber auch nur einem Teil eines Zellinhalts zugewiesen werden. In diesem Fall müssen Sie den betreffenden Zellinhalt in der Bearbeitungszeile markieren, bevor Sie das Dialogfeld aufrufen.

Dialogfeld **Zellen formatieren** des Registers **Schrift**

Excel hält stets zwei Vorschläge für Überschriften und Textkörper bereit. Sie ergeben sich aus dem gewählten Design (mehr zum Design erfahren Sie im Kapitel 3.7.2). Sie sollten möglichst diese Vorschläge übernehmen, damit Ihre Arbeitsblätter einheitlich formatiert aussehen. Die häufigsten Schriftformate können Sie auch über die Symbole der Gruppe **Schriftart** zuweisen.

Symbol	Bezeichnung
Calibri	Schriftart wählen
11	Schriftgrad festlegen
A˄ A˅	Schriftgrad stufenweise vergrössern oder verkleinern
F	Fett formatieren
I	Kursiv (Italic) formatieren
U	Einfach unterstreichen
D	Doppelt unterstreichen
A	Schriftfarbe

Schriftauszeichnungen

Der Vorteil des Registers **Schrift** gegenüber den Symbolen ist die Vorschau auf die Schriftgestaltung.

Formatierung

3.4.2 Schriftart und -grösse

Wenn Sie bei der Auswahl einer Schriftart nicht die gesamte Liste durchblättern möchten, tippen Sie einfach den Anfangsbuchstaben (oder die ersten zwei Buchstaben) der gesuchten Schriftart ein. Die Markierung im Listenfeld springt dadurch direkt auf die erste Schriftart, die mit diesem Anfangsbuchstaben beginnt.

Voreingestellten Schriftgrad ändern

Der voreingestellte Schriftgrad (Schriftgrösse) beträgt 11 pt. Wenn Sie diesen Standard verändern möchten, gehen Sie wie folgt vor:

1. Klicken Sie auf das Register **Datei** und dann auf **Optionen**.
2. In der Kategorie **Allgemein** passen Sie den Schriftgrad an und bestätigen Ihre Änderung mit einem Klick auf **OK**.

Kontrollkästchen Standardschriftart

Im Dialogfeld **Zellen formatieren**, Register **Schrift**, finden Sie das Kontrollkästchen **Standardschriftart**. Über dieses Kästchen können Sie markierten Zellen schnell wieder die Standardschriftart zuweisen. Aktivieren Sie dieses Kästchen also, wenn Sie Schriftart, -grösse und -stil wieder auf die Standardwerte zurücksetzen möchten.

Unterstreichung

Im Listenfeld **Unstreichung** finden Sie neben **Einfach** und **Doppelt** auch **Einfach (Buchhaltung)** und **Doppelt (Buchhaltung)**. Wo liegt der Unterschied? Die Varianten mit **Buchhaltung** schneiden die Unterlängen von Buchstaben (z. B. bei **p** oder **g**) nicht ab. Zudem wird der Unterstreichungsstrich über die ganze Breite der Zelle gezogen.

Bei Zellen, die Zahlen enthalten, wird die Unterstreichung bei der Variante mit Buchhaltung etwas vom Betrag abgesetzt.

3.5 Rahmen

3.5.1 Überblick

Linien und Rahmen sind dazu da, Tabellen übersichtlicher zu gestalten und den Leser durch die Daten zu führen. Verwenden Sie Daten und Linien, um

- wichtige Zellen oder Zellbereiche hervorzuheben,
- zusammengehörige Datenbereiche zu kennzeichnen,
- unterschiedliche Informationen voneinander abzugrenzen.

Im Register **Rahmen** des Dialogfelds **Zellen formatieren** können Sie einer markierten Zelle oder einem markierten Zellbereich Rahmenlinien zuweisen.

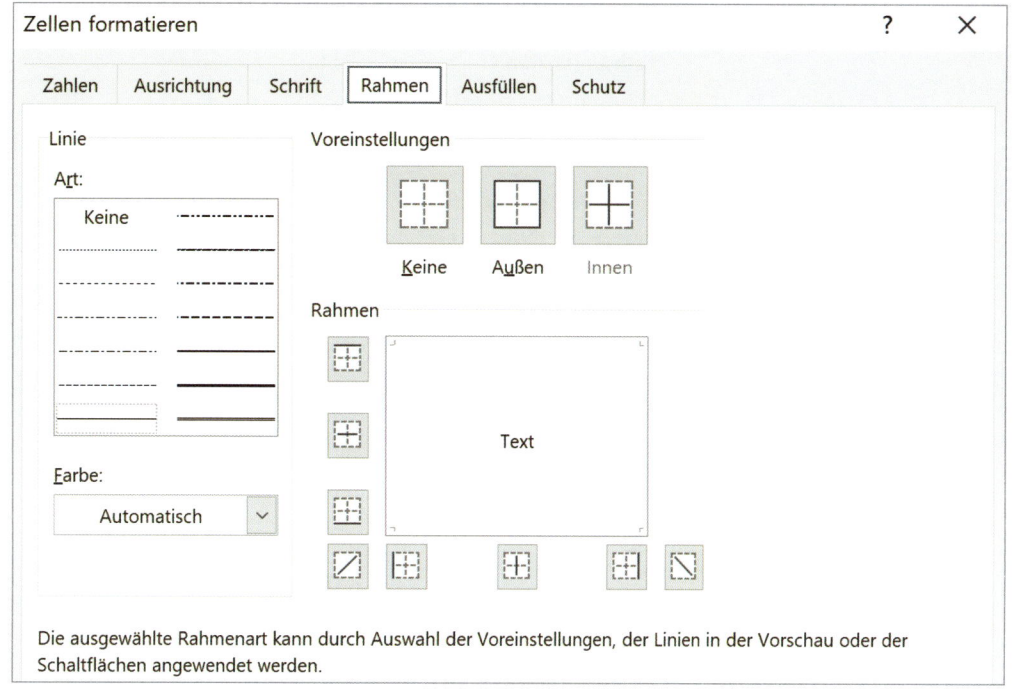

Dialogfeld **Zellen formatieren**, Register **Rahmen**

Eine Tabelle verfügt zwar standardmässig bereits über Gitternetzlinien. Diese dienen aber nur der Orientierung im Tabellenblatt und werden nicht ausgedruckt.

3.5.2 Rahmenlinien zuweisen

Um Rahmenlinien zuzuweisen, gehen Sie wie folgt vor:

- Markieren Sie den Zellbereich, dem Sie Linien zuweisen möchten.
- Wählen Sie die **Art** und die **Farbe** im Bereich **Linien**.
- Legen Sie fest, wo horizontale, vertikale oder diagonale Linien gesetzt werden sollen. Das geschieht entweder durch Auswahl der entsprechenden Schaltfläche(n) im Bereich **Voreinstellungen**, wenn Sie die Markierung mit einem vollständigen Rahmen versehen wollen, oder im Bereich **Rahmen**, wenn nur bestimmte Zellränder eine Linie erhalten sollen.
- Das weisse Feld im Bereich **Rahmen** zeigt eine Vorschau der zugewiesenen Formatierung.

Setzen Sie Linien überlegt ein: Mit diagonalen Linien kennzeichnen Sie beispielsweise in Formularen Zellen, bei denen keine Eingabe erforderlich oder gewünscht ist. Mit dicken Linien oder Doppellinien lassen sich beispielsweise Gesamtergebnisse gut hervorheben.

Formatierung

Linien und Rahmen können auch über zwei Symbolschaltflächen zugewiesen werden:

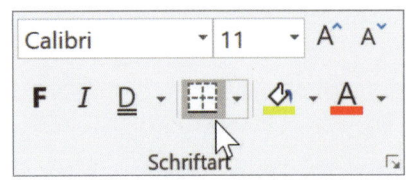

Gruppe **Schriftart** der Registerkarte **Start**

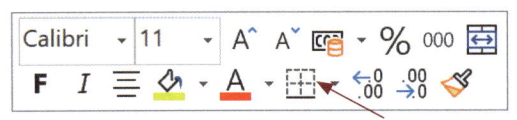

Minisymbolleiste

Mit einem Klick auf den Drop-down-Pfeil neben dem Symbol öffnet sich ein Menü, in dem Sie alle erforderlichen Befehle erreichen können:

Tipp

Sehr nützlich und zeitsparend ist der Menübefehl **Rahmenlinie zeichnen**. Ohne vorher etwas zu markieren, können Sie mit einem Stift Linien ziehen und Rahmen zeichnen.

Über **Rahmenlinie entfernen** löschen Sie überflüssige Linien schnell mit dem elektronischen Radiergummi.

Rahmenlinien
- Rahmenlinie unten
- Rahmenlinie oben
- Rahmenlinie links
- Rahmenlinie rechts
- Kein Rahmen
- Alle Rahmenlinien
- Rahmenlinien außen
- Dicke Rahmenlinie außen
- Doppelte Rahmenlinien unten
- Dicke Rahmenlinie unten
- Rahmenlinie oben und unten
- Rahmenlinie oben und dicke unten
- Rahmenlinie oben und doppelte unten

Rahmenlinien zeichnen
- Rahmenlinie zeichnen
- Rahmenraster zeichnen
- Rahmenlinie entfernen
- Linienfarbe
- Linienart
- Weitere Rahmenlinien…

Rahmenlinien

3.6 Ausfüllen

Im Register **Ausfüllen** des Dialogfelds **Zellen formatieren** können Sie eine markierte Zelle oder einen markierten Zellbereich mit einer Hintergrundfarbe und/oder einem Muster versehen.

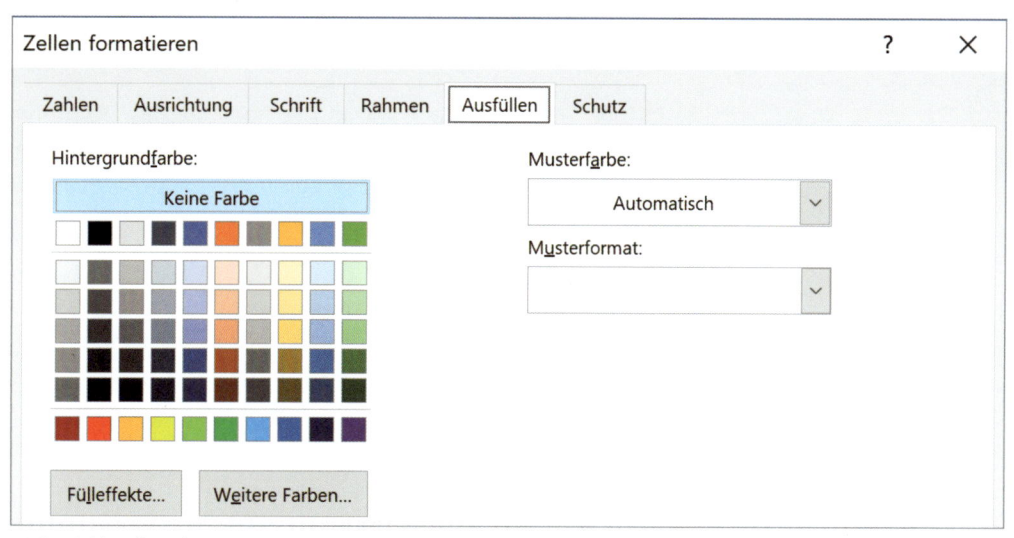

Dialogfeld **Zellen formatieren**, Register **Ausfüllen**

Tipp
Die Hintergrundfarbe lässt sich auch über das Symbol **Füllfarbe** der Gruppe **Schriftart** oder der Minisymbolleiste festlegen:

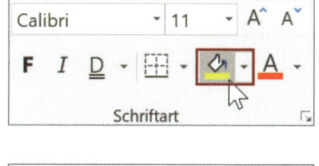

Füllfarbe

Hintergrundfarbe

Klicken Sie einfach auf die gewünschte Farbe oder wählen Sie einen Fülleffekt. Es stehen Ihnen 70 vordefinierte Farben und Millionen von Farbvarianten zur Verfügung!

Musterfarbe und Musterformat

Diese Formatierungen sind beispielsweise nützlich, um Zellen zu kennzeichnen, in denen nichts eingegeben werden soll.

Hintergrundfarbe, Musterfarbe und Musterformat lassen sich auch kombinieren. Gehen Sie dazu wie folgt vor:
1. Bestimmen Sie zuerst die Hintergrundfarbe.
2. Legen Sie die zweite Farbe für das Muster fest (Musterfarbe).
3. Wählen Sie die Art des Musters aus (Musterformat).

Formatierung

Aufgabe 45

Für die Abwicklung komplexer Projekte ist es empfehlenswert, einen Strukturplan zu erstellen, der die Projektarbeiten und ihre zeitliche Dauer aufschlüsselt.

Eine mögliche Technik zur Erstellung eines solchen Strukturplanes stellt das Gantt-Diagramm dar. Es zeigt, innerhalb welcher Zeiträume eine bestimmte Projektaufgabe erledigt wird, und erlaubt eine gute Kontrolle des Projektfortschrittes im Vergleich zur ursprünglichen Planung.

Tabellenkalkulationsprogramme eignen sich hervorragend zur Erstellung solcher Gantt-Diagramme. Die folgende Abbildung zeigt ein Gantt-Diagramm für eine Datenbankanwendung.

Öffnen Sie die Aufgabe 45 und fertigen Sie das Diagramm gemäss Vorlage an. Die Farbe können Sie selbst bestimmen. Arbeiten Sie möglichst rationell, indem Sie zum Beispiel die Wochen 35 bis 48 und die Nummern 2 bis 9 durch Ausfüllen erzeugen.

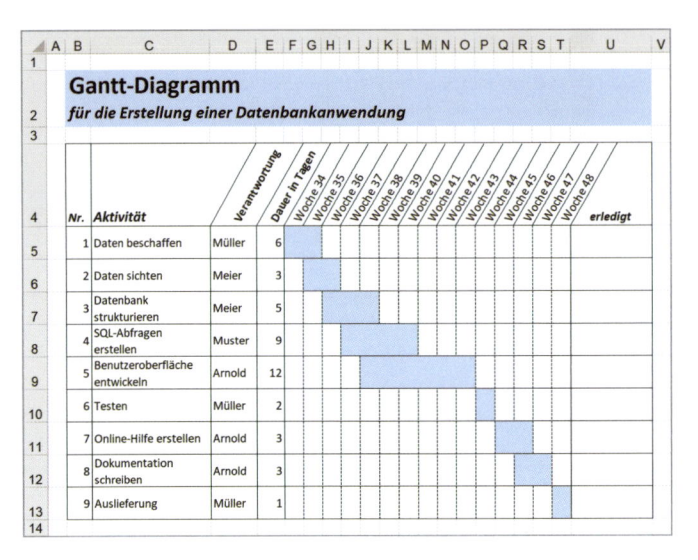

Gantt-Diagramm
für die Erstellung einer Datenbankanwendung

Nr.	Aktivität	Verantwortung	Dauer in Tagen
1	Daten beschaffen	Müller	6
2	Daten sichten	Meier	3
3	Datenbank strukturieren	Meier	5
4	SQL-Abfragen erstellen	Muster	9
5	Benutzeroberfläche entwickeln	Arnold	12
6	Testen	Müller	2
7	Online-Hilfe erstellen	Arnold	3
8	Dokumentation schreiben	Arnold	3
9	Auslieferung	Müller	1

Aufgabe 46

Öffnen Sie die Aufgabe 46 und formatieren Sie die Preisliste gemäss folgender Vorlage. Die Farbe können Sie selber bestimmen.

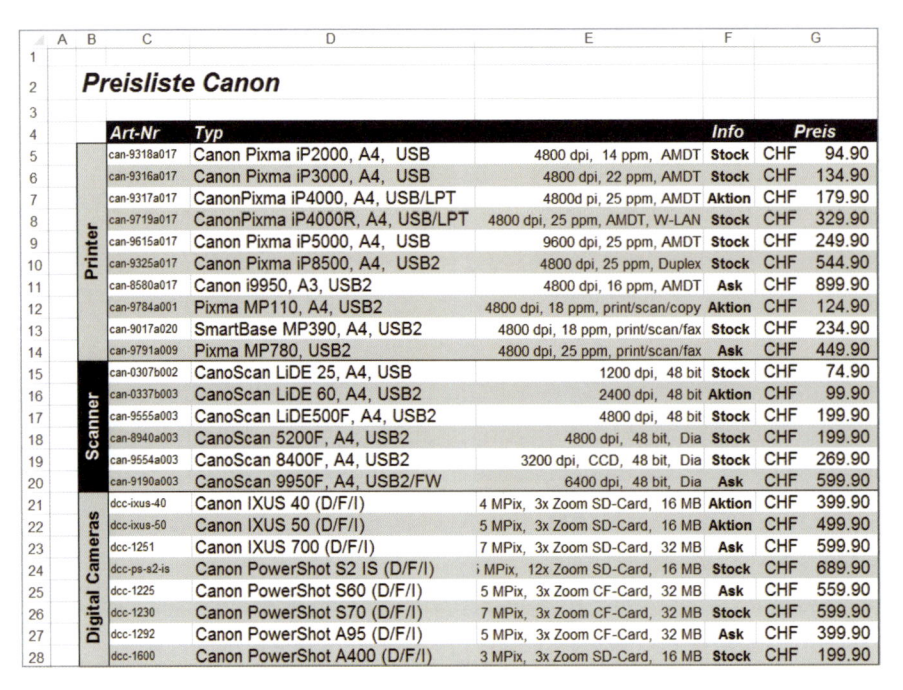

Preisliste Canon

	Art-Nr	Typ		Info	Preis
Printer	can-9318a017	Canon Pixma iP2000, A4, USB	4800 dpi, 14 ppm, AMDT	Stock	CHF 94.90
	can-9316a017	Canon Pixma iP3000, A4, USB	4800 dpi, 22 ppm, AMDT	Stock	CHF 134.90
	can-9317a017	CanonPixma iP4000, A4, USB/LPT	4800 pi, 25 ppm, AMDT	Aktion	CHF 179.90
	can-9719a017	CanonPixma iP4000R, A4, USB/LPT	4800 dpi, 25 ppm, AMDT, W-LAN	Stock	CHF 329.90
	can-9615a017	Canon Pixma iP5000, A4, USB	9600 dpi, 25 ppm, AMDT	Stock	CHF 249.90
	can-9325a017	Canon Pixma iP8500, A4, USB2	4800 dpi, 25 ppm, Duplex	Stock	CHF 544.90
	can-8580a017	Canon i9950, A3, USB2	4800 dpi, 16 ppm, AMDT	Ask	CHF 899.90
	can-9784a001	Pixma MP110, A4, USB2	4800 dpi, 18 ppm, print/scan/copy	Aktion	CHF 124.90
	can-9017a020	SmartBase MP390, A4, USB2	4800 dpi, 18 ppm, print/scan/fax	Stock	CHF 234.90
	can-9791a009	Pixma MP780, USB2	4800 dpi, 25 ppm, print/scan/fax	Ask	CHF 449.90
Scanner	can-0307b002	CanoScan LiDE 25, A4, USB	1200 dpi, 48 bit	Stock	CHF 74.90
	can-0337b003	CanoScan LiDE 60, A4, USB2	2400 dpi, 48 bit	Aktion	CHF 99.90
	can-9555a003	CanoScan LiDE500F, A4, USB2	4800 dpi, 48 bit	Stock	CHF 199.90
	can-8940a003	CanoScan 5200F, A4, USB2	4800 dpi, 48 bit, Dia	Stock	CHF 199.90
	can-9554a003	CanoScan 8400F, A4, USB2	3200 dpi, CCD, 48 bit, Dia	Stock	CHF 269.90
	can-9190a003	CanoScan 9950F, A4, USB2/FW	6400 dpi, 48 bit, Dia	Ask	CHF 599.90
Digital Cameras	dcc-ixus-40	Canon IXUS 40 (D/F/I)	4 MPix, 3x Zoom SD-Card, 16 MB	Aktion	CHF 399.90
	dcc-ixus-50	Canon IXUS 50 (D/F/I)	5 MPix, 3x Zoom SD-Card, 16 MB	Aktion	CHF 499.90
	dcc-1251	Canon IXUS 700 (D/F/I)	7 MPix, 3x Zoom SD-Card, 16 MB	Ask	CHF 599.90
	dcc-ps-s2-is	Canon PowerShot S2 IS (D/F/I)	5 MPix, 12x Zoom SD-Card, 16 MB	Stock	CHF 689.90
	dcc-1225	Canon PowerShot S60 (D/F/I)	5 MPix, 3x Zoom CF-Card, 32 MB	Ask	CHF 559.90
	dcc-1230	Canon PowerShot S70 (D/F/I)	7 MPix, 3x Zoom CF-Card, 32 MB	Stock	CHF 599.90
	dcc-1292	Canon PowerShot A95 (D/F/I)	5 MPix, 3x Zoom CF-Card, 32 MB	Ask	CHF 399.90
	dcc-1600	Canon PowerShot A400 (D/F/I)	3 MPix, 3x Zoom SD-Card, 16 MB	Stock	CHF 199.90

3.7 Mit Vorlagen formatieren

3.7.1 Überblick

Mit Vorlagen können Sie einer Tabelle blitzschnell ein ansprechendes Aussehen verleihen. Man unterscheidet folgende Vorlagen:

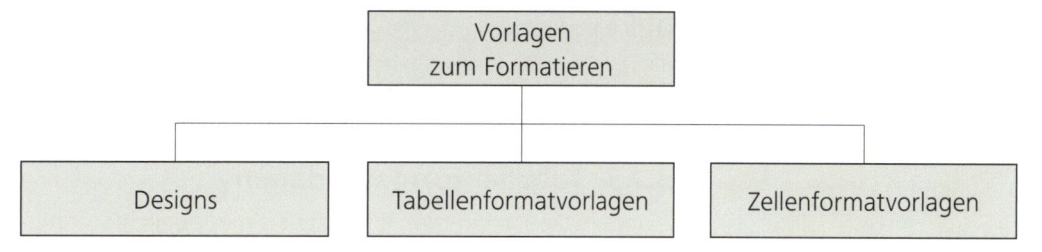

```
                    Vorlagen
                  zum Formatieren
                         |
        ┌────────────────┼────────────────┐
      Designs     Tabellenformatvorlagen  Zellenformatvorlagen
```

3.7.2 Designs

Register	**Seitenlayout**
Gruppe	**Designs**
Befehl	**Designs**

Die Gruppe **Designs** im Register **Seitenlayout**

Ein Design ist eine Gruppe von Formatanweisungen und umfasst in Excel:

- Farben
- Schriftarten
- Linien
- Fülleffekte

Designs wirken sich – im Gegensatz zu Tabellenformatvorlagen und Zellenformatvorlagen – immer auf die *ganze* Arbeitsmappe aus, also auf *alle* Tabellen und Diagramme, die in der Arbeitsmappe enthalten sind. Mit Designs kann in einem Unternehmen das Erscheinungsbild der Objekte einheitlich gestaltet werden. Die von Microsoft mitgelieferten Designs können dem Corporate Design (z. B. den Unternehmensfarben) des Unternehmens angepasst werden. Wechseln Sie zum Register **Seitenlayout** und klicken Sie in der Gruppe **Designs** auf den Pfeil unter **Designs**.

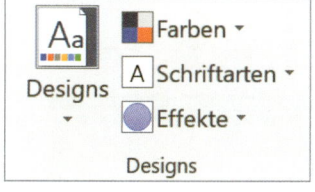

Excel stellt Ihnen 44 vorgefertigte Designs zur Verfügung.

Designs

Designauswahl in Excel

Formatierung

Standardmässig wird das Design **Office** verwendet. Jedem Design sind eine Farbpalette, zwei Schriftarten und Effekte zugeordnet. Klicken Sie nacheinander auf die Schaltflächen **Farben**, **Schriftarten** und **Effekte** und betrachten Sie die Einstellungen.

Aufgabe 47a

Öffnen Sie die Aufgabe 47a. Lassen Sie sich die Liste der vorgefertigten Designs anzeigen. Fahren Sie mit der Maus über die verschiedenen Designs. Beobachten Sie, wie sich die Schriftart und die Farben des Diagramms ändern. Kehren Sie anschliessend wieder zum Design **Office** zurück.

3.7.3 Tabellenformatvorlagen

Register	**Start**
Gruppe	**Formatvorlagen**
Befehl	**Als Tabelle formatieren**

Tabellenformatvorlagen

Zu jedem Design gehören 60 vorgefertigte Tabellenformatvorlagen, eingeteilt in die Gruppen **Hell**, **Mittel** und **Dunkel**. Je nach Design unterscheiden sie sich in den Farben.

Tabellenformatvorlagen des Designs **Office**

Mit Vorlagen formatieren

Aufgabe 47b

Öffnen Sie erneut die Aufgabe 47a. Wir versehen die Tabelle mit einer Tabellenformatvorlage.

Vorgehen:

1. Markieren Sie den Zellbereich, den Sie als Tabelle formatieren möchten. In unserem Beispiel ist das B2:E14.
2. Klicken Sie in der Registerkarte **Start**, Gruppe **Formatvorlagen**, auf die Schaltfläche **Als Tabelle formatieren**.
3. Wählen Sie die Tabellenformatvorlage **Mittel 2** (zweites Format in der Gruppe Mittel).
4. Es erscheint ein Dialogfeld, in dem Sie nachprüfen können, ob Sie den richtigen Bereich markiert haben.
5. Klicken Sie auf **OK**.

Ihre Tabelle sieht nun so aus:

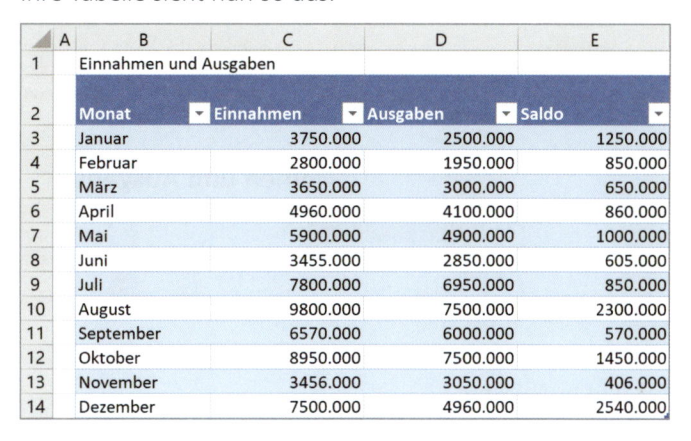

	A	B	C	D	E
1		Einnahmen und Ausgaben			
2		Monat	Einnahmen	Ausgaben	Saldo
3		Januar	3750.000	2500.000	1250.000
4		Februar	2800.000	1950.000	850.000
5		März	3650.000	3000.000	650.000
6		April	4960.000	4100.000	860.000
7		Mai	5900.000	4900.000	1000.000
8		Juni	3455.000	2850.000	605.000
9		Juli	7800.000	6950.000	850.000
10		August	9800.000	7500.000	2300.000
11		September	6570.000	6000.000	570.000
12		Oktober	8950.000	7500.000	1450.000
13		November	3456.000	3050.000	406.000
14		Dezember	7500.000	4960.000	2540.000

Speichern Sie Ihre Tabelle unter **Aufgabe_47b** ab.

Was hat sich alles verändert?

- Neben jeder Spaltenüberschrift befindet sich ein Pfeil, über den man die Tabelle sortieren und filtern kann.
- Excel hat aus dem Zellbereich eine Tabelle gemacht. Das hat den Vorteil, dass die Tabelle ihre Formate behält, wenn Sie sie erweitern oder verkleinern. Wenn Sie also eine neue Zeile oder Spalte einfügen, passen sich die Farben automatisch der erweiterten Tabelle an.
- Beachten Sie die blaue Ecke in der rechten unteren Tabellenzelle. Durch Ziehen an dieser blauen Ecke können Sie die Tabelle erweitern oder verkleinern.
- Wenn mindestens eine Zelle Ihrer Tabelle markiert ist, erscheint über dem Menüband das Register **Tabellentools** und darunter die Registerkarte **Entwurf**, über die Sie gewisse Tabellenelemente schnell ein- oder ausblenden können:

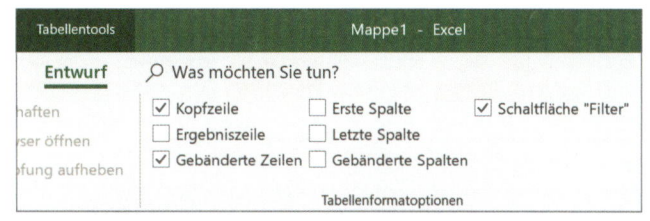

Register **Tabellentools**, Registerkarte **Entwurf**

Formatierung

Setzen Sie bei **Ergebniszeile** ein Häkchen. Sofort wird eine neue Zeile eingefügt. Über Dropdown-Menüs können Sie verschiedene Funktionen auswählen. Möchten Sie die Werte der Spalten addieren, wählen Sie **Summe**.

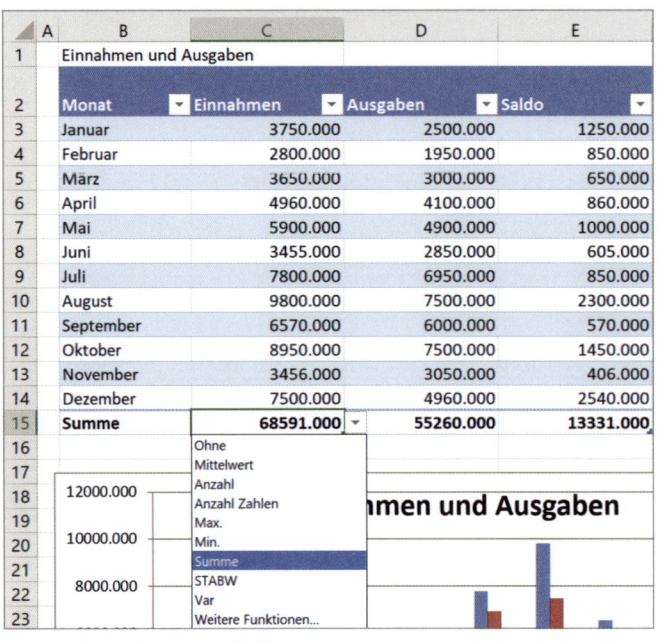

Die Ergebniszeile einer Tabelle

Tabelle aufheben

Um die Tabelle aufzuheben, gehen Sie wie folgt vor:
1. Markieren Sie mindestens eine Zelle der Tabelle.
2. Klicken Sie auf die Registerkarte **Entwurf**.
3. Wählen Sie in der Gruppe **Tools** die Befehlsschaltfläche **In Bereich konvertieren** an und klicken Sie im darauf erscheinenden Dialogfeld auf **Ja**.

3.7.4 Zellenformatvorlagen

Mit Zellenformatvorlagen sorgen Sie für das rasche Formatieren markierter Zellen. Eine Zellenformatvorlage kann Schriftart und -grad, Zahlenformat, Ausrichtung, Zellrahmen, Füllfarbe und mehr enthalten.

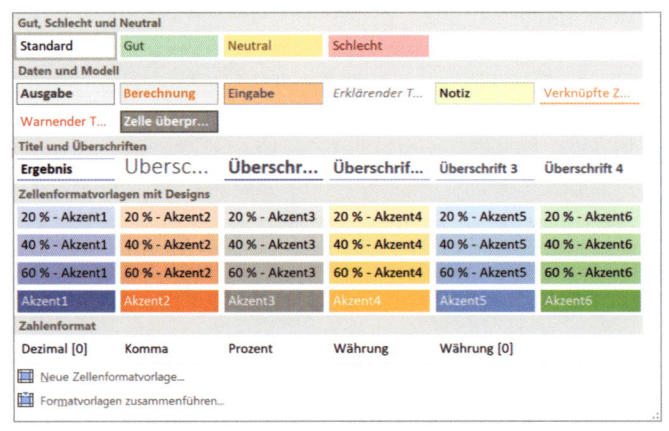

Register	**Start**
Gruppe	**Formatvorlagen**
Befehl	Gewünschte Zellenformatvorlage anklicken

Zellenformatvorlagen

Register **Start**, Gruppe **Formatvorlagen**, Befehl **Gewünschte Zellenformatvorlage anklicken**

Mit Vorlagen formatieren

Die Zellenformatvorlagen sind in fünf Kategorien eingeteilt:

- **Gut, Schlecht und Neutral**
  Das sind Vorlagen, mit denen Sie Ihren Zellen nach dem Ampelprinzip Aussagen zuordnen können. Grün steht beispielsweise für «Gut», während Rot als Warnfarbe für «Schlecht» steht.

- **Daten und Modell**
  Diese Vorlagen können Sie verwenden, um einzelne Zellen zu kommentieren oder deren Typ zu kennzeichnen. Beispiel: Alle Felder, in denen jemand einen Inhalt eingeben muss, kennzeichnen Sie einheitlich mit der Vorlage **Eingabe**.

- **Titel und Überschriften**
  Mit diesen Vorlagen können Sie Ihre Überschriften oder Ergebnisse schnell und einheitlich formatieren.

- **Zellformatvorlagen mit Designs**
  Vorbei ist die Zeit, in der Sie farblich gut abgestimmte Formatierungen für Ihre Zellen suchen mussten. Neu stehen Ihnen 24 Vorlagen zur Verfügung. Auch diese können Sie selbstverständlich ändern. Dazu müssen Sie auf der zu ändernden Vorlage mit einem Rechtsklick das Kontextmenü öffnen und **Ändern** wählen.

- **Zahlenformat**
  Über diese Vorlagen weisen Sie den markierten Zellen ein Zahlenformat zu.

Aufgabe 47c

Öffnen Sie die Aufgabe 47c. Weisen Sie Ihrer Tabelle Zellenformatvorlagen zu. Folgende Elemente sollen formatiert werden:
- der Titel **Einnahmen und Ausgaben**
- die Zeile mit den Summen
- alle Zahlen

1. Markieren Sie die Zelle B1 und weisen Sie ihr die Zellenformatvorlage **Überschrift** zu.
2. Markieren Sie die Zellen B15:E15. Weisen Sie dieser Ergebniszeile die Zellenformatvorlage **Ergebnis** zu.
3. Markieren Sie den Bereich C3:E15. Weisen Sie ihm die Zellenformatvorlage **Buchhaltung** zu.

Speichern Sie die Tabelle unter dem gleichen Namen ab.

Formatierung

3.8 Bedingte Formatierung

Register	**Start**
Gruppe	**Formatvorlagen**
Befehl	**Bedingte Formatierung**

Bedingte Formatierung

Tipp
Wir gehen davon aus, dass Sie Ihre Schulnoten in einer Excel-Tabelle nachführen. Wenden Sie die bedingte Formatierung an. Beispiel: Alle Noten zwischen 5 und 6 sollen grün, alle unter 4 rot formatiert werden.

Mit der bedingten Formatierung können Sie Zahlen hervorheben, die eine bestimmte Bedingung erfüllen. Beispiel: Sie haben die Monatsumsätze erfasst und möchten alle Werte hervorheben, die unter einem bestimmten Grenzwert liegen.

Erfassen Sie auf einem neuen Tabellenblatt die folgenden Werte:

	A	B	C
1			
2		Grenzwert	70000
3			
4		Monat	Umsatz
5		Januar	75500
6		Februar	80800
7		März	69500
8		April	73100
9		Mai	72500
10		Juni	65000
11		Juli	55000
12		August	88500
13		September	70000
14		Oktober	66000
15		November	73500
16		Dezember	90000

3.8.1 Hervorheben von Zellen

Zellen unter oder über einem bestimmten Grenzwert

Wir heben alle Werte, die unter dem Grenzwert in Zelle C2 liegen, rot hervor.
1. Markieren Sie die Zellen C5:C16.
2. Klicken Sie in der Registerkarte **Start**, Gruppe **Formatvorlagen**, auf **Bedingte Formatierung**. Zeigen Sie mit der Maus auf die Schaltfläche **Regeln zum Hervorheben von Zellen** und klicken Sie auf **Kleiner als**.

Bedingte Formatierung auswählen

3. Excel zeigt ein Dialogfeld, in dem Sie die Regel anpassen können. Der Wert 72 500 entspricht dem Durchschnitt aus dem grössten und dem kleinsten Wert.
4. Klicken Sie im Tabellenblatt auf die Zelle C2. Die Farbe **Hellrote Füllung 2** können Sie übernehmen. Klicken Sie auf **OK**.
5. Nun sollten alle Zellen mit einem tieferen Wert als 70 000 hellrot formatiert sein.
6. Ändern Sie den Grenzwert und beobachten Sie, wie sich die bedingte Formatierung auswirkt.

Regel löschen

1. Markieren Sie den Bereich, in dem Sie eine Regel löschen wollen.
   In unserem Beispiel ist das C5:C16.
2. Klicken Sie in der Registerkarte **Start**, Gruppe **Formatvorlagen**, auf **Bedingte Formatierung**.
3. Führen Sie die Maus auf den Befehl **Regel löschen** und wählen Sie dann **Regeln in ausgewählten Zellen löschen**.

Obere/untere Regel

Sie möchten alle Zellen hervorheben, die über dem Durchschnitt aller Zahlen liegen.
1. Markieren Sie den gewünschten Zellbereich, in unserem Beispiel C5:C16.
2. Rufen Sie den Befehl **Bedingte Formatierung**, **Obere/untere Regeln** auf.
3. Wählen Sie **Über dem Durchschnitt** und klicken Sie auf **OK**.

3.8.2 Datenbalken, Farbskalen und Symbolsätze

Löschen Sie die Regel unserer Beispieltabelle.
1. Markieren Sie erneut den Bereich C5:C16.
2. Klicken Sie auf **Bedingte Formatierung** und führen Sie die Maus auf das Menü **Datenbalken**.
3. Bewegen Sie den Mauszeiger über die Symbole des Untermenüs. Excel zeigt Ihnen die Wirkung der Befehle als Vorschau in der Tabelle an. Klicken Sie auf eine der Varianten, um dem Bereich die Formatierung zuzuweisen.

	A	B	C
1			
2		Grenzwert	70000
3			
4		Monat	Umsatz
5		Januar	75500
6		Februar	80800
7		März	69500
8		April	73100
9		Mai	72500
10		Juni	65000
11		Juli	55000
12		August	88500
13		September	70000
14		Oktober	66000
15		November	73500
16		Dezember	90000

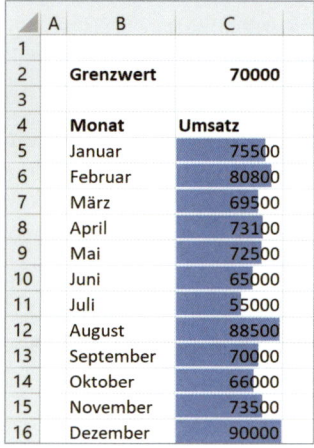

Tabelle mit Datenbalken

Der höchste Wert erhält den längsten Balken, der niedrigste Wert den kürzesten.
Anstelle von Datenbalken könnten Sie auch Farbskalen oder Symbolsätze verwenden. Probieren Sie das aus.

3.8.3 Regeln verwalten

Über die Schaltfläche **Bedingte Formatierung**, **Regeln verwalten**, können Sie Regeln bearbeiten oder neue hinzufügen.

1. Markieren Sie die Zellen C5:C15 unserer Beispieltabelle und öffnen Sie über **Bedingte Formatierung** den Befehl **Regeln verwalten**.

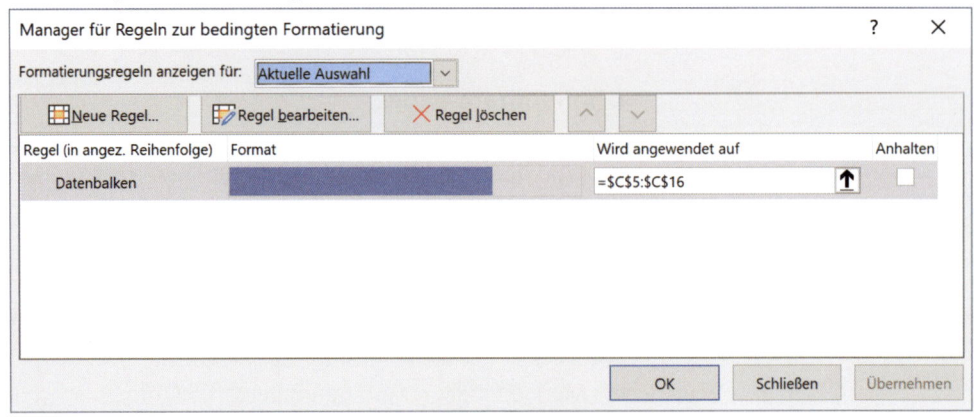

Dialogfeld **Manager für Regeln zur bedingten Formatierung**

2. Erstellen Sie eine neue Regel: Alle Zellen, deren Wert grösser als 89 000 ist, sollen in roter Schrift formatiert werden.

Mehrere Regeln: Welche kommt wann zum Zug?

Es kann durchaus vorkommen, dass Sie einem Zellbereich nicht nur eine, sondern gleich mehrere Regeln zuweisen. Es stellt sich dann die Frage, welche Regel wann ausgeführt wird. Beachten Sie dazu folgende Punkte:

- Die Regeln werden im **Manager für Regeln zur bedingten Formatierung** eingetragen.
- Excel führt die Regeln von oben nach unten aus. Sobald eine Regel zutrifft, also wahr ist, wird diese Regel angewendet – analog dem Sprichwort: Wer zuerst kommt, mahlt zuerst!
- Jede neue Regel wird an erster Stelle im **Manager für Regeln zur bedingten Formatierung** eingetragen.
- Die Reihenfolge der Regeln kann entscheidend sein, wie die Zellen formatiert werden. Daher müssen Sie manchmal die Reihenfolge der Regeln anpassen.

Aufgabe 48

Öffnen Sie die Aufgabe 48. In der Tabelle sind Umsätze Ihrer Vertreter eingetragen. Beachten Sie die Legende: Alle Zellen, in denen die Werte grösser als 210 sind, sollen mit roter Füllfarbe formatiert werden; alle Zellen, deren Werte grösser als 180 sind, sollen grün hervorgehoben werden. Wichtig: Bei dieser Aufgabe ist die Reihenfolge der Regeln im Manager entscheidend.

	A	B	C	D	E	F	G	H	I	J	K
1		*Umsätze 2019 in Tsd. CHF*									
2		**Vertreter**	**Quartal 1**	**Quartal 2**	**Quartal 3**	**Quartal 4**		Legende:			
3		Ammann	92	110	147	143		1.	Umsatz	>	180
4		Eigenmann	252	149	54	132		2.	Umsatz	>	210
5		Ernst	88	215	136	214					
6		Gerber	30	86	178	174					
7		Helfer	119	39	252	272					
8		Hinz	144	123	245	300					
9		Huber	225	201	27	165					
10		Kunz	145	321	241	311					
11		Meierhans	99	200	199	209					
12		Reich	214	221	163	46					
13		Rosenast	22	101	220	182					
14		Sabel	344	255	80	290					
15		Stein	251	260	76	218					
16		Walther	133	30	200	153					

Funktionen 4

Funktionen

4.1 Funktionssyntax

4.1.1 Einführung

Müssten wir in Excel ohne Funktionen auskommen, wäre das Rechnen manchmal zeitraubend, umständlich und fehleranfällig. Betrachten Sie die Formel in der Zelle C15.

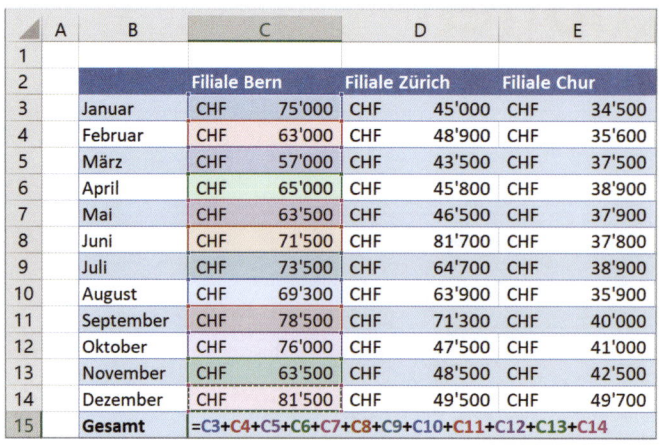

	A	B	C	D	E
1					
2			Filiale Bern	Filiale Zürich	Filiale Chur
3		Januar	CHF 75'000	CHF 45'000	CHF 34'500
4		Februar	CHF 63'000	CHF 48'900	CHF 35'600
5		März	CHF 57'000	CHF 43'500	CHF 37'500
6		April	CHF 65'000	CHF 45'800	CHF 38'900
7		Mai	CHF 63'500	CHF 46'500	CHF 37'900
8		Juni	CHF 71'500	CHF 81'700	CHF 37'800
9		Juli	CHF 73'500	CHF 64'700	CHF 38'900
10		August	CHF 69'300	CHF 63'900	CHF 35'900
11		September	CHF 78'500	CHF 71'300	CHF 40'000
12		Oktober	CHF 76'000	CHF 47'500	CHF 41'000
13		November	CHF 63'500	CHF 48'500	CHF 42'500
14		Dezember	CHF 81'500	CHF 49'500	CHF 49'700
15		Gesamt	=C3+C4+C5+C6+C7+C8+C9+C10+C11+C12+C13+C14		

Summenbildung durch Addition

Die Formel ist lang und unübersichtlich; zudem ist sie umständlich einzutippen. Die gleiche Berechnung mit der Funktion **SUMME** sieht so aus:

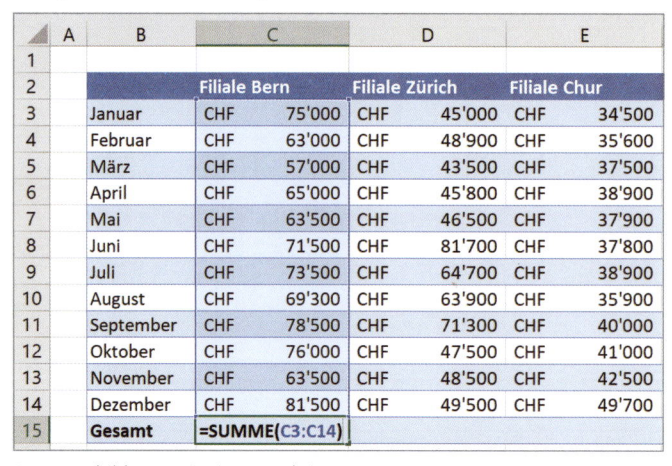

	A	B	C	D	E
1					
2			Filiale Bern	Filiale Zürich	Filiale Chur
3		Januar	CHF 75'000	CHF 45'000	CHF 34'500
4		Februar	CHF 63'000	CHF 48'900	CHF 35'600
5		März	CHF 57'000	CHF 43'500	CHF 37'500
6		April	CHF 65'000	CHF 45'800	CHF 38'900
7		Mai	CHF 63'500	CHF 46'500	CHF 37'900
8		Juni	CHF 71'500	CHF 81'700	CHF 37'800
9		Juli	CHF 73'500	CHF 64'700	CHF 38'900
10		August	CHF 69'300	CHF 63'900	CHF 35'900
11		September	CHF 78'500	CHF 71'300	CHF 40'000
12		Oktober	CHF 76'000	CHF 47'500	CHF 41'000
13		November	CHF 63'500	CHF 48'500	CHF 42'500
14		Dezember	CHF 81'500	CHF 49'500	CHF 49'700
15		Gesamt	=SUMME(C3:C14)		

Summenbildung mit einer Funktion

Als erste Regel können wir festhalten: Arbeiten Sie bei Ihren Berechnungen wenn möglich mit Funktionen. Funktionen sind

- schnell in der Berechnung,
- benötigen wenig Platz,
- verringern das Risiko eines Fehlers.

4.1.2 Struktur

Funktionen verfügen über eine bestimmte Syntax oder Struktur:
- Steht die Funktion am Anfang einer Formel, beginnt sie mit einem **Gleichheitszeichen**.
- Nach dem Gleichheitszeichen folgt der **Funktionsname**.
- Auf den Funktionsnamen folgt eine **öffnende runde Klammer**. Dadurch wird Excel mitgeteilt, dass jetzt die Argumente folgen.
- Nach der öffnenden Klammer werden die **Argumente** eingetragen. Argumente sind Informationen (Daten), die Excel verarbeiten soll. Argumente können Konstanten, Bezüge oder Formeln sein; sie werden jeweils durch einen Strichpunkt (Semikolon) voneinander getrennt.
- Auf das letzte Argument folgt die **schliessende Klammer**.

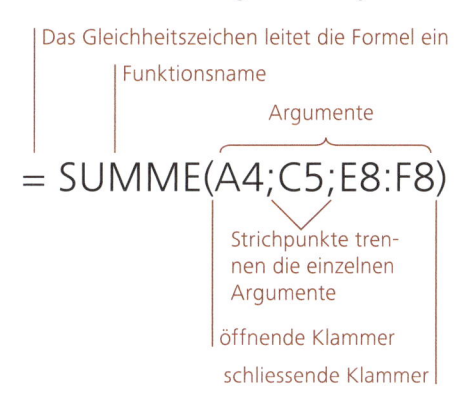

```
 | Das Gleichheitszeichen leitet die Formel ein
 |  | Funktionsname
 |  |         Argumente
 |  |     ┌─────────┐
 =  SUMME(A4;C5;E8:F8)
           └─┬─┘
             Strichpunkte tren-
             nen die einzelnen
             Argumente
         öffnende Klammer
                schliessende Klammer
```

Beachten Sie:
- Vermeiden Sie Leerzeichen innerhalb von Formeln und Funktionen, denn sie führen oft zu Fehlermeldungen.
- Jedes verwendete Argument muss über einen gültigen Wert verfügen, sonst liefert die Funktion einen der folgenden Fehlerwerte:

Fehlerwert	mögliche Ursache
#NAME?	nicht existierender Funktionsname
#WERT!	Argument verwendet falschen Datentyp
#DIV/0!	Argument verwendet eine Division durch null
#NV	Wert nicht verfügbar
#BEZUG	ungültiger Zellbezug
#ZAHL	Argument verwendet ungültigen numerischen Wert
#NULL	Schnittmenge ist eine leere Menge

Es gibt auch Funktionen, die keine Argumente benötigen. Trotzdem müssen hinter dem Funktionsnamen die beiden Klammern gesetzt werden.
Excel stellt über 200 Funktionen in verschiedenen Kategorien zur Verfügung. Wir werden uns hier lediglich mit einer kleinen Auswahl der am häufigsten verwendeten Funktionen beschäftigen.

Funktionen

4.2 Funktionen auswählen

Zur Eingabe von Funktionen stehen Ihnen mehrere Möglichkeiten zur Verfügung:

Register	**Start**
Gruppe	**Bearbeiten**
Befehl	**Summe**

Funktion **Summe**

1. Sie finden im Register **Start**, Gruppe **Bearbeiten**, die Schaltfläche **Summe**. Das ist die häufigste Funktion. Über den Pfeil neben dem Summenzeichen können Sie vier weitere häufige Funktionen aufrufen: **Mittelwert**, **Anzahl**, **Max** und **Min**. Über **Weitere Funktionen** starten Sie den Funktionsassistenten.

Häufige Funktionen

Register	**Formeln**
Gruppe	**Funktions-bibliothek**

Funktionsbibliothek

2. Auf dem Register **Formeln**, Gruppe **Funktionsbibliothek**, sind alle Funktionen in Gruppen oder Kategorien zusammengefasst:

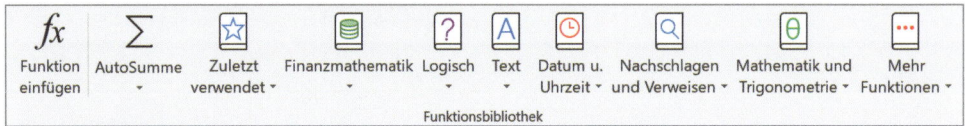

Funktionsbibliothek

Die Schaltfläche **AutoSumme** entspricht exakt der Schaltfläche **Summe** des Registers **Start**. Unter den einzelnen Schaltflächen, wie z. B. **Logisch** oder **Text**, verbergen sich teilweise Dutzende von Funktionen.

Register	**Formeln**
Gruppe	**Funktions-bibliothek**
Befehl	**Funktion einfügen**

Funktion einfügen

Bearbeitungsleiste:

fx Funktion einfügen

3. Der Befehl **Funktion einfügen** unterstützt Sie bei der Auswahl von vor allem komplexeren Funktionen. Sie rufen ihn auf über
   - den Befehl **Funktion einfügen** der Registerkarte **Formeln**,
   - die Schaltfläche **Funktion einfügen** in der Bearbeitungsleiste oder
   - den Befehl **Weitere Funktionen** in der Drop-down-Liste des Summensymbols (s. oben).

4. Wenn Sie die korrekte Bezeichnung der Funktion wissen, können Sie die Funktion auch eintippen. Sobald Sie das Gleichheitszeichen und den ersten Buchstaben der Funktion eingegeben haben, öffnet Excel eine Auswahlliste:

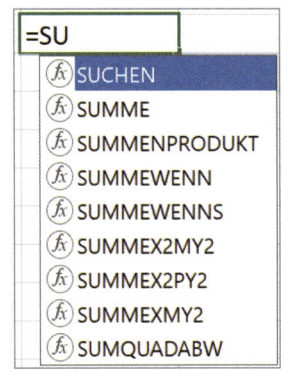

Funktion eintippen

In der Regel ist es sinnvoll, zwei oder drei Buchstaben der gewünschten Funktion einzutippen. Klicken Sie dann die gewünschte Funktion an und betätigen Sie die **Tabulatortaste**. Anschliessend können Sie die Argumente eingeben.

Funktionen auswählen

5. Häufige Funktionen lassen sich auch über das uns bekannte Schnellanalysetool aufrufen:

Schnellanalysetool

4.3 Textfunktionen

4.3.1 Die Funktion FINDEN

Syntax: =FINDEN(Suchtext;Text;Erstes_Zeichen)

Die Funktion FINDEN wird genutzt, um eine Zeichenfolge innerhalb einer anderen Zeichenfolge zu finden. Findet die Funktion die gesuchte Zeichenfolge, wird als Ergebnis die Position des ersten Zeichens der gesuchten Zeichenfolge ausgegeben. Es wird nach Gross- und Kleinschreibung unterschieden.

Tipp
Die Funktion SUCHEN() ist ähnlich wie die Funktion FINDEN, jedoch wird nicht nach Gross- und Kleinschreibung unterschieden.

Register	Formeln
Gruppe	Funktionsbibliothek
Befehl	Text

Alle Textfunktionen sind unter dem Befehl **Text** aufgeführt und per Mausklick aufrufbar.

Argument	Inhalt
Suchtext	Ist erforderlich; das ist die Zeichenfolge, die gesucht wird. Diese kann aus einem oder mehreren Zeichen bestehen.
Text	Ist erforderlich; die Zeichenfolge oder der Text, in dem der Suchtext gesucht werden soll.
Erstes Zeichen	Ist optional; definiert den Startpunkt der Suche innerhalb des Textfelds. Wenn dieser nicht gefüllt ist, beginnt die Suche bei dem ersten Zeichen.

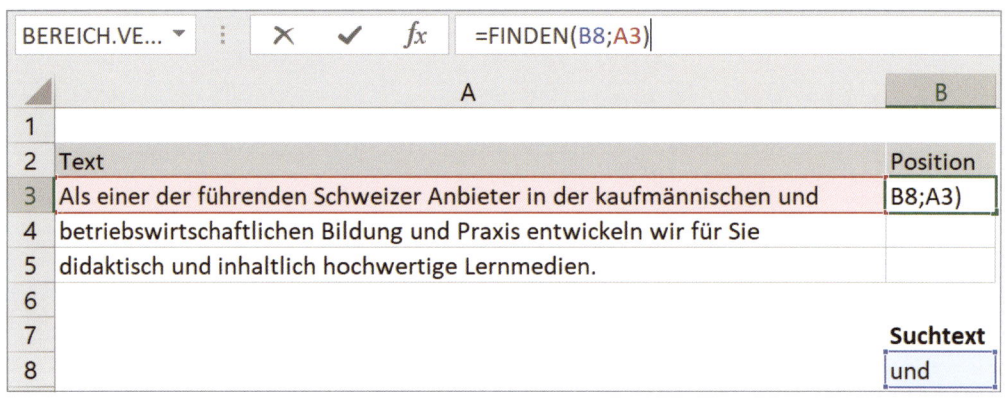

Funktion FINDEN: Zelle B8 enthält den Suchtext «und», Zelle A3 den Text, in welchem das Wort «und» gefunden werden soll.

Das Wort «und» wird gesucht:
1. Markieren Sie die Zellen B3:B5.
2. Tragen Sie die Formel **=FINDEN(B8;A3)** in die Bearbeitungsleiste ein.
3. Schliessen Sie die Formeleingabe mit **Ctrl+Enter** ab.

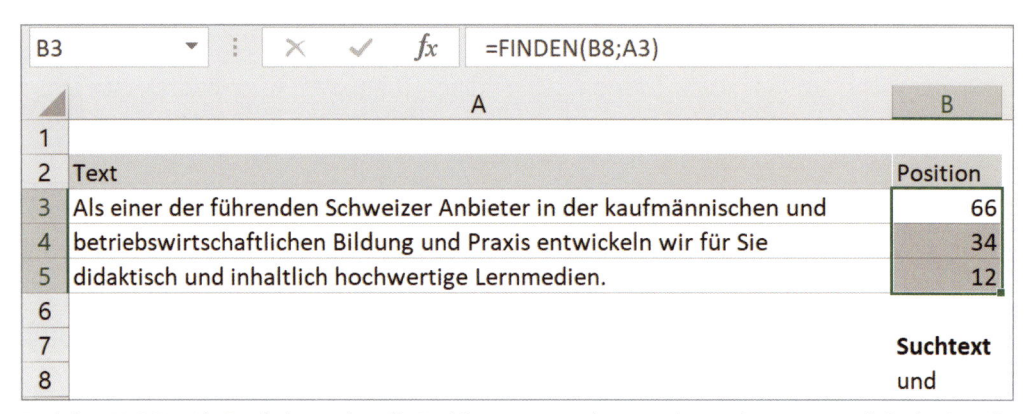

Funktion FINDEN: Als Ergebnis werden die Positionen angegeben, an denen das Wort «und» in der jeweiligen Zelle gefunden wurde.

Textfunktionen

4.3.2 Die Funktion SUCHEN

Syntax: =SUCHEN(Suchtext;Text;Erstes_Zeichen)

Die Funktion SUCHEN sucht eine Zeichenfolge innerhalb eines bestimmten Textes. Bei einem Treffer wird als Ergebnis die Position des ersten Zeichens des gefundenen Suchtextes zurückgegeben.

Tipp
Bei der Funktion SUCHEN wird nicht zwischen Gross- und Kleinschreibung unterschieden.

In der Funktion SUCHEN() kann im Suchtext das Platzhalterzeichen ? oder * benutzt werden. Das Fragezeichen ersetzt ein einzelnes beliebiges Zeichen, das Sternchen mehrere. Die Funktion FINDEN() bietet diese Möglichkeit nicht.

Argument	Inhalt
Suchtext	Ist erforderlich; nach dieser Zeichenfolge wird gesucht.
Text	Ist erforderlich; in diesem Text wird der Suchtext gesucht.
Erstes Zeichen	Ist erforderlich; definiert die Position, an der die Suche begonnen wird.

In folgendem Beispielsatz werden die Zeichenfolgen «ka», «X» und «.» gesucht.

	A	B
1		
2	Text	Position
3	Als einer der führenden Schweizer Anbieter in der kaufmännischen und	=SUCHEN("ka*";A3;1) **1**
4	betriebswirtschaftlichen Bildung und Praxis entwickeln wir für Sie	=SUCHEN("X";A4;1) **2**
5	didaktisch und inhaltlich hochwertige Lernmedien.	=SUCHEN(".";A5;1) **3**

1. B3 =SUCHEN("ka*";A3;1)
   Hier wurde mit dem Platzhalter * gesucht.
2. B4 =SUCHEN("X";A4;1)
   Hier wurde nach einem grossen X gesucht, im Text kommt aber nur ein kleines x vor. Weil die Funktion nicht zwischen Gross- und Kleinschreibung unterscheidet, wird als Ergebnis die Position des kleinen «x» ausgegeben werden.
3. B5 =SUCHEN(".";A5;1)
   Hier wird nach dem Punkt gesucht.

Text	Position
Als einer der führenden Schweizer Anbieter in der kaufmännischen und	51
betriebswirtschaftlichen Bildung und Praxis entwickeln wir für Sie	41
didaktisch und inhaltlich hochwertige Lernmedien.	49

Die Funktion SUCHEN gibt die gesuchten Positionen als Ergebnis aus.

4.3.3 Die Funktion LÄNGE

Syntax: =LÄNGE(Text)

Die Funktion LÄNGE können Sie nutzen, um die Länge der jeweiligen Zellinhalte festzustellen.

Argument	Inhalt
Text	Ist erforderlich; das Argument Text beinhaltet entweder den zu prüfenden Text oder aber einen Zellbezug.

1. Markieren Sie die Zelle **B3**.
2. Tragen Sie die Formel **=LÄNGE(A3)** in die Bearbeitungsleiste ein.
3. Schliessen Sie die Formeleingabe mit **Ctrl+Enter** ab.

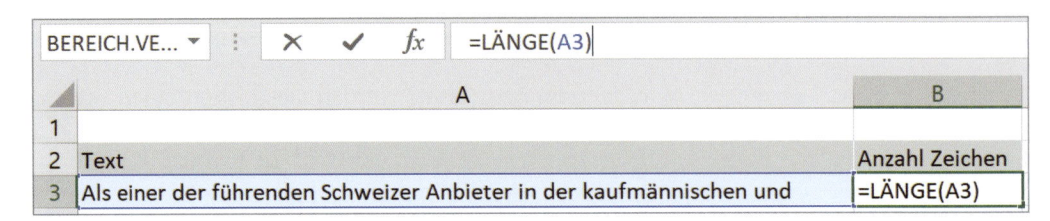

	A	B
1		
2	Text	Anzahl Zeichen
3	Als einer der führenden Schweizer Anbieter in der kaufmännischen und	=LÄNGE(A3)

	A	B
1		
2	Text	Anzahl Zeichen
3	Als einer der führenden Schweizer Anbieter in der kaufmännischen und	68

Formelansicht und Ergebnis der Funktion LÄNGE

4.3.4 Die Funktion ERSETZEN

Syntax: =ERSETZEN(Alter_Text;Erstes_Zeichen;Anzahl_Zeichen;Neuer_Text)

Die Funktion ERSETZEN wird genutzt, um bestimmte Teile eines Textes in einer Zelle durch einen anderen Text zu ersetzen. Dabei ersetzt die Funktion die Zeichen auf Grundlage der Anzahl von Zeichen, die angegeben werden.

Argument	Inhalt
Alter Text	Ist erforderlich; beinhaltet entweder den Text, in dem Veränderungen durchgeführt werden sollen, oder aber einen Zellbezug.
Erstes Zeichen	Ist erforderlich; durch die Positionsangabe des ersten Zeichens legen Sie fest, welche Zeichen geändert werden sollen. Sie können alle Zeichen oder nur wenige Zeichen ändern.
Anzahl Zeichen	Ist erforderlich; Anzahl der Zeichen, die ausgetauscht werden sollen.
Neuer Text	Ist erforderlich; dieser Text ersetzt den bisherigen Text.

Textfunktionen

Der Text «Aller Anfang ist schwer» soll durch «Aller Anfang beginnt mit dem ersten Schritt» ersetzt werden. Damit Sie die Startposition des zu ändernden Textes und die zu ersetzende Textlänge nicht zählen müssen, verwenden Sie als Zwischenschritt die Funktion LÄNGE.

1. Bestimmen Sie die Länge (Anzahl Zeichen) des Zellinhalts B5, um die Startposition des zu ersetzenden Textes zu ermitteln:
   In der Zelle B6 geben Sie die Formel **=LÄNGE(B5)+2** ein.
   Die Länge des Textes in Zelle B5 wurde um 2 erweitert, damit zwischen den Wörtern «Anfang» und «beginnt» ein Leerschlag entsteht. 12 Zeichen hat der zu übernehmende Text, 1 Leerzeichen fügen Sie hinzu, der Neutext beginnt bei Position 14.
2. Bestimmen Sie die Länge (Anzahl Zeichen) des Zellinhalts B8, welche den neuen Text enthält:
   In der Zelle B9 geben Sie dazu die Formel **=LÄNGE(B8)** ein.
3. Wenden Sie nun abschliessend die Funktion ERSETZEN an:
   In der Zelle B3 geben Sie die Formel **=ERSETZEN(A3;B6;B9;B8)** ein.

   - Zelle B3 enthält den Originaltext.
   - Zelle B6 enthält die Berechnung der Position, an welcher der zu ersetzende Text startet.
   - Zelle B9 enthält die Länge des neuen Textes.
   - Zelle B8 enthält den neuen Text.

	A	B
1		
2	Originaltext	geänderter Text
3	Aller Anfang ist schwer	=ERSETZEN(A3;B6;B9;B8)
4		
5	zu übernehmender Text	Aller Anfang
6	Länge	14
7		
8	Neuer Text	beginnt mit dem ersten Schritt
9	Länge	30

Die Funktion ERSETZEN in der Zelle B3 in der Formelansicht, die beiden Hilfsfunktionen aus den Zellen B6 und B9 sind als Wert dargestellt.

	A	B
1		
2	Originaltext	geänderter Text
3	Aller Anfang ist schwer	=ERSETZEN(A3;B6;B9;B8)
4		
5	zu übernehmender Text	Aller Anfang
6	Länge	=LÄNGE(B5)+2
7		
8	Neuer Text	beginnt mit dem ersten Schritt
9	Länge	=LÄNGE(B8)

Sowohl die Funktion ERSETZEN in Zelle B3 als auch die Funktion LÄNGE in den Zellen B6 und B9 des Beispiels sind in der Formelansicht dargestellt.

	A	B
1		
2	Originaltext	geänderter Text
3	Aller Anfang ist schwer	Aller Anfang beginnt mit dem ersten Schritt
4		
5	zu übernehmender Text	Aller Anfang
6	Länge	14
7		
8	Neuer Text	beginnt mit dem ersten Schritt
9	Länge	30

Ansicht des Beispiels nach Beenden der Formeleingabe: Der geänderte Text wird in der Zelle B3 korrekt angezeigt.

4.3.5 Die Funktion GLÄTTEN

Syntax: =GLÄTTEN(Text)

Die Funktion GLÄTTEN wird genutzt, um Leerzeichen aus einem vorhandenen Text zu entfernen. Dabei werden die Trennleerzeichen zwischen den einzelnen Wörtern nicht gelöscht.

Argument	Inhalt
Alter Text	Ist erforderlich; beinhaltet entweder den Text, der «geglättet» werden soll, oder einen Zellbezug.

Im nachfolgenden Beispiel werden am Anfang und am Ende die Leerstellen entfernt.

1. Markieren Sie die Zellen B3:B5.
2. Geben Sie die Formel **=GLÄTTEN(A3)** in die Bearbeitungsleiste ein.
3. Schliessen Sie die Formeleingabe mit **Ctrl+Enter** ab.

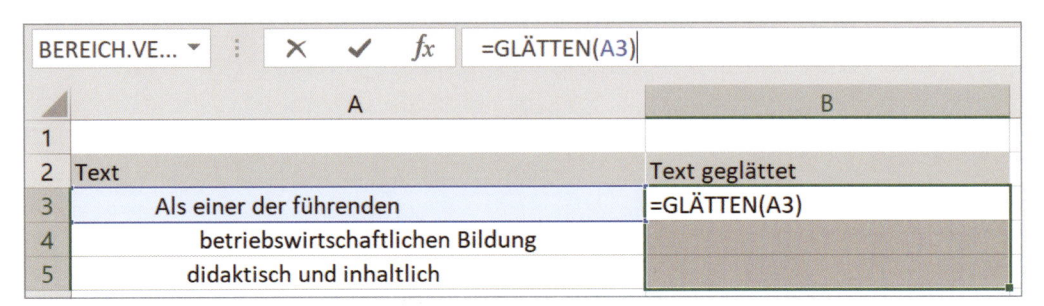

Text	Text geglättet
Als einer der führenden	Als einer der führenden
betriebswirtschaftlichen Bildung	betriebswirtschaftlichen Bildung
didaktisch und inhaltlich	didaktisch und inhaltlich

Die Funktion GLÄTTEN, jeweils in der Formelansicht und als Ergebnis

4.3.6 Die Funktion SÄUBERN

Syntax: =SÄUBERN(Text)

Löscht alle nicht druckbaren Zeichen aus einem Text. Verwenden Sie SÄUBERN für Texte, die aus anderen Anwendungsprogrammen importiert wurden und eventuell Zeichen enthalten, die das von Ihnen verwendete Betriebssystem nicht drucken kann. Beispielsweise können Sie SÄUBERN dazu verwenden, einen Code zu entfernen, der sich häufig am Anfang und Ende einer Datendatei befindet und nicht gedruckt werden kann.

Argument	Inhalt
Text	Ist erforderlich; das Argument Text beinhaltet entweder den zu prüfenden Text oder einen Verweis auf eine andere Zelle.

Textfunktionen

4.3.7 Die Funktion GROSS

Syntax: =GROSS(Text)

Tipp
Das Pendant zur Funktion GROSS ist die Funktion KLEIN.

Die Funktion GROSS wird genutzt, um kleingeschriebene Zeichen in Grossbuchstaben umzuwandeln.

Argument	Inhalt
Text	Ist erforderlich; beinhaltet entweder den Text, der grossgeschrieben werden soll, oder einen Zellbezug zu einer Zelle, deren Inhalt grossgeschrieben werden soll.

Im nachfolgenden Beispiel wird der Zellinhalt in Grossbuchstaben umgewandelt.

1. Markieren Sie die Zelle B3.
2. Tragen Sie die Formel **=GROSS(A3)** in die Bearbeitungsleiste ein.
3. Schliessen Sie die Formeleingabe mit **Ctrl+Enter** ab.

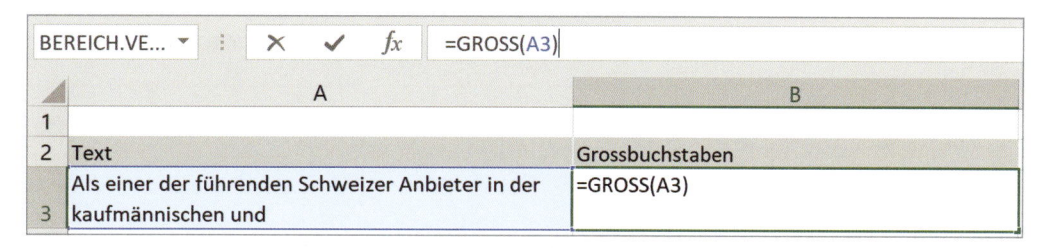

	A	B
1		
2	Text	Grossbuchstaben
3	Als einer der führenden Schweizer Anbieter in der kaufmännischen und	=GROSS(A3)

	A	B
1		
2	Text	Grossbuchstaben
3	Als einer der führenden Schweizer Anbieter in der kaufmännischen und	ALS EINER DER FÜHRENDEN SCHWEIZER ANBIETER IN DER KAUFMÄNNISCHEN UND

Die Funktion GROSS in der Zelle B3, jeweils als Formelansicht und als Ergebnis

Funktionen

4.3.8 Die Funktion LINKS

Syntax: =LINKS(Text;Anzahl_Zeichen)

Mithilfe der Funktion LINKS lassen sich Texte bearbeiten. Dabei wird vom linken Rand eines Textes eine bestimmte Anzahl von Zeichen übertragen.

Argument	Inhalt
Text	Ist erforderlich; hier ist die Zeichenfolge bzw. der Zellinhalt gemeint, der übertragen werden soll.
Anzahl Zeichen	Ist erforderlich; hier geben Sie an, wie viele Zeichen, vom linken Rand aus gesehen, übertragen werden sollen.

Im nachfolgenden Beispiel soll die Postleitzahl bestimmt werden.

1. Markieren Sie die Zellen B3:B6.
2. Tragen Sie die Formel **=LINKS(A3;4)** in die Bearbeitungsleiste ein.
3. Schliessen Sie die Formeleingabe mit **Ctrl+Enter** ab.

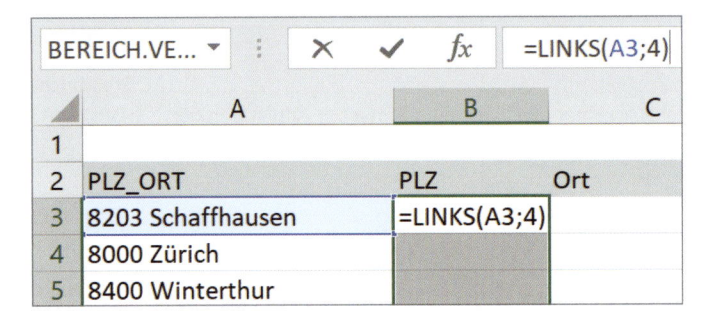

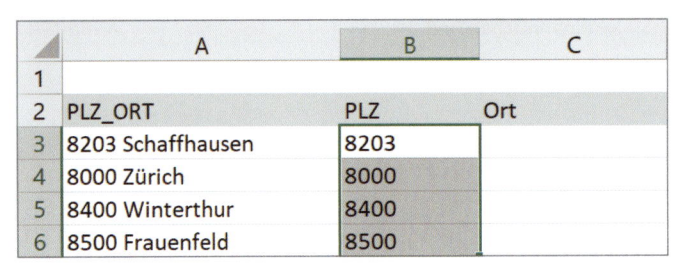

Die Funktion LINKS, jeweils in der Formelansicht und als Ergebnis

4.3.9 Die Funktion RECHTS

Syntax: =RECHTS(Text;Anzahl_Zeichen)

Mithilfe der Funktion RECHTS lassen sich Texte bearbeiten. Dabei wird vom rechten Rand eines Textes, der sich in einer Zelle befindet, eine bestimmte Anzahl von Zeichen in eine andere Zelle übertragen.

Argument	Inhalt
Text	Ist erforderlich; hier ist die Zeichenfolge bzw. der Zellinhalt gemeint, der übertragen werden soll.
Anzahl Zeichen	Ist erforderlich; hier geben Sie an, wie viele Zeichen, vom rechten Rand aus gesehen, übertragen werden sollen.

Tipp
In Excel lassen sich Funktionen verschachteln, indem Sie benötigte Argumente durch eine weitere Funktion automatisch berechnen lassen.

Im nachfolgenden Beispiel soll die Ortschaft bestimmt werden. Da jeder Ortsname verschieden lang ist, kann man nicht einfach (wie zuvor beim Übertragen der Postleitzahlen) die Anzahl Zeichen angeben. Deshalb braucht es hier zwei weitere Funktionen, die Sie in diesem Kapitel bereits kennengelernt haben: LÄNGE und SUCHEN.

- Über SUCHEN lassen Sie das Leerzeichen suchen. Es ist in jeder Zelle zwischen Postleitzahl und Ort vorhanden und eignet sich deshalb als Suchpunkt.
- Über LÄNGE geben Sie Excel an, alle Zeichen ab dem Leerzeichen auszuwählen.
- Die Funktion RECHTS bewirkt, dass Excel alle Zeichen rechts vom Leerzeichen auswählt.

Gehen Sie also wie folgt vor:

1. Markieren Sie die Zellen C3:C6.
2. Tragen Sie die Formel **=RECHTS(A3;LÄNGE(A3)-(SUCHEN(" ";A3)))** in die Bearbeitungsleiste ein.
3. Schliessen Sie die Formeleingabe mit **Ctrl+Enter** ab.

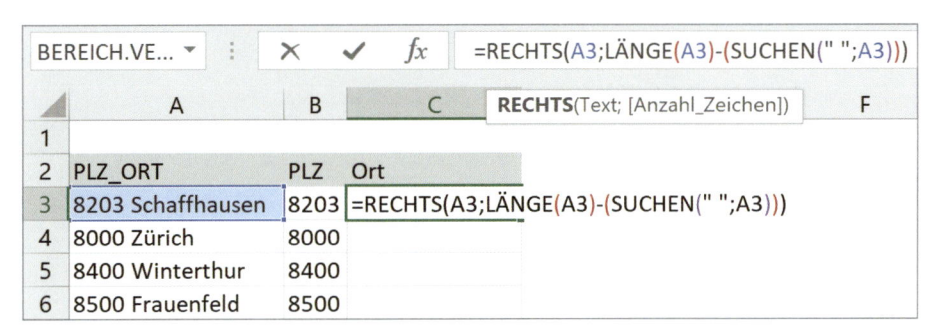

Die verschachtelten Funktionen RECHTS, LÄNGE und SUCHEN, jeweils als Formelansicht und als Ergebnis

4.3.10 Die Funktion TEIL

Syntax: =TEIL(Text;Erstes_Zeichen;Anzahl_Zeichen)

Nach den beiden Funktion LINKS und RECHTS fehlt nun noch eine Funktion, mit der Sie einen Teil einer Zelle extrahieren können. Mithilfe der Funktion TEIL lassen sich Texte weiterverarbeiten. Dabei wird von einer bestimmten Stelle eines Textes an eine bestimmte Anzahl von Zeichen übertragen.

Argument	Inhalt
Text	Ist erforderlich; damit ist die Zeichenfolge bzw. der Zellinhalt gemeint, der übertragen werden soll.
Erstes Zeichen	Ist erforderlich; hiermit ist die Position des ersten Zeichens, das Sie aus dem Text kopieren möchten, gemeint. Für das erste Zeichen des Arguments Text gilt, dass Erstes_Zeichen den Wert 1 hat usw.
Anzahl Zeichen	Ist erforderlich; unter Anzahl_Zeichen versteht man die Anzahl der Zeichen, die die Funktion aus dem Text übertragen soll.

Im nachfolgenden Beispiel soll wiederum die Ortschaft bestimmt werden.

1. Markieren Sie die Zellen C3:C6.
2. Tragen Sie die Formel **=TEIL(A3;LÄNGE(B3)+2;LÄNGE(A3))** in die Bearbeitungsleiste ein.
3. Schliessen Sie die Formeleingabe mit **Ctrl+Enter** ab.

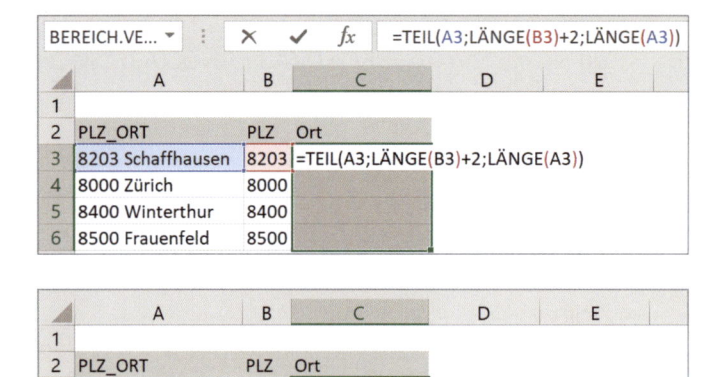

Die verschachtelten Funktionen TEIL und LÄNGE, jeweils als Formelansicht und als Ergebnis

4.3.11 Die Funktion VERKETTEN

Syntax: =VERKETTEN(Text1;Text2;…)

Die Funktion VERKETTEN verknüpft mehrere Textfelder miteinander.

Argument	Inhalt
Text1	Ist erforderlich; beinhaltet den Text oder einen Zellbezug zu einem Textfeld. Dieser Text soll mit dem Textfeld2 verbunden werden.
Text2	Ist erforderlich; beinhaltet den Text oder einen Zellbezug zu einem Textfeld. Dieser Text soll mit dem Textfeld1 verbunden werden.

Im nachfolgenden Beispiel werden die Postleitzahl und die Ortschaft zusammengefasst.

1. Markieren Sie die Zellen C3:C6.
2. Tragen Sie die Formel **=VERKETTEN(A3;" ";B3)** in die Bearbeitungsleiste ein.
3. Schliessen Sie die Formeleingabe mit **Ctrl+Enter** ab.

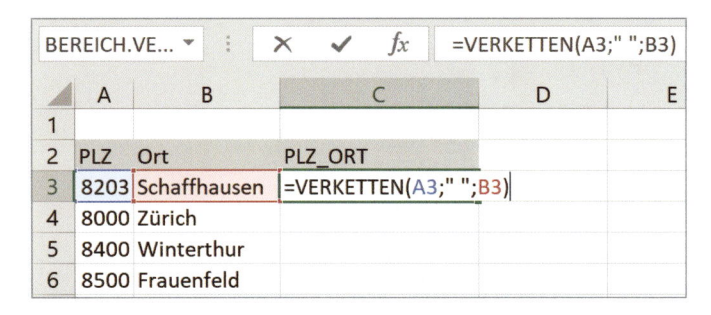

	A	B	C	D	E
1					
2	PLZ	Ort	PLZ_ORT		
3	8203	Schaffhausen	=VERKETTEN(A3;" ";B3)		
4	8000	Zürich			
5	8400	Winterthur			
6	8500	Frauenfeld			

	A	B	C	D	E
1					
2	PLZ	Ort	PLZ_ORT		
3	8203	Schaffhausen	8203 Schaffhausen		
4	8000	Zürich	8000 Zürich		
5	8400	Winterthur	8400 Winterthur		
6	8500	Frauenfeld	8500 Frauenfeld		

Die Funktion VERKETTEN, jeweils in der Formelansicht und als Ergebnis

Funktionen

4.4 Mathematische Funktionen

In diesem Kapitel lernen Sie ein paar häufige Funktionen kennen.

4.4.1 Die Funktion SUMME

Syntax: =SUMME(ZAHL1;ZAHL2;…)

Die Funktion **Summe** addiert die Argumente (Zahlenwerte). Es sind maximal 255 Argumente möglich. Zusammenhängende Zellbereiche können als ein Argument angegeben werden.

Was passiert, wenn Sie auf das Summensymbol klicken?

Wenn Sie das Summensymbol anklicken, schlägt Excel automatisch einen Additionsbereich vor, indem es einen Laufrahmen um einen Zellbereich legt. Excel sucht dabei zuerst *über* der aktiven Zelle nach Zahlenwerten. Befinden sich dort keine Zahlen, durchsucht Excel den Bereich *links* von der aktiven Zelle. Sollte der von Excel vorgeschlagene Bereich nicht richtig sein, ändern Sie diesen, indem Sie bei gedrückter Maustaste den gewünschten Bereich markieren.

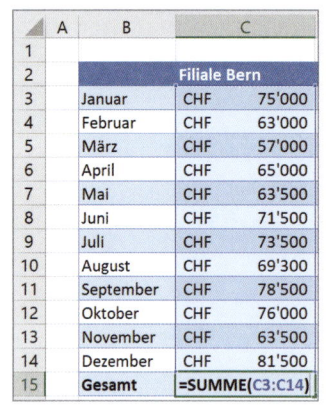

	A	B	C
1			
2			Filiale Bern
3		Januar	CHF 75'000
4		Februar	CHF 63'000
5		März	CHF 57'000
6		April	CHF 65'000
7		Mai	CHF 63'500
8		Juni	CHF 71'500
9		Juli	CHF 73'500
10		August	CHF 69'300
11		September	CHF 78'500
12		Oktober	CHF 76'000
13		November	CHF 63'500
14		Dezember	CHF 81'500
15		Gesamt	=SUMME(C3:C14)

Die Funktion **Summe**

Σ
Summensymbol

Die Summenfunktion wird von zahlreichen Anfängern für alle möglichen Berechnungen verwendet, auch wenn gar keine Addition vorgenommen wird. Achten Sie bei Ihrer Arbeit darauf, dass Sie unprofessionelle Formeln wie in der folgenden Tabelle vermeiden.

Register	Start
Gruppe	Bearbeiten
Befehl	Summe

Die Funktion **Summe** aufrufen

Formel falsch	Formel korrekt
=SUMME(C1*C2)	=C1*C2
=SUMME(B1+B2+B3)	=B1+B2+B3 oder =SUMME(B1:B3)

Mathematische Funktionen

Aufgabe 49 Öffnen Sie die Aufgabe 49 und berechnen Sie die Summen in der Zeile 15 und in der Spalte F.

	A	B	C		D		E		F	
1										
2			Filiale Bern		Filiale Zürich		Filiale Chur		Gesamt	
3		Januar	CHF	75'000	CHF	45'000	CHF	34'500	CHF	154'500
4		Februar	CHF	63'000	CHF	48'900	CHF	35'600	CHF	147'500
5		März	CHF	57'000	CHF	43'500	CHF	37'500	CHF	138'000
6		April	CHF	65'000	CHF	45'800	CHF	38'900	CHF	149'700
7		Mai	CHF	63'500	CHF	46'500	CHF	37'900	CHF	147'900
8		Juni	CHF	71'500	CHF	81'700	CHF	37'800	CHF	191'000
9		Juli	CHF	73'500	CHF	64'700	CHF	38'900	CHF	177'100
10		August	CHF	69'300	CHF	63'900	CHF	35'900	CHF	169'100
11		September	CHF	78'500	CHF	71'300	CHF	40'000	CHF	189'800
12		Oktober	CHF	76'000	CHF	47'500	CHF	41'000	CHF	164'500
13		November	CHF	63'500	CHF	48'500	CHF	42'500	CHF	154'500
14		Dezember	CHF	81'500	CHF	49'500	CHF	49'700	CHF	180'700
15		**Gesamt**	**CHF**	**837'300**	**CHF**	**656'800**	**CHF**	**470'200**	**CHF**	**1'964'300**

Aufgabe 50 Öffnen Sie die Aufgabe 50 und berechnen Sie in den Zeilen 6, 10, 14 und 18 die Quartalsergebnisse sowie in der Zeile 19 das Total aller Quartale.

	A	B	C		D		E		F	
1										
2			Filiale Bern		Filiale Zürich		Filiale Chur		Gesamt	
3		Januar	CHF	75'000	CHF	45'000	CHF	34'500		
4		Februar	CHF	63'000	CHF	48'900	CHF	35'600		
5		März	CHF	57'000	CHF	43'500	CHF	37'500		
6		Quartal 1	CHF	195'000	CHF	137'400	CHF	107'600	CHF	440'000
7		April	CHF	65'000	CHF	45'800	CHF	38'900		
8		Mai	CHF	63'500	CHF	46'500	CHF	37'900		
9		Juni	CHF	71'500	CHF	81'700	CHF	37'800		
10		Quartal 2	CHF	200'000	CHF	174'000	CHF	114'600	CHF	488'600
11		Juli	CHF	73'500	CHF	64'700	CHF	38'900		
12		August	CHF	69'300	CHF	63'900	CHF	35'900		
13		September	CHF	78'500	CHF	71'300	CHF	40'000		
14		Quartal 3	CHF	221'300	CHF	199'900	CHF	114'800	CHF	536'000
15		Oktober	CHF	76'000	CHF	47'500	CHF	41'000		
16		November	CHF	63'500	CHF	48'500	CHF	42'500		
17		Dezember	CHF	81'500	CHF	49'500	CHF	49'700		
18		Quartal 4	CHF	221'000	CHF	145'500	CHF	133'200	CHF	499'700
19		**Gesamt**	**CHF**	**837'300**	**CHF**	**656'800**	**CHF**	**470'200**	**CHF**	**1'964'300**

Aufgabe 51

Öffnen Sie die Aufgabe 51 entweder unformatiert oder formatiert. Vervollständigen und formatieren Sie die Bilanz.

	A	B	C	D	E	F	G	H
1	**Aktiven**			Bilanz vom 31.12.20.. (in 1'000 CHF)				**Passiven**
2	*Umlaufvermögen*				*Fremdkapital*			
3	*Liquide Mittel*				*Kurzfristiges Fremdkapital*			
4	Kasse	5			Kreditoren	10		
5	Post	7			Bankschuld	20	*30*	
6	Bank	3	15					
7					*Langfristiges Fremdkapital*			
8	*Forderungen*				Hypotheken	80	*80*	**110**
9	Debitoren	15	15					
10								
11	*Vorräte*							
12	Warenlager	45	45	75				
13								
14	*Anlagevermögen*				*Eigenkapital*			
15	Mobilien		30		Aktienkapital		90	
16	Immobilien		120	*150*	Reserven		25	**115**
17				225				225
18								
19								
20	**Finanzierungskennzahlen**							
21	Fremdfinanzierungsgrad			Fremdkapital in % des Gesamtkapitals				48.89%
22	Eigenfinanzierungsgrad			Eigenkapital in % des Gesamtkapitals				51.11%
23								
24	**Investitionskennzahlen**							
25	Intensität des Umlaufvermögens			Umlaufvermögen in % des Gesamtvermögens				33.33%
26	Intensität des Anlagevermögens			Anlagevermögen in % des Gesamtvermögens				66.67%
27								
28	**Liquiditätskennzahlen**							
29	Liquiditätsgrad 1 (Cash ratio)			Liquide Mittel in % des kurzfristigen Fremdkapitals				50.00%
30	Liquiditätsgrad 2 (Quick ratio)			Liquide Mittel und Forderungen in % des kurzfristigen Fremdkapitals				100.00%
31	Liquiditätsgrad 3 (Current ratio)			Umlaufvermögen in % des kurzfristigen Fremdkapitals				250.00%
32								
33	**Deckungskennzahlen**							
34	Anlagedeckungsgrad 1			Eigenkapital in % des Anlagevermögens				76.67%
35	Anlagedeckungsgrad 2			Eigenkapital und langfristiges Fremdkapital in % des Anlagevermögens				130.00%

Mathematische Funktionen

Aufgabe 52

Ein magisches Quadrat ist eine Anordnung von positiven Zahlen 1, 2, 3, ..., n^2 in einem quadratischen Schema der Seitenlänge n, sodass die Summe der Zeilen-, der Spalten- und der Diagonalelemente jeweils gleich einer konstanten Zahl – der magischen Summe – ist.

Magische Quadrate sind schon sehr lange bekannt. Das älteste bekannte magische Quadrat geht auf den Kaiser Loh-Shu zurück, der ungefähr um 2800 v. Chr. in China gelebt hat. In der Originaldarstellung werden die ungeraden Zahlen durch weisse Punkte (die Yang-Symbole) dargestellt und repräsentieren den Himmel, während die geraden Zahlen als schwarze Punkte (die Yin-Symbole) dargestellt sind, das Symbol der Erde.

Öffnen Sie die Aufgabe 52. Ordnen Sie die Zahlen 1 bis 9 so an, dass ein magisches Quadrat entsteht. Die Summe der Zeilen-, Spalten- und Diagonalelemente muss 15 ergeben. Verwenden Sie die Funktion SUMME.

	A	B	C	D	E
1	Magisches Quadrat				
2		?	?	?	15
3		?	?	?	15
4		?	?	?	15
5	15	15	15	15	15

Wie lauten die Formeln in Spalte E und Zeile 5 zur Überprüfung der magischen Summe?

E2 _____

E3 _____

E4 _____

A5 _____

B5 _____

C5 _____

D5 _____

E5 _____

Funktionen

Aufgabe 53

Öffnen Sie die Aufgabe 53 und vervollständigen Sie die Tabelle mit den Strassenverkehrsunfällen nach Kanton. Verwenden Sie wann immer möglich die Summenfunktion.

	A	B	C	D	E	F	G	H	I	J	K
1	Strassenverkehrsunfälle mit Personenschaden und Verunfallte nach Kanton. 2017										
2		Unfälle mit Personenschaden					Verunfallte Personen				
3		Total	mit Getöteten	mit Verletzten	davon		Total	Getötete	Verletzte		
4					mit schwer Verletzten	mit leicht Verletzten			Total	schwer Verletzte	leicht Verletzte
5											
6	Total	17'799	219	17'580	3'427	14'153	20'147	230	19'917	3'682	16'235
7											
8	Genferseeregion	3'278	40	3'238	774	2'464	3'979	43	3'936	825	3'111
9	Genève	1'127	11	1'116	305	811	1'317	11	1'306	317	989
10	Valais	505	9	496	141	355	637	11	626	158	468
11	Vaud	1'646	20	1'626	328	1'298	2'025	21	2'004	350	1'654
12	Espace Mittelland	4'161	58	4'103	801	3'302	5'146	61	5'085	880	4'205
13	Bern	2'616	37	2'579	570	2'009	3'219	39	3'180	630	2'550
14	Fribourg	539	7	532	93	439	678	7	671	101	570
15	Jura	144	1	143	30	113	175	1	174	32	142
16	Neuchâtel	290	6	284	40	244	356	7	349	45	304
17	Solothurn	572	7	565	68	497	718	7	711	72	639
18	Nordwestschweiz	1'985	21	1'964	354	1'610	2'150	23	2'127	373	1'754
19	Aargau	1'155	15	1'140	205	935	1'423	17	1'406	220	1'186
20	Basel-Landschaft	464	5	459	64	395	605	5	600	68	532
21	Basel-Stadt	366	1	365	85	280	122	1	121	85	36
22	Zürich	3'352	22	3'330	542	2'788	3'543	22	3'521	588	2'933
23	Ostschweiz	2'415	38	2'377	422	1'955	2'975	38	2'937	450	2'487
24	Apppenzell A. Rh.	94	-	94	16	78	107	-	107	18	89
25	Apppenzell I. Rh.	33	-	33	12	21	41	-	41	13	28
26	Glarus	95	-	95	24	71	143	-	143	25	118
27	Graubünden	509	19	490	73	417	664	19	645	85	560
28	St. Gallen	912	10	902	138	764	1'088	10	1'078	139	939
29	Schaffhausen	158	1	157	29	128	186	1	185	31	154
30	Thurgau	614	8	606	130	476	746	8	738	139	599
31	Zentralschweiz	1'824	31	1'793	327	1'466	1'400	34	1'366	346	1'020
32	Luzern	979	12	967	164	803	355	13	342	171	171
33	Nidwalden	79	2	77	21	56	94	2	92	22	70
34	Obwalden	97	4	93	17	76	121	5	116	17	99
35	Schwyz	298	6	292	45	247	370	6	364	48	316
36	Uri	112	4	108	18	90	155	5	150	23	127
37	Zug	259	3	256	62	194	305	3	302	65	237
38	Ticino	784	9	775	207	568	954	9	945	220	725
39											
40										Quelle: Bundesamt für Statistik, Strassenverkehrsunfälle	

Aufgabe 54

Öffnen Sie die Aufgabe 54 und vervollständigen Sie die Bilanz.

	A	B	C	D
1	**Bilanz der Swisscom**			
2				
3	in Millionen CHF	31.12.2018	31.12.2017	Veränderung
4				
5	**Vermögenswerte**			
6	Flüssige Mittel	306	290	5.5%
7	Derivative Finanzinstrumente	3	4	-25.0%
8	Forderungen aus Lieferungen und Leistungen	132	7	1785.7%
9	Übrige kurzfristige Forderungen	2	2	0.0%
10	Abgrenzung Gewinnausschüttung von Tochtergesellschaften	2'100	0	20999900.0%
11	Aktive Rechnungsabgrenzungen	89	110	-19.1%
12	**Total Kurzfristige Vermögenswerte**	**2'632**	**413**	21001647.1%
13	Finanzanlagen	5'026	6'045	-16.9%
14	Derivative Finanzinstrumente	40	73	-45.2%
15	Beteiligungen	8'214	7'973	3.0%
16	**Total Langfristige Vermögenswerte**	**13'280**	**14'091**	-59.0%
17	**Total Vermögenswerte**	**15'912**	**14'504**	21001588.1%
18				
19	**Verbindlichkeiten und Eigenkapital**			
20	Kurzfristige verzinsliche Verbindlichkeiten	1'763	2'211	-20.3%
21	Derivative Finanzinstrumente	6	5	
22	Verbindlichkeiten aus Lieferungen und Leistungen	11	8	37.5%
23	Übrige kurzfristige Verbindlichkeiten	301	39	671.8%
24	Passive Rechnungsabgrenzungen	52	70	
25	Rückstellungen	9	11	-18.2%
26	**Total Kurzfristige Verbindlichkeiten**	**2'142**	**2'344**	-8.6%
27	Langfristige verzinsliche Verbindlichkeiten	7'215	6'782	6.4%
28	Derivative Finanzinstrumente	46	52	-11.5%

Funktionen sind fehlertolerant

Sie haben die Summenfunktion anhand einiger Übungen kennengelernt. Ein weiterer Vorteil von Funktionen ist ihre Fehlertoleranz gegenüber bestimmten Eingabefehlern. So kann beispielsweise die Formel =SUMME(A1:B1) auch dann das richtige Ergebnis berechnen, wenn in Zelle B1 ein Text steht. Wenn Sie die Zellen A1 und B1 ohne Funktion addieren (=A1+B1), aber in Zelle B1 ein Text steht, quittiert Excel Ihre Berechnung mit der Fehlermeldung **#WERT!**.

Ein weiterer Vorteil zeigt sich, wenn Sie eine Zelle löschen, die als Argument verwendet wird. Tippen Sie in die Zelle A2:B4 die Werte gemäss unten stehender Tabelle ein. Ermitteln Sie in der Zelle A1 das Ergebnis durch Addieren und in der Zelle B1 durch die Summenfunktion. Sie erhalten beide Male 15. Löschen Sie nun die Zeile 2. Was passiert? Zelle A1 zeigt einen Fehlerwert an, Zelle B1 das richtige Ergebnis. Deshalb: Arbeiten Sie wenn möglich immer mit Funktionen.

	A	B	C
1	=A2+A3+A4	=SUMME(A2:A4)	
2	5	5	
3	5	5	
4	5	5	

Summen bilden

Funktionen

4.4.2 Laufende Summe

Sie erfassen in der Spalte B die Zahl der Besucher Ihrer Website. In der Spalte C soll immer das Total der Besucher – die laufende Summe – berechnet werden. Erfassen Sie die folgende Tabelle:

	A	B	C
1	Datum	Besucher	Laufende Summe
2	01.05.2019	310	
3	02.05.2019	421	
4	03.05.2019	390	
5	04.05.2019	391	
6	05.05.2019	505	
7	06.05.2019	648	
8	07.05.2019	703	
9	08.05.2019	825	
10	09.05.2019	940	
11	10.05.2019	999	

Laufende Summe bilden

Vorgehen zur Berechnung der laufenden Summe

1. Markieren Sie die Zellen B2:B11.
2. Klicken Sie auf das Symbol **Schnellanalysetool**. Es öffnet sich folgendes Fenster:

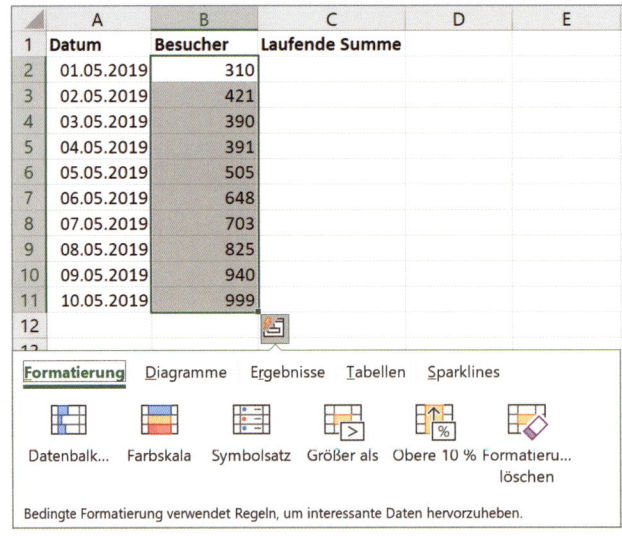

Laufende Summe mit Schnellanalysetool

3. Klicken Sie auf **Ergebnisse** und anschliessend auf den Pfeil am rechten Rand, damit das Symbol **Laufende Summe** angezeigt wird.
4. Klicken Sie anschliessend auf das Symbol **Laufende Summe**. Excel füllt sofort die laufenden Summen in die Spalte C ein.

5. Untersuchen Sie die Formeln der Zellen C2 und C3:
   Wie bildet Excel die laufenden Summen?

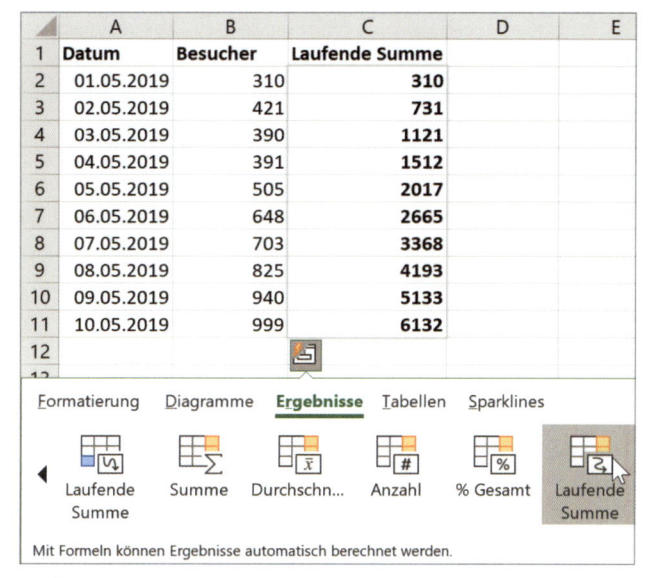

	A	B	C
1	Datum	Besucher	Laufende Summe
2	01.05.2019	310	310
3	02.05.2019	421	731
4	03.05.2019	390	1121
5	04.05.2019	391	1512
6	05.05.2019	505	2017
7	06.05.2019	648	2665
8	07.05.2019	703	3368
9	08.05.2019	825	4193
10	09.05.2019	940	5133
11	10.05.2019	999	6132

Laufende Summe

4.4.3 Die Funktion RUNDEN

Syntax: RUNDEN(ZAHL;ANZAHL_STELLEN)

Die Funktion **Runden** rundet eine Zahl auf eine bestimmte Anzahl von Dezimalstellen. Das Argument **Zahl** kann eine Zahl, ein Zellbezug auf eine Zahl oder eine Formel sein. Das Argument **Anzahl_Stellen** gibt an, auf wie viele Dezimalstellen vor oder nach dem Komma Sie die Zahl runden möchten.

	A	B	C
1	Zahl	3546.59265	
2			
3	Rundung	Ergebnis	Formel
4	Hundertstel		=RUNDEN(B1;2)
5	Zehntel		=RUNDEN(B1;1)
6	Ganze		=RUNDEN(B1;0)
7	Zehner		=RUNDEN(B1;-1)
8	Hunderter		=RUNDEN(B1;-2)

Runden

Beachten Sie, dass Excel beim Verwenden der Rundungsfunktion mit den gerundeten Werten weiterrechnet, während beim Formatieren nur das Erscheinungsbild der Zelle einen gerundeten Wert zeigt! Wenn Sie mit formatierten Werten weiterrechnen, wird der Berechnung der Zellinhalt und nicht das Erscheinungsbild der Zelle zugrunde gelegt.

Funktionen

Diese wichtige Erkenntnis verdeutlicht die folgende Tabelle:

	A	B	C	D	E
1		Zellinhalt	Erscheinungsbild	Multiplikator	Produkt
2	Formatieren	1.135	1.14	1000	1135
3	Runden	1.135	1.14	1000	1140

Formatieren und Runden

Die Werte in Spalte C der Tabelle zeigen dasselbe Erscheinungsbild, obwohl sie unterschiedliche Zellinhalte aufweisen. Die Zelle C2 enthält den Wert 1.135 und wurde mit dem Format **Zahl mit 2 Dezimalstellen** versehen. In Zelle C3 wird derselbe Wert mit der Rundungsfunktion auf zwei Dezimalstellen gerundet. Die Multiplikation mit dem Faktor 1000 in Spalte D ergibt verschiedene Ergebnisse. Der Grund: In Zelle E2 wird mit dem tatsächlichen Zellinhalt von 1.135 gerechnet, während in Zelle E3 mit dem auf zwei Dezimalstellen gerundeten Wert 1.14 gerechnet wird.

4.4.4 Die Funktionen AUFRUNDEN und ABRUNDEN

Eine Variante der Rundungsfunktion stellen die beiden Funktionen
=AUFRUNDEN(ZAHL;ANZAHL_STELLEN) und
=ABRUNDEN(ZAHL;ANZAHL_STELLEN)
dar. Wie die Namen bereits sagen, wird die jeweilige Zahl bei **AUFRUNDEN** stets aufgerundet und bei **ABRUNDEN** stets abgerundet.

Spezialrundungen

Wenn Sie Frankenbeträge auf fünf Rappen oder Schulnoten auf Halbe oder Viertel runden wollen, müssen Sie einen kleinen Trick anwenden, damit die Rundungsfunktion das korrekte Ergebnis liefert. Die folgende Abbildung zeigt das allgemeine Vorgehensschema für solche Spezialrundungen anhand dreier Beispiele.

	A	B	C	D
1	**Zahl**			4.362
2				
3	**Vorgehensschema für Spezialrundungen**			
4		1 Wie oft kommt der Rundungswert in einer Einheit vor?	Faktor	
5		2 Aus wie vielen Rundungswerten besteht die zu rundende Zahl?	=Zahl*Faktor	
6		3 Wie viele vollständige Rundungswerte sind das?	-Runden(Zahl*Faktor;0)	
7		4 Wie viele Einheiten sind das?	=Runden(Zahl*Faktor;0)/Faktor	
8				
9	**Beispiele**			
10				
11	**Rundungswert**			5 Rappen
12		1 Wie viele 5-Rappen-Stücke hat ein Franken?		20
13		2 Aus wie vielen 5-Rappen-Stücken besteht die zu rundende Zahl?	-D1*20	
14		3 Wie viele vollständige 5-Rappen-Stücke sind das?	=Runden(D1*20;0)	
15		4 Wie viele Franken sind das?	=Runden(D1*20;0)/20	
16				
17	**Rundungswert**			1/2 Noten
18		1 Wie viele 1/2 Noten hat eine ganze Note?		2
19		2 Aus wie vielen 1/2 Noten besteht die zu rundende Zahl?	=D1*2	
20		3 Wie viele vollständige 1/2 Noten sind das?	=Runden(D1*2;0)	
21		4 Wie viele ganze Noten sind das?	=Runden(D1*2;0)/2	
22				
23	**Rundungswert**			1/4 Noten
24		1 Wie viele 1/4 Noten hat eine ganze Note?		4
25		2 Aus wie vielen 1/4 Noten besteht die zu rundende Zahl?	=D1*4	
26		3 Wie viele vollständige 1/4 Noten sind das?	=Runden(D1*4;0)	
27		4 Wie viele ganze Noten sind das?	=Runden(D1*4;0)/4	

Spezialrundungen

Aufgabe 55

Öffnen Sie die Aufgabe 55. Runden Sie die in Spalte A vorgegebenen Zahlen und notieren Sie die Formeln für die Zellen B3:L3.

B3

C3

D3

E3

F3

G3

H3

I3

J3

K3

L3

	A	B	C	D	E	F	G	H	I	J	K	L
1	Zahl	gerundet auf:										
2		1/100	1/10	Einer	Zehner	Hunderter	Tausender	1/20	1/2	Fünfer	Fünfzig	Fünfhundert
3	0.582	0.580	0.600	1.000	0.000	0.000	0.000	0.600	0.500	0.000	0.000	0.000
4	0.960	0.960	1.000	1.000	0.000	0.000	0.000	0.950	1.000	0.000	0.000	0.000
5	3.064	3.060	3.100	3.000	0.000	0.000	0.000	3.050	3.000	5.000	0.000	0.000
6	2.954	2.950	3.000	3.000	0.000	0.000	0.000	2.950	3.000	5.000	0.000	0.000
7	0.346	0.350	0.300	0.000	0.000	0.000	0.000	0.350	0.500	0.000	0.000	0.000
8	25.975	25.980	26.000	26.000	30.000	0.000	0.000	26.000	26.000	25.000	50.000	0.000
9	135.662	135.660	135.700	136.000	140.000	100.000	0.000	135.650	135.500	135.000	150.000	0.000
10	498.691	498.690	498.700	499.000	500.000	500.000	0.000	498.700	498.500	500.000	500.000	500.000
11	5223.980	5223.980	5224.000	5224.000	5220.000	5200.000	5000.000	5224.000	5224.000	5225.000	5200.000	5000.000
12	8770.612	8770.610	8770.600	8771.000	8770.000	8800.000	9000.000	8770.600	8770.500	8770.000	8750.000	9000.000
13	30705.665	30705.660	30705.700	30706.000	30710.000	30700.000	31000.000	30705.650	30705.500	30705.000	30700.000	30500.000
14	66766.621	66766.620	66766.600	66767.000	66770.000	66800.000	67000.000	66766.600	66766.500	66765.000	66750.000	67000.000

Aufgabe 56

Sie haben bei drei Lieferanten ein Angebot für die Lieferung von Tintentanks für Ihren Tintenstrahldrucker eingeholt. Die Offerten sind in der folgenden Tabelle ersichtlich.

Öffnen Sie die Aufgabe 56. Erstellen Sie den Angebotsvergleich. Rabatte und Skonti sind auf fünf Rappen zu runden. Arbeiten Sie rationell. Wenn die Formeln für das erste Angebot stimmen, können Sie diese für die Angebote 2 und 3 kopieren.

	A	B	C	D	E	F	G
1		Angebot 1		Angebot 2		Angebot 3	
2	Katalogpreis	CHF 37.60		CHF 37.60		CHF 37.60	
3	Rabattsatz	8.00%		0.00%		5.00%	
4	Skontosatz	0.00%		3.00%		2.00%	
5	Bezugskosten	CHF 6.00		CHF 2.25		CHF 4.00	
6							
7		%	CHF	%	CHF	%	CHF
8	Katalogpreis		CHF 37.60		CHF 37.60		CHF 37.60
9	Rabatt	8.00%	CHF 3.00	0.00%	CHF -	5.00%	CHF 1.90
10	Rechnungsbetrag		CHF 34.60		CHF 37.60		CHF 35.70
11	Skonto	0.00%	CHF -	3.00%	CHF 1.15	2.00%	CHF 0.70
12	Zahlung		CHF 34.60		CHF 36.45		CHF 35.00
13	Bezugskosten		CHF 6.00		CHF 2.25		CHF 4.00
14	**Einstandspreis**		**CHF 40.60**		**CHF 38.70**		**CHF 39.00**

4.5 Statistische Funktionen

In diesem Kapitel erfahren Sie unter anderem, mit welchen Funktionen Sie den Mittelwert oder den höchsten Wert eines Zahlenbereichs ermitteln.

4.5.1 Die Funktion MITTELWERT

Syntax: =MITTELWERT(ZAHL1;ZAHL2;…)

Die Funktion **Mittelwert** gibt den Mittelwert (Durchschnitt) der Argumente zurück. Es sind maximal 255 Argumente möglich. Zusammenhängende Zellbereiche können als ein Argument angegeben werden.

Bitte beachten Sie, dass Excel leere Zellen anders behandelt als Zellen mit dem Wert 0. Leere Zellen werden – genau gleich wie Text – bei der Berechnung **nicht** berücksichtigt, während Zellen mit dem Wert 0 mitgerechnet werden.

	A	B	C	D
1	Monat	Umsatz		
2	Januar	89000		
3	Februar	91500		
4	März	95500		
5	April	98000		
6	Mai	95000		
7	Juni	67000		
8				
9		Ergebnis	Formel	
10	Mittelwert	89333	=MITTELWERT(B2:B7)	

Mittelwert

Aufgabe 57

Öffnen Sie die Aufgabe 57 und vervollständigen Sie die Tabelle mit den Arbeitsindikatoren im internationalen Vergleich. Der Index der einzelnen Indikatoren bezieht sich auf den Mittelwert aller Länder.

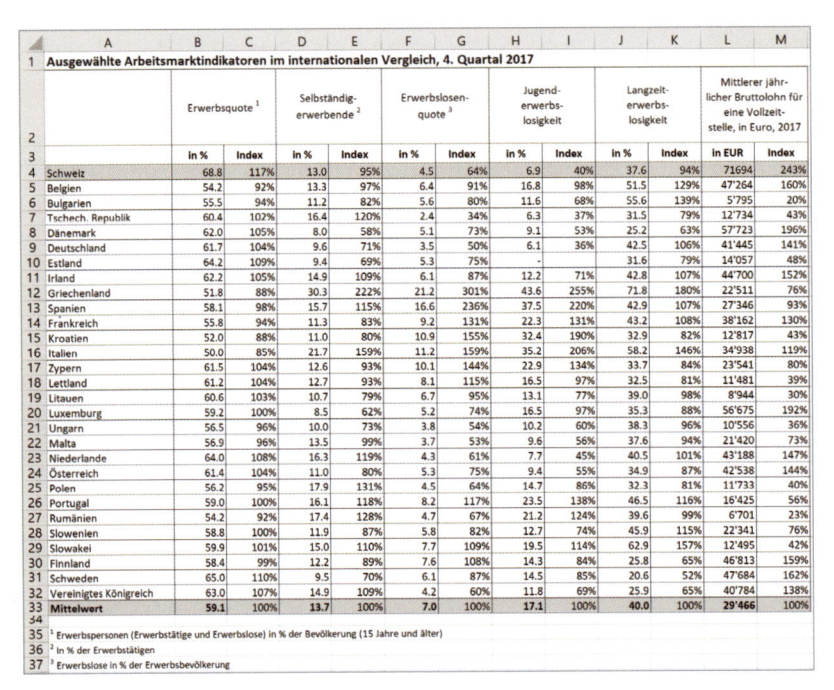

	A	B	C	D	E	F	G	H	I	J	K	L	M
1	Ausgewählte Arbeitsmarktindikatoren im internationalen Vergleich, 4. Quartal 2017												
2		Erwerbsquote[1]		Selbständig-erwerbende[2]		Erwerbslosen-quote[3]		Jugend-erwerbs-losigkeit		Langzeit-erwerbs-losigkeit		Mittlerer jährlicher Bruttolohn für eine Vollzeitstelle, in Euro, 2017	
3		in %	Index	in %	Index	in %	Index	in %	Index	in %	Index	in EUR	Index
4	Schweiz	68.8	117%	13.0	95%	4.5	64%	6.9	40%	37.6	94%	71694	243%
5	Belgien	54.2	92%	6.4	91%	16.8	98%	51.5	129%	47264	160%		
6	Bulgarien	55.5	94%	11.2	82%	5.6	80%	11.6	68%	55.6	139%	5'795	20%
7	Tschech. Republik	60.4	102%	16.4	120%	2.4	34%	6.3	37%	31.5	79%	12'734	43%
8	Dänemark	62.0	105%	8.0	58%	5.1	73%	9.1	53%	25.2	63%	57'723	196%
9	Deutschland	61.7	104%	9.6	71%	3.5	50%	6.1	36%	42.5	106%	41'445	141%
10	Estland	64.2	109%	9.4	69%	5.3	75%		-	31.6	79%	14'057	48%
11	Irland	62.2	105%	14.9	109%	6.1	87%	12.2	71%	42.8	107%	44'700	152%
12	Griechenland	51.8	88%	30.3	222%	21.2	301%	43.6	255%	71.8	180%	22'511	76%
13	Spanien	58.1	98%	15.7	115%	16.6	236%	37.5	220%	42.9	107%	27'346	93%
14	Frankreich	55.8	94%	11.3	83%	9.2	131%	22.3	131%	43.2	108%	38'162	130%
15	Kroatien	52.0	88%	11.0	80%	10.9	155%	32.4	190%	32.9	82%	12'817	43%
16	Italien	50.0	85%	21.7	159%	11.2	159%	35.2	206%	58.2	146%	34'938	119%
17	Zypern	61.5	104%	12.6	93%	10.1	144%	22.9	134%	33.7	84%	23'541	80%
18	Lettland	61.2	104%	12.7	93%	8.1	115%	16.5	97%	32.5	81%	11'481	39%
19	Litauen	60.6	103%	10.7	79%	6.7	95%	13.1	77%	39.0	98%	8'944	30%
20	Luxemburg	59.2	100%	8.5	62%	5.2	74%	16.5	97%	35.3	88%	56'675	192%
21	Ungarn	56.5	96%	10.0	73%	3.8	54%	10.2	60%	38.3	96%	10'556	36%
22	Malta	56.9	96%	13.5	99%	3.7	53%	9.6	56%	37.6	94%	21'420	73%
23	Niederlande	64.0	108%	16.3	119%	4.3	61%	7.7	45%	40.5	101%	43'188	147%
24	Österreich	61.4	104%	11.0	80%	5.3	75%	9.4	55%	34.9	87%	42'538	144%
25	Polen	56.2	95%	17.9	131%	4.5	64%	14.7	86%	32.3	81%	11'733	40%
26	Portugal	59.0	100%	16.1	118%	8.2	117%	23.5	138%	46.5	116%	16'425	56%
27	Rumänien	54.2	92%	17.4	128%	4.7	67%	21.2	124%	39.6	99%	6'701	23%
28	Slowenien	58.8	100%	11.9	87%	5.8	82%	12.7	74%	45.9	115%	22'341	76%
29	Slowakei	59.9	101%	15.0	110%	7.7	109%	19.5	114%	62.9	157%	12'495	42%
30	Finnland	58.4	99%	12.2	89%	7.6	108%	14.3	84%	25.8	65%	46'813	159%
31	Schweden	65.0	110%	9.5	70%	6.1	87%	14.5	85%	20.6	52%	47'684	162%
32	Vereinigtes Königreich	63.0	107%	14.9	109%	4.2	60%	11.8	69%	25.9	65%	40'784	138%
33	**Mittelwert**	**59.1**	**100%**	**13.7**	**100%**	**7.0**	**100%**	**17.1**	**100%**	**40.0**	**100%**	**29'466**	**100%**

[1] Erwerbspersonen (Erwerbstätige und Erwerbslose) in % der Bevölkerung (15 Jahre und älter)
[2] in % der Erwerbstätigen
[3] Erwerbslose in % der Erwerbsbevölkerung

Statistische Funktionen

Aufgabe 58

Am Qualifikationsverfahren (QV) für den Beruf Kauffrau/Kaufmann müssen Sie zeigen, ob Sie die Ausbildungsziele erreicht haben. Das QV gliedert sich in einen betrieblichen und einen schulischen Teil.

Öffnen Sie die Aufgabe 58. Sie finden je ein Tabellenblatt für das E- und das B-Profil. Verschaffen Sie sich einen Überblick und berechnen Sie anschliessend für ein Profil die Noten aller farbigen Zellen, die noch leer sind.

Beachten Sie bitte Folgendes:

Berechnungen

- Arbeiten Sie immer mit Bezügen.
- Die Schlussnote in Z4 wird wie folgt gewichtet: Die Fachnote in der Zelle X4 zählt zu 50 %, die Fachnoten in den Zellen X8 und X10 zu je 25 %.
- Die Schlussnote für den schulischen Teil ergibt sich aus dem Mittelwert der sieben Fachnoten.

Runden

- Die Mittelwerte der Erfahrungsnoten werden auf eine halbe Note gerundet.
- Die Fach- und Schlussnoten sowie das Gesamtresultat QV werden auf eine Zehntelnote gerundet.

Formatierung

Bei allen Zellen, deren Wert unter 4.0 ist, soll die Note in roter Schrift formatiert sein.

4.5.2 Die Funktionen MIN und MAX

Die Funktion Min

Syntax: =MIN(ZAHL1;ZAHL2;…)

Die Funktion **Min** gibt den kleinsten Wert aus der Argumentenliste zurück. Es sind maximal 255 Argumente möglich. Zusammenhängende Zellbereiche können als ein Argument angegeben werden.

Enthalten die Argumente keine Zahlen, gibt **Min** den Wert 0 zurück.

	A	B	C
1	Monat	Umsatz	
2	Januar	75000	
3	Februar	80000	
4	März	120000	
5	April	66000	
6	Mai	94000	
7	Juni		
8			
9		Ergebnis	Formel
10	Minimum	66000	=MIN(B2:B7)

Minimum

Funktionen

Die Funktion MAX

Syntax: =MAX(ZAHL1;ZAHL2;…)

Die Funktion **Max** gibt den grössten Wert aus der Argumentenliste zurück. Es sind maximal 255 Argumente möglich. Zusammenhängende Zellbereiche können als ein Argument angegeben werden.

Enthalten die Argumente keine Zahlen, gibt **Max** den Wert 0 zurück.

	A	B	C
1	Monat	Umsatz	
2	Januar	75000	
3	Februar	80000	
4	März	120000	
5	April	66000	
6	Mai	94000	
7	Juni		
8			
9		Ergebnis	Formel
10	Maximum	120000	=MAX(B2:B7)

Maximum

Aufgabe 59

Öffnen Sie die Aufgabe 59 (entweder bereits formatiert oder unformatiert). Die Tabelle enthält Witterungsdaten für ausgewählte Wetterstationen der Schweiz.

Berechnen Sie die durchschnittliche, die maximale und die minimale Sonnenscheindauer. Ermitteln Sie zudem die entsprechenden Niederschlagsmengen sowie einen Index, der das Verhältnis zu den Durchschnittswerten aufzeigt.

	A	B	C	D	E	F	G	H
1	Witterung in der Schweiz 2017							
2	Station		H.ü.M.	Sonnenscheindauer		Niederschläge		Luftemperatur (Jahresmittel)	
3			m	h	Index[1]	mm	Index[1]	°C	Index[1]
4	Basel-Binningen		316	1'844	93%	795	74%	11.4	108%
5	Bern / Zollikofen		553	2'006	101%	854	80%	9.6	91%
6	Chur		556	1'771	89%	923	86%	10.6	101%
7	Davos		1'594	1'790	90%	1'193	111%	4.2	40%
8	Genf-Cointrin		420	2'090	105%	693	65%	11.3	108%
9	Locarno-Monti		367	2'461	124%	1'686	157%	13.4	128%
10	Lugano		273	2'416	121%	1'509	141%	13.4	128%
11	Luzern		454	1'706	86%	1'245	116%	10.4	99%
12	Neuenburg		485	1'998	100%	755	70%	11.2	107%
13	Sitten		482	2'231	112%	567	53%	11.3	108%
14	St. Gallen		776	1'751	88%	1'561	145%	9.1	87%
15	Zürich / Fluntern		556	1'828	92%	1'107	103%	10.2	97%
16	Durchschnitt			1'991	100%	1'074	100%	11	100%
17	Minimum			1'706	86%	567	53%	4	40%
18	Maximum			2'461	124%	1'686	157%	13	128%
19	[1] 100 = Durchschnitt aller Stationen					Quelle: Bundesamt für Umwelt, Wald und Landschaft			

Aufgabe 60

Öffnen Sie die Aufgabe 60. Die Tabelle zeigt den Bestand und die Dichte der Ärzte, Zahnärzte und Apotheken nach Kantonen auf. Berechnen Sie den durchschnittlichen, den maximalen und den minimalen Bestand an Ärzten, Zahnärzten und Apotheken je 100 000 Einwohner.

	A	B	C	D	E	F	G	H
1	Bestand und Dichte der Ärzte, Zahnärzte und Apotheken nach Kanton 2017							
2		Ärzte	Zahnärzte	Apotheken	Mittlere Wohn-	Bestand auf 100000 Einwohner		
3					bevölkerung	Ärzte	Zahnärzte	Apotheken
4								
5	Genferseeregion	4'427	779	543	1'621'683	273	48	33
6	Genf	1'934	273	175	492'387	393	55	36
7	Wallis	566	132	123	340'320	166	39	36
8	Waadt	1'927	374	245	788'976	244	47	31
9								
10	Espace Mittelland	3'705	892	348	1'864'223	199	48	19
11	Bern	2'293	553	173	1'028'820	223	54	17
12	Freiburg	451	116	72	313'494	144	37	23
13	Jura	110	17	19	73'206	150	23	26
14	Neuenburg	407	87	57	178'266	228	49	32
15	Solothurn	444	119	27	270'437	164	44	10
16								
17	Nordwestschweiz	2'630	588	251	1'147'038	229	51	22
18	Aargau	1'121	292	129	667'225	168	44	19
19	Basel-Landschaft	682	140	47	286'324	238	49	16
20	Basel-Stadt	827	156	75	193'489	427	81	39
21								
22	Zürich	3'888	857	242	1'496'158	260	57	16
23								
24	Ostschweiz	2'102	601	142	1'166'021	180	52	12
25	Appenzell A. Rh.	97	104	6	55'066	176	189	11
26	Appenzell I. Rh.	22	6	1	16'054	137	37	6
27	Glarus	56	17	2	40'248	139	42	5
28	Graubünden	355	99	43	197'719	180	50	22
29	St. Gallen	983	250	53	503'619	195	50	11
30	Schaffhausen	151	35	13	81'060	186	43	16
31	Thurgau	438	90	24	272'255	161	33	9
32								
33	Zentralschweiz	1'317	407	77	802'681	164	51	10
34	Luzern	697	208	36	404'952	172	51	9
35	Nidwalden	53	20	3	42'763	124	47	7
36	Obwalden	49	21	3	37'477	131	56	8
37	Schwyz	221	74	17	156'582	141	47	11
38	Uri	35	12	2	36'222	97	33	6
39	Zug	262	72	16	124'685	210	58	13
40								
41	Tessin	789	237	197	354'042	223	67	56
42								
43	Schweiz	18'858	4'361	1'800	8'451'846	1'528	374	168
44	Mittelwert					195	53	19
45	Minimum					97	23	5
46	Maximum					427	189	56

Funktionen

4.5.3 Die Funktionen ANZAHL und ANZAHL2

Die Funktion ANZAHL

Syntax =ANZAHL(Wert1;Wert2;…)

Es kann vorkommen, dass Sie die Werte eines bestimmten Datenbereichs zählen wollen. Die Funktion **Anzahl** zählt in einem Datenbereich alle Werte, die **Zahlen** enthalten. Andere Werte, wie Text, werden **nicht** berücksichtigt. Es sind maximal 255 Argumente möglich. Zusammenhängende Zellbereiche können als ein Argument angegeben werden.

	A	B	C
1		CHF 580.00	
2		Umsatz	
3		08.12.2019	
4			
5		19	
6		22,24	
7		WAHR	
8		#DIV/0!	
9			
10		Ergebnis	Formel
11	ANZAHL	3	=ANZAHL(B1:B8)

Anzahl

Die Funktion ANZAHL2

Syntax: =ANZAHL2(Wert1;Wert2;…)

Im Gegensatz zu **Anzahl** zählt **Anzahl2** alle Werte eines Datenbereichs, die irgendwelche Daten enthalten: Text, Zahlen oder auch leerer Text (" "). Leere Zellen werden hingegen nicht berücksichtigt.

Es sind maximal 255 Argumente möglich. Zusammenhängende Zellbereiche können als ein Argument angegeben werden.

	A	B	C
1		CHF 580.00	
2		Umsatz	
3		08.12.2019	
4			
5		19	
6		22,24	
7		WAHR	
8		#DIV/0!	
9			
10		Ergebnis	Formel
11	ANZAHL2	7	=ANZAHL2(B1:B8)

Anzahl2

Aufgabe 61

Öffnen Sie die Aufgabe 61. Auf einer Excel-Tabelle haben die Teilnehmer eines Kurses ihre Menüwahl für das Mittagessen eingetragen. Ermitteln Sie in Zeile 30, wie viele Menüs 1, 2 und 3 Sie bestellen müssen. Formatieren Sie zudem die Tabelle gemäss folgender Vorlage:

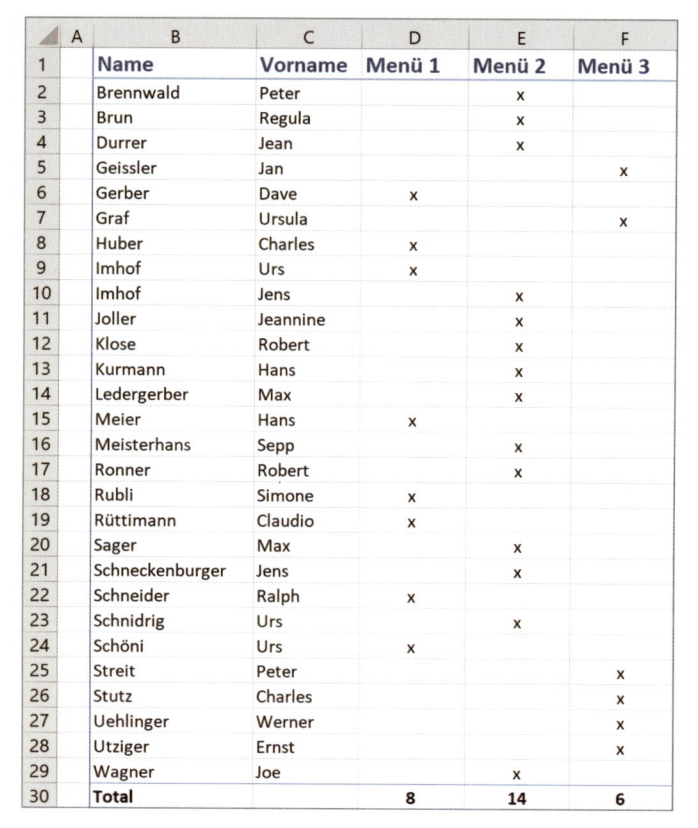

	A	B	C	D	E	F
1		Name	Vorname	Menü 1	Menü 2	Menü 3
2		Brennwald	Peter		x	
3		Brun	Regula		x	
4		Durrer	Jean		x	
5		Geissler	Jan			x
6		Gerber	Dave	x		
7		Graf	Ursula			x
8		Huber	Charles	x		
9		Imhof	Urs	x		
10		Imhof	Jens		x	
11		Joller	Jeannine		x	
12		Klose	Robert		x	
13		Kurmann	Hans		x	
14		Ledergerber	Max		x	
15		Meier	Hans	x		
16		Meisterhans	Sepp		x	
17		Ronner	Robert		x	
18		Rubli	Simone	x		
19		Rüttimann	Claudio	x		
20		Sager	Max		x	
21		Schneckenburger	Jens		x	
22		Schneider	Ralph	x		
23		Schnidrig	Urs		x	
24		Schöni	Urs	x		
25		Streit	Peter			x
26		Stutz	Charles			x
27		Uehlinger	Werner			x
28		Utziger	Ernst			x
29		Wagner	Joe		x	
30		Total		8	14	6

4.5.4 Die Funktionen SUMMEWENN und ZÄHLENWENN

Die Funktion SUMMEWENN

Syntax: =SUMMEWENN(Bereich;Kriterien;Summe_Bereich)

Summewenn addiert Zahlen, die einer bestimmten Bedingung entsprechen.

- **Bereich:** Der Bereich ist der Zellbereich, den Sie auswerten möchten.
- **Kriterien:** Die Kriterien bestimmen, welche Zellen addiert werden sollen.
- **Summe_Bereich:** gibt den Bereich an, in dem sich die tatsächlich zu addierenden Zellen befinden.

Beispiel: Sie haben verschiedene Gebrauchtwagen verkauft. Nun möchten Sie in Zelle F2 ermitteln, wie viel Umsatz Sie mit dem Verkauf von Porsches gemacht haben.

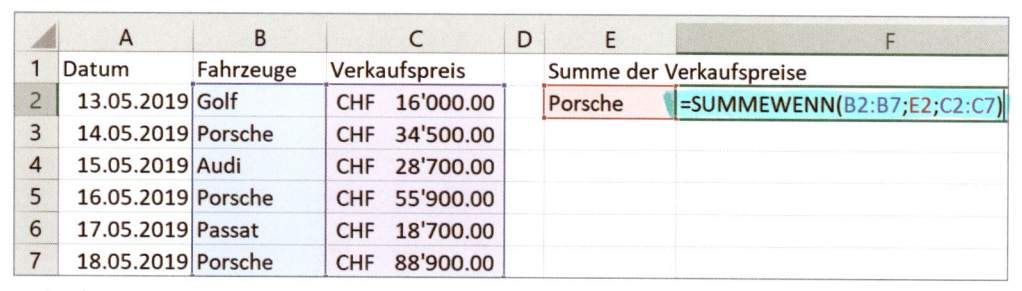

	A	B	C	D	E	F
1	Datum	Fahrzeuge	Verkaufspreis		Summe der Verkaufspreise	
2	13.05.2019	Golf	CHF 16'000.00		Porsche	=SUMMEWENN(B2:B7;E2;C2:C7)
3	14.05.2019	Porsche	CHF 34'500.00			
4	15.05.2019	Audi	CHF 28'700.00			
5	16.05.2019	Porsche	CHF 55'900.00			
6	17.05.2019	Passat	CHF 18'700.00			
7	18.05.2019	Porsche	CHF 88'900.00			

Verkaufspreise mit **SUMMEWENN** ermitteln

Funktionen

Betrachten wir die Formel =SUMMEWENN(B2:B7;E2;C2:C7):

- **B2:B7:** Das ist der Bereich, den Sie auswerten möchten. Darin befindet sich der Suchbegriff.
- **E2:** Das ist das Kriterium; Sie möchten alle Zahlen addieren, die dem Kriterium der Zelle E2 (Porsche) entsprechen. Ebenso gut hätten Sie anstelle von E2 auch "Porsche" (in Anführungs- und Schlusszeichen!) schreiben können.
- **C2:C7:** In diesem Bereich befinden sich die Verkaufspreise, also jene Zahlen, die Sie addieren möchten.

Aufgabe 62

Öffnen Sie die Aufgabe 62. Sie haben auf einer Excel-Tabelle die Barbezüge je Mitarbeiter erfasst. Ermitteln Sie nun in der Spalte F das Total der Barbezüge je Mitarbeiter. Beachten Sie: Wenn Ihre Formel in Zelle G4 optimal ist, können Sie diese bequem bis Zelle G11 ausfüllen!

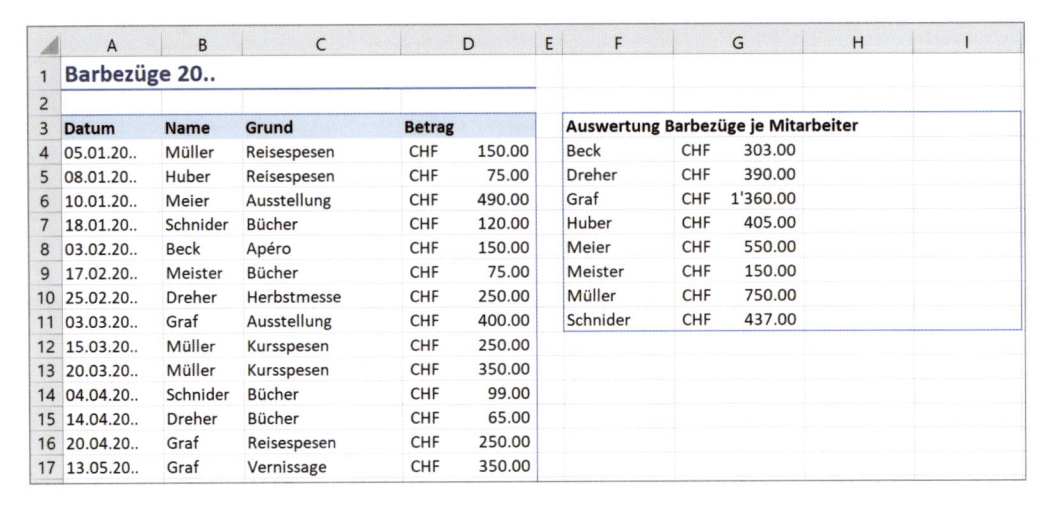

	A	B	C	D	E	F	G
1	Barbezüge 20..						
2							
3	Datum	Name	Grund	Betrag		Auswertung Barbezüge je Mitarbeiter	
4	05.01.20..	Müller	Reisespesen	CHF 150.00		Beck	CHF 303.00
5	08.01.20..	Huber	Reisespesen	CHF 75.00		Dreher	CHF 390.00
6	10.01.20..	Meier	Ausstellung	CHF 490.00		Graf	CHF 1'360.00
7	18.01.20..	Schnider	Bücher	CHF 120.00		Huber	CHF 405.00
8	03.02.20..	Beck	Apéro	CHF 150.00		Meier	CHF 550.00
9	17.02.20..	Meister	Bücher	CHF 75.00		Meister	CHF 150.00
10	25.02.20..	Dreher	Herbstmesse	CHF 250.00		Müller	CHF 750.00
11	03.03.20..	Graf	Ausstellung	CHF 400.00		Schnider	CHF 437.00
12	15.03.20..	Müller	Kursspesen	CHF 250.00			
13	20.03.20..	Müller	Kursspesen	CHF 350.00			
14	04.04.20..	Schnider	Bücher	CHF 99.00			
15	14.04.20..	Dreher	Bücher	CHF 65.00			
16	20.04.20..	Graf	Reisespesen	CHF 250.00			
17	13.05.20..	Graf	Vernissage	CHF 350.00			

Statistische Funktionen

Tipp
Um eine Formel im Funktionsassistenten zu bearbeiten, markieren Sie die entsprechende Zelle und klicken dann auf den Befehl **Funktion einfügen**.

fx

Die Funktion ZÄHLENWENN

Syntax: =ZÄHLENWENN(Bereich;Kriterien)

Zählenwenn zählt die nicht leeren Zellen eines Bereichs, deren Inhalte mit den Suchkriterien übereinstimmen.

- **Bereich:** Das ist der Zellbereich, von dem Sie wissen möchten, wie viele seiner Zellen einen Inhalt haben, der mit den Suchkriterien übereinstimmt.
- **Kriterien:** Die Kriterien bestimmen, welche Zellen gezählt werden sollen.

Beispiel: Sie haben die Monatsumsätze erfasst und möchten wissen, wie oft der Umsatz kleiner als CHF 50 000.– war.

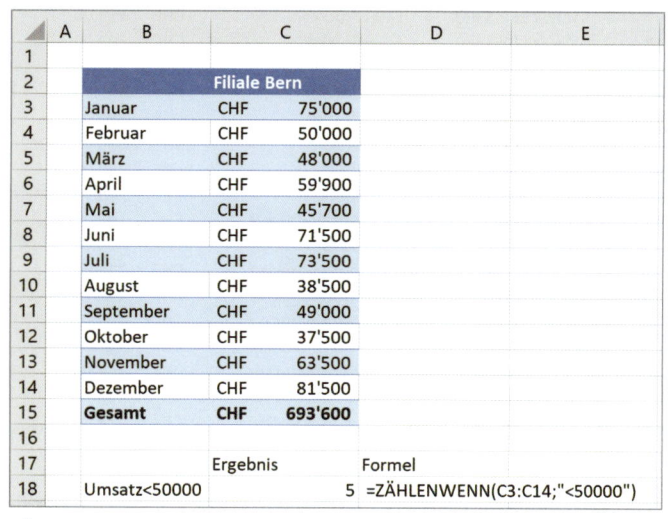

	A	B	C		D	E
1						
2			**Filiale Bern**			
3		Januar	CHF	75'000		
4		Februar	CHF	50'000		
5		März	CHF	48'000		
6		April	CHF	59'900		
7		Mai	CHF	45'700		
8		Juni	CHF	71'500		
9		Juli	CHF	73'500		
10		August	CHF	38'500		
11		September	CHF	49'000		
12		Oktober	CHF	37'500		
13		November	CHF	63'500		
14		Dezember	CHF	81'500		
15		**Gesamt**	**CHF**	**693'600**		
16						
17			Ergebnis		Formel	
18		Umsatz<50000		5	=ZÄHLENWENN(C3:C14;"<50000")	

ZÄHLENWENN

Beachten Sie:

- Wenn Sie als Kriterium keinen Zellbezug, sondern Text oder die Zeichen für grösser als (>) bzw. kleiner als (<) verwenden, müssen Sie das ganze Kriterium zwischen Anführungs- und Schlusszeichen setzen.
- ZÄHLENWENN lässt sich über den Befehl **Funktion Einfügen** bequem ausführen. Sie müssen sich dann nicht um Anführungs- und Schlusszeichen kümmern.

Funktionen

Aufgabe 63

Öffnen Sie die Aufgabe 63. Sie haben auf einer Excel-Tabelle die Druckerverkäufe aufgeführt. Jeder Eintrag entspricht einem verkauften Drucker. Ermitteln Sie in den Zellen G5 und G6, wie viele Laser- und Tintenstrahldrucker Sie verkauft haben. In den Zellen G9 und G10 berechnen Sie die Umsätze für die Laser- und Tintenstrahldrucker. Benützen Sie für Ihre Berechnungen Funktionen.

	A	B	C	D	E	F	G
1		**Druckerverkäufe Mai 20..**					
2							
3		Druckertyp	Druckerart	Preis		Auswertung	
4		Color Lasershot 5200	Laserdrucker	CHF 549.00			**Stückzahl**
5		i-SENSY LBP 2900	Laserdrucker	CHF 169.00		Laserdrucker	11
6		i-SENSY LBP 3000	Laserdrucker	CHF 229.00		Tintenstrahldrucker	9
7		i-SENSY LBP 3300	Laserdrucker	CHF 459.00			
8		i-SENSY LBP 3360	Laserdrucker	CHF 799.00			**Umsätze**
9		i-SENSY LBP 3460	Laserdrucker	CHF 1'790.00		Laserdrucker	CHF 10'142.00
10		i-SENSY LBP 5000	Laserdrucker	CHF 499.00		Tintenstrahldrucker	CHF 1'717.00
11		i-SENSY LBP 5100	Laserdrucker	CHF 999.00			
12		i-SENSY LBP 5300	Laserdrucker	CHF 2'090.00			
13		i-SENSY LBP 5360	Laserdrucker	CHF 2'290.00			
14		Lasershot LBP 3200	Laserdrucker	CHF 269.00			
15		PIXMA iP2500	Tintenstrahldrucker	CHF 89.00			
16		PIXMA iP1700	Tintenstrahldrucker	CHF 79.00			
17		PIXMA iP3300	Tintenstrahldrucker	CHF 119.00			
18		PIXMA iP4300	Tintenstrahldrucker	CHF 159.00			
19		PIXMA iP5300	Tintenstrahldrucker	CHF 269.00			
20		PIXMA iP6210D	Tintenstrahldrucker	CHF 139.00			
21		PIXMA iP6220D	Tintenstrahldrucker	CHF 169.00			
22		PIXMA iP90	Tintenstrahldrucker	CHF 435.00			
23		PIXMA mini 260	Tintenstrahldrucker	CHF 259.00			

4.5.5 Die Funktion RANG

Syntax: =RANG(Zahl;Bezug;Reihenfolge)

Mit der Funktion **Rang** ermitteln Sie, welchen Platz (Rang) eine Zahl innerhalb einer Liste einnimmt.

- **Zahl:** ist die Zahl, deren Rang Sie ermitteln möchten.
- **Bezug:** umfasst den Bereich mit allen Zahlen, die in die Rangberechnung miteinbezogen werden. Nicht numerische Werte bleiben unberücksichtigt. Achtung: Oft muss der Bezug absolut gesetzt werden!
- **Reihenfolge:** Wenn dieses Argument leer bleibt oder eine 0 (Null) enthält, ist die grösste Zahl auf Rang 1. Wenn Sie irgendeine Zahl, z. B. 1, eingeben, ist die kleinste Zahl auf Rang 1.

Beispiel: Die folgenden Personen haben bei einem Wettbewerb eine gewisse Punktzahl erzielt. Ermitteln Sie in Spalte D den Rang.

	A	B	C	D
1	Name	Vorname	Total	Rang
2	Hübscher	Vreni	85	
3	Werner	Max	82	
4	Affentranger	Werner	75	
5	Huber	Xaver	77	
6	Meier	Fritz	72	

Statistische Funktionen

1. Setzen Sie den Cursor in die Zelle D2.
2. Rufen Sie den Befehl **Funktion einfügen** auf.
3. Suchen Sie die Funktion RANG.
4. Klicken Sie die Zelle C2 an.
5. Setzen Sie den Cursor in das Feld **Bezug**.
6. Markieren Sie die Zellen C2:C6 und drücken Sie F4, um den Bezug absolut zu setzen. Der Bereich C2:C6 bleibt ja unverändert.
7. Lassen Sie das Feld **Reihenfolge** leer, damit derjenige mit der höchsten Punktzahl `Sieger ist.
8. Betätigen Sie **OK** und kopieren Sie die Formel bis zur Zelle D6.

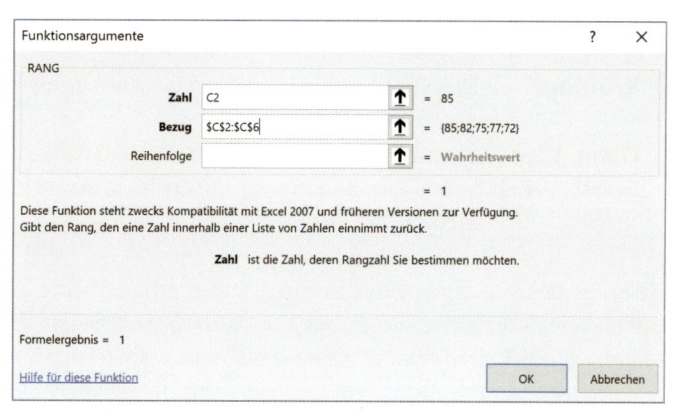

Tipp

Manchmal weiss man zwar noch den Namen der Funktion, aber nicht mehr die genaue Zahl oder Reihenfolge der Argumente. Geben Sie in diesem Fall einfach ein Gleichheitszeichen und dann den Funktionsnamen ein. Drücken Sie anschliessend die Tastenkombination Ctrl+a. Dadurch öffnet sich das Fenster **Funktion einfügen** an der richtigen Stelle. So können Sie auf einen Blick erkennen, welche Argumente für die gewählte Funktion nötig sind.

Rang-Funktion

Gerade bei der Rangfunktion erleichtert uns der Befehl **Funktion einfügen** die Arbeit wesentlich.

Aufgabe 64

Öffnen Sie die Aufgabe 64 und betrachten Sie die Tabelle. Ihre Aufgabe ist es, die Rangliste eines Golfturniers zu erstellen. Zu jedem Teilnehmer sind die Schläge je Loch aufgeführt (L1:L18). Das Handicap zeigt, wie viele Freischläge ein Golfer hat. Je tiefer das Handicap, desto stärker ist der Golfer.

	A	B	C	D	E	F	G	H	I	J	K	L	M	N	O	P	Q	R	S	T	U	V	W	X	Y	Z
1	Nr	Nachname	Vorname	Club	Handicap	L1	L2	L3	L4	L5	L6	L7	L8	L9	L10	L11	L12	L13	L14	L15	L16	L17	L18	Schläge	Total	Rang
2	1	Schuster	Helmut	Golf-Club Lipperswil	12	9	4	10	5	7	7	8	4	6	9	5	6	6	6	8	5	7	3	115	103	52
3	2	Meier	Daniel	Golf-Club Matterhorn	3	6	4	6	3	5	4	5	3	7	6	4	5	6	3	4	5	3	83	80	17
4	3	Huber	Christoph	Golf-Club St. Moritz	30	9	9	10	6	8	4	6	6	6	5	7	9	3	4	9	6	7	3	117	87	33
5	4	Hegetschwiler	Christian	Golf-Club Klosters	31	9	5	10	6	3	4	5	3	4	6	7	9	4	4	4	9	6	5	103	72	5
6	5	Schumacher	Balz	Golf-Club Bubikon	29	8	8	9	10	7	5	4	7	8	8	11	9	4	4	6	6	7	9	130	101	50
7	6	Pfäffli	Rahel	Golf-Club Experience Intern.	28	9	8	8	5	3	8	7	4	6	5	9	7	6	6	5	6	5	6	113	85	28
8	7	Joller	Daniela	Alumni Golf-Club	14	9	6	9	4	3	5	7	6	7	5	8	8	5	7	4	5	6	7	111	97	49

1. Berechnen Sie in der Spalte **Schläge** das Total der Schläge (Total aus L1:L18).
2. Berechnen Sie in der Spalte **Total** das Ergebnis für jeden Spieler (Total Schläge abzüglich Handicap).
3. Ermitteln Sie in der Spalte **Rang** für jeden Spieler den Rang. Wer die tiefste Punktzahl hat, ist Sieger.

Wer hat das Turnier gewonnen?

Funktionen

4.6 Logische Funktionen

In diesem Kapitel lernen Sie, Excel mitzuteilen, etwas zu tun, wenn eine bestimmte Bedingung erfüllt ist.

4.6.1 Die Funktion WENN

Syntax: =WENN(PRÜFUNG;DANN_WERT;SONST_WERT)

Die Funktion **Wenn** prüft, ob eine bestimmte Bedingung erfüllt ist, und führt abhängig vom Ergebnis dieser Prüfung eine Aktion aus.

- **Prüfung:** Das Ergebnis einer Prüfung wird mit den Wahrheitswerten Wahr und Falsch ausgedrückt.
- **Dann_Wert:** Wenn die Bedingung **wahr** ist, wird das Argument **Dann_Wert** ausgeführt.
- **Sonst_Wert:** Wenn die Bedingung **falsch** ist, also nicht zutrifft, wird der **Sonst_Wert** ausgeführt.

Beispiel: Die Verkäufer eines Unternehmens erhalten eine Leistungsprämie von CHF 1000.–, wenn sie einen Umsatz von über CHF 100 000.– erzielen. Erreichen sie dieses Ziel nicht, erhalten sie die Rückmeldung, dass sie sich mehr anstrengen müssen.
Schematisch lässt sich das Problem wie folgt darstellen:

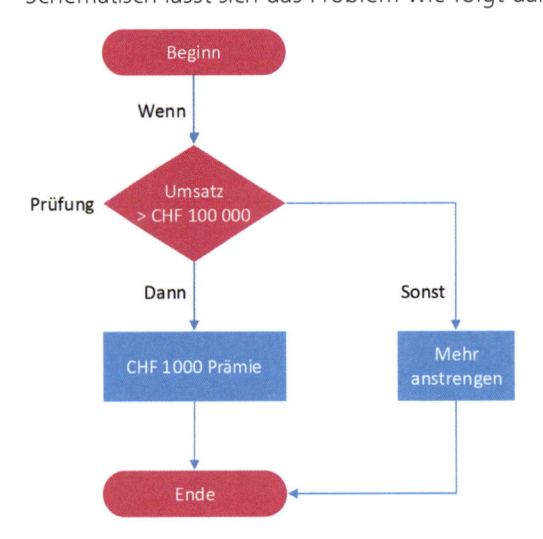

Die Umsetzung in Excel sieht so aus:

	A	B	C	D
1	**Verkäufer**	**Umsatz**	**Ergebnis**	**Formel**
2	Meier	113000	1000	=WENN(B2>100000;1000;"Mehr anstrengen!")
3	Müller	100000	Mehr anstrengen!	=WENN(B3>100000;1000;"Mehr anstrengen!")
4	Muster	87000	Mehr anstrengen!	=WENN(B4>100000;1000;"Mehr anstrengen!")

WENN-Funktion

Beachten Sie:

- Die Wörter **dann** und **sonst** werden nie geschrieben!
- Wird als Wert ein Text in die Zelle geschrieben, muss dieser in Anführungszeichen gesetzt werden ("Mehr anstrengen!").
- Soll eine Zelle leer bleiben, nachdem eine Bedingung erfüllt wurde, setzt man zwei Anführungszeichen (" ").

4.6.2 Verschachteltes WENN

Syntax: =WENN(PRÜFUNG;DANN_WERT;WENN(PRÜFUNG;DANN_WERT; SONST_WERT))

Von einem verschachtelten Wenn spricht man, wenn mehrere Wennfunktionen in einer Formel vorkommen.

Von links nach rechts werden mehrere Bedingungen geprüft; trifft eine Bedingung zu, wird der Dann_Wert ausgeführt. Trifft gar keine Bedingung zu, wird der Sonst_Wert ausgeführt.

Beispiel: Sie haben vier Vertreter. Diese erhalten eine Provision, die vom Umsatz abhängig ist.

- Wenn der Umsatz **kleiner als CHF 10 000.–** ist, erhalten sie **keine Provison**.
- Wenn der Umsatz **kleiner als CHF 15 000.–** ist, erhalten sie **3 % Provision**.
- Wenn der Umsatz **grösser als CHF 15 000.–** ist, erhalten sie **6 % Provision**.

Die Provision misst sich am Umsatz.
Schematisch lässt sich das so darstellen:

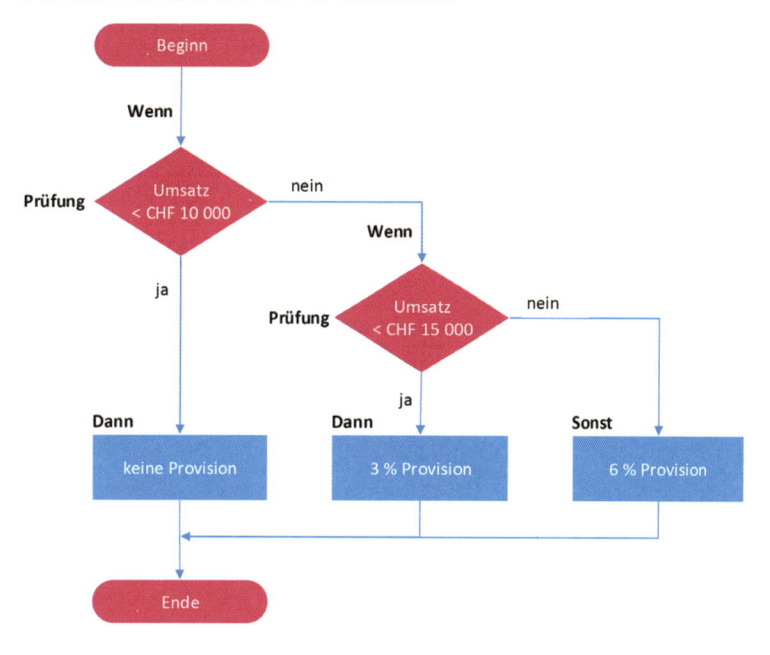

In Excel sieht das wie folgt aus:

	A	B	C		D
1	Verkäufer	Umsatz	Ergebnis		Formel
2	Huber	CHF 9'000.00	CHF	-	=WENN(B2<10000;0;WENN(B2<15000;3%*B2;6%*B2))
3	Müller	CHF 12'000.00	CHF	360.00	=WENN(B3<10000;0;WENN(B3<15000;3%*B3;6%*B3))
4	Eberhard	CHF 15'000.00	CHF	900.00	=WENN(B4<10000;0;WENN(B4<15000;3%*B4;6%*B4))
5	Känzig	CHF 20'000.00	CHF	1'200.00	=WENN(B5<10000;0;WENN(B5<15000;3%*B5;6%*B5))

Formel mit zwei WENN-Funktionen

Würden Sie anstelle der Null für **keine Provision** zwei Anführungszeichen setzen, bliebe die Zelle leer. Nicht einmal das Währungssymbol würde angezeigt.

Funktionen

Aufgabe 65

Um Ihre Ausgaben unter Kontrolle zu haben, führen Sie ein Haushaltsbuch, in dem Sie alle Ausgaben nach Kategorien erfassen (Spalten A bis C).

1. Öffnen Sie die Aufgabe 65.
2. Weisen Sie der Spalte A das richtige Format zu.
3. Gestalten Sie die Tabelle so, dass die Beträge der Spalte C jeweils in die richtigen Zellen der Spalten D bis I eingetragen werden. Mit andern Worten: Schreiben Sie in die Zelle D4 eine Formel, die Folgendes bewirkt: Wenn in der Zelle B4 **Haushalt** steht, soll der Betrag von Zelle C4 in die Zelle D4 geschrieben werden. Wenn Ihre Formel in D4 optimal ist, können Sie sie bis zur Zelle I17 ausfüllen, und alle Beträge werden automatisch in die richtigen Zellen geschrieben. Überlegen Sie sich also, wie die Bezüge sein müssen (relativ, absolut oder gemischt).
4. Bilden Sie die Totale.

	A	B	C	D	E	F	G	H	I
1	**Haushaltsbuch**								
2									
3	Datum	Kategorie	Betrag	Haushalt	Kleidung	Wohnen	Auto	Freizeit	Sonstiges
4	05.12.2018	Haushalt	CHF 98.60	CHF 98.60					
5	06.12.2018	Kleidung	CHF 92.50		CHF 92.50				
6	07.12.2018	Haushalt	CHF 61.75	CHF 61.75					
7	08.12.2018	Sonstiges	CHF 4.25						CHF 4.25
8	09.12.2018	Auto	CHF 82.00				CHF 82.00		
9	10.12.2018	Sonstiges	CHF 57.00						CHF 57.00
10	11.12.2018	Haushalt	CHF 96.15	CHF 96.15					
11	12.12.2018	Freizeit	CHF 30.00					CHF 30.00	
12	13.12.2018	Wohnen	CHF 210.00			CHF 210.00			
13	14.12.2018	Haushalt	CHF 36.95	CHF 36.95					
14	15.12.2018	Freizeit	CHF 72.50					CHF 72.50	
15	16.12.2018	Sonstiges	CHF 16.75						CHF 16.75
16	17.12.2018	Auto	CHF 64.00				CHF 64.00		
17	18.12.2018	Wohnen	CHF 1'235.00			CHF 1'235.00			
18									
19	Total		CHF 2'157.45	CHF 293.45	CHF 92.50	CHF 1'445.00	CHF 146.00	CHF 102.50	CHF 78.00

Logische Funktionen

Aufgabe 66

Öffnen Sie die Aufgabe 66 und vervollständigen Sie die Notenliste.
Die Formel für die Berechnung der Noten in Spalte C lautet:

$$5 \cdot \frac{\text{erreichte Punktzahl}}{\text{maximal mögliche Punktzahl}} + 1$$

- In Spalte D werden die Noten auf eine Dezimale gerundet.
- In Spalte E wird auf halbe Noten gerundet.
- Wenn die halbe Note in Spalte E bei 4.0 oder höher liegt, steht in Spalte F «bestanden», andernfalls «nicht bestanden».
- Wenn die halbe Note in Spalte E aufgerundet wurde, steht in Spalte G «aufgerundet», andernfalls «abgerundet».

*handschriftliche Notiz über Spalte E: =Runden(C5*2;0)/2*

	A	B	C	D	E	F	G
1	**Notenliste**						
2							
3	**Maximale Punktzahl:**	90					
4	Name	Punkte	Note ungerundet	Note 1/10	Note 1/2	Promotion	Rundung
5	Huber Florian	80	5.44	5.4	5.5	bestanden	aufgerundet
6	Müller Franziska	33	2.83	2.8	3.0	nicht bestanden	aufgerundet
7	Meier Judith	35	2.94	2.9	3.0	nicht bestanden	aufgerundet
8	Roth Andrea	22	2.22	2.2	2.0	nicht bestanden	abgerundet
9	Kälin Olivia	76	5.22	5.2	5.0	bestanden	abgerundet
10	Schumacher Sandra	24	2.33	2.3	2.5	nicht bestanden	aufgerundet
11	Graf Pirmin	78	5.33	5.3	5.5	bestanden	aufgerundet
12	Arnet Bruno	86	5.78	5.8	6.0	bestanden	aufgerundet
13	Bieri Beat	31	2.72	2.7	2.5	nicht bestanden	abgerundet
14	Bürgi Sandro	90	6.00	6.0	6.0	bestanden	abgerundet
15	Henseler Kevin	57	4.17	4.2	4.0	bestanden	abgerundet
16	Furrer Anita	60	4.33	4.3	4.5	bestanden	aufgerundet
17	Fallegger Larissa	58	4.22	4.2	4.0	bestanden	abgerundet
18	Kuster Evi	77	5.28	5.3	5.5	bestanden	aufgerundet
19	Niederberger Heinz	13	1.72	1.7	1.5	nicht bestanden	abgerundet
20	Amsler Kuno	41	3.28	3.3	3.5	nicht bestanden	aufgerundet
21	Schoch Chris	77	5.28	5.3	5.5	bestanden	aufgerundet
22	Weder Max	86	5.78	5.8	6.0	bestanden	aufgerundet
23	**Mittelwert**	57	4.16	4.15	4.19		

Funktionen

Aufgabe 67

Tabellenblatt Klima

Öffnen Sie die Aufgabe 67. Ordnen Sie die Messstationen gemäss folgenden Regeln einer Niederschlags- und einer Temperaturzone zu:

Liegt die Niederschlagsmenge unter dem Durchschnitt, gilt die Zone als «Trocken», andernfalls als «Feucht».

Liegt das Jahresmittel der Lufttemperatur über dem Durchschnitt, gilt die Zone als «Warm», andernfalls als «Kalt».

	A	B	C	D	E	F
1	**Witterung in der Schweiz 2017**					
2	Station	H.ü.M.	Niederschläge	Luftemperatur (Jahresmittel)	Niederschlags-zone	Temperatur-zone
3		m	mm	°C		
4	Basel-Binningen	316	765	11.4	Trocken	Warm
5	Bern / Zollikofen	553	854	9.6	Trocken	Kalt
6	Chur	556	923	10.6	Trocken	Warm
7	Davos	1'594	1'193	4.2	Feucht	Kalt
8	Genf-Cointrin	420	693	11.3	Trocken	Warm
9	Locarno-Monti	367	1'686	13.4	Feucht	Warm
10	Lugano	273	1'509	13.4	Feucht	Warm
11	Luzern	454	1'245	10.4	Feucht	Kalt
12	Neuenburg	485	755	11.2	Trocken	Warm
13	Sitten	482	567	11.3	Trocken	Warm
14	St. Gallen	776	1'561	9.1	Feucht	Kalt
15	Zürich / Fluntern	556	1'107	10.2	Feucht	Kalt
16	**Durchschnitt**		1'072	10.5		

Tabellenblatt Radar

Halten Sie die Geschwindigkeitsüberschreitungen fest und berechnen Sie die Bussgelder nach folgender Regel: Ab einem Toleranzwert von 3 km/h beträgt die Busse CHF 10.– pro Stundenkilometer Geschwindigkeitsüberschreitung.

	A	B	C	D
1	Geschwindigkeitslimite:			50 km/h
2	Toleranzwert:			3 km/h
3	Führerscheinentzug ab:			15 km/h
4	Kennzeichen	Geschwindigkeit	Überschreitung	Busse
5	86468	52 km/h	Ja	CHF -
6	8534	54 km/h	Ja	CHF 40.00
7	89355	68 km/h	Ja	CHF 180.00
8	380873	48 km/h	Nein	CHF -
9	486091	64 km/h	Ja	CHF 140.00
10	113012	81 km/h	Ja	CHF 310.00
11	486033	57 km/h	Ja	CHF 70.00
12	12327	37 km/h	Nein	CHF -

Tabellenblatt Entzug

Wenn die Geschwindigkeitsüberschreitung nach Abzug des Toleranzwerts von 3 km/h über 15 km/h liegt, wird zusätzlich zur Busse der Führerschein entzogen. Halten Sie diesen Sachverhalt in einer zusätzlichen Spalte fest.

	A	B	C	D		E
1	Geschwindigkeitslimite:					50 km/h
2	Toleranzwert:					3 km/h
3	Führerscheinentzug ab:					15 km/h
4	Kennzeichen	Geschwindigkeit	Überschreitung	Busse		Strafe
5	86468	52 km/h	Ja	CHF	-	-
6	8534	54 km/h	Ja	CHF	40.00	nur Busse
7	89355	68 km/h	Ja	CHF	180.00	nur Busse
8	380873	48 km/h	Nein	CHF	-	-
9	486091	64 km/h	Ja	CHF	140.00	nur Busse
10	113012	81 km/h	Ja	CHF	310.00	zusätzlich Führerscheinentzug
11	486033	57 km/h	Ja	CHF	70.00	nur Busse
12	12327	37 km/h	Nein	CHF	-	-

Aufgabe 68

Ein Unternehmen zahlt seinen Aussendienstmitarbeitern einen Grundlohn sowie eine Provision in Prozenten des erzielten Umsatzes. Massgebend für die Höhe der Provision ist der Durchschnittswert des Umsatzes aller Mitarbeitenden.

Bei einem Umsatz, der unter diesem Durchschnittswert liegt, erhält ein Mitarbeiter 2,5 % Provision. Bei einem Umsatz, der grösser oder gleich diesem Durchschnittswert ist, beträgt der Provisionssatz 5 %.

1. Öffnen Sie die Aufgabe 68 (entweder bereits formatiert oder unformatiert).
2. Bestimmen Sie den Provisionssatz in Abhängigkeit vom durchschnittlich erzielten Umsatz und berechnen Sie die Provision.
3. Runden Sie den Provisionsbetrag auf 5 Rappen und berechnen Sie anschliessend den Bruttolohn der einzelnen Mitarbeiter.
4. Bilden Sie die Totale.

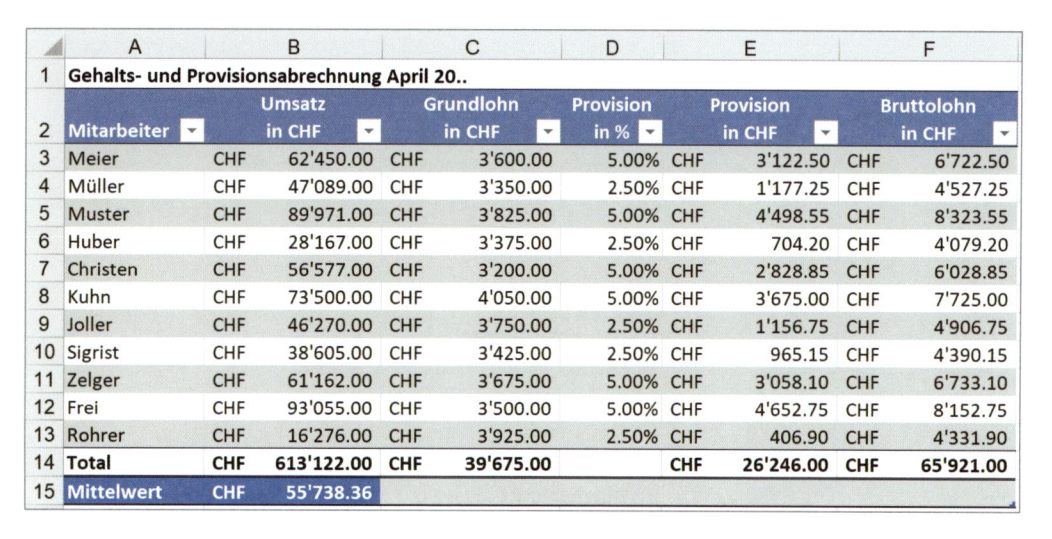

	A	B	C	D	E	F
1	Gehalts- und Provisionsabrechnung April 20..					
2	Mitarbeiter	Umsatz in CHF		Grundlohn in CHF	Provision in %	Provision in CHF	Bruttolohn in CHF
3	Meier	CHF	62'450.00	CHF 3'600.00	5.00%	CHF 3'122.50	CHF 6'722.50
4	Müller	CHF	47'089.00	CHF 3'350.00	2.50%	CHF 1'177.25	CHF 4'527.25
5	Muster	CHF	89'971.00	CHF 3'825.00	5.00%	CHF 4'498.55	CHF 8'323.55
6	Huber	CHF	28'167.00	CHF 3'375.00	2.50%	CHF 704.20	CHF 4'079.20
7	Christen	CHF	56'577.00	CHF 3'200.00	5.00%	CHF 2'828.85	CHF 6'028.85
8	Kuhn	CHF	73'500.00	CHF 4'050.00	5.00%	CHF 3'675.00	CHF 7'725.00
9	Joller	CHF	46'270.00	CHF 3'750.00	2.50%	CHF 1'156.75	CHF 4'906.75
10	Sigrist	CHF	38'605.00	CHF 3'425.00	2.50%	CHF 965.15	CHF 4'390.15
11	Zelger	CHF	61'162.00	CHF 3'675.00	5.00%	CHF 3'058.10	CHF 6'733.10
12	Frei	CHF	93'055.00	CHF 3'500.00	5.00%	CHF 4'652.75	CHF 8'152.75
13	Rohrer	CHF	16'276.00	CHF 3'925.00	2.50%	CHF 406.90	CHF 4'331.90
14	Total	CHF	613'122.00	CHF 39'675.00		CHF 26'246.00	CHF 65'921.00
15	Mittelwert	CHF	55'738.36				

Funktionen

Aufgabe 69

Die folgende Spesenabrechnung enthält in der Spalte D Beträge in USD, EUR oder CHF. Öffnen Sie die Aufgabe 69.

	A	B	C	D	E	F
1	**Spesenabrechnung**				Währung	Kurs (CHF)
2					USD	1.05
3					EUR	1.25
4						
5						
6	Datum	Spesenart		Währung	Betrag	Betrag CHF
7						auf 5 Rp.
8	15.02.2019	Übernachtung Hotel Kronenhof		USD	211.50	222.08	222.10
9	16.02.2019	Übernachtung Hotel Hilton		USD	211.50	222.08	222.10
10	17.02.2019	Mittagessen mit Kunde Weber		EUR	164.00	205.00	205.00
11	18.02.2019	Kundenbesuch in Bern		CHF	78.50	78.50	78.50
12	19.02.2019	Mittagessen Bad Osterfingen		EUR	111.20	139.00	139.00
13	20.02.2019	Mittagessen in Zürich		CHF	120.00	120.00	120.00
14	21.02.2019	Kleines Kundenpräsent		EUR	15.00	18.75	18.75
15	22.02.2019	Übernachtung in London		USD	175.20	183.96	183.95
16	23.02.2019	Übernachtung Hotel Central Park		USD	205.30	215.57	215.55
17	24.02.2019	Abendessen mit Kunde Müller		EUR	120.00	150.00	150.00
18	25.02.2019	Bahnfahrt nach Basel		CHF	65.00	65.00	65.00
19	26.02.2019	Übernachtung in Murten		CHF	130.00	130.00	130.00
20	27.02.2019	Benzinspesen		CHF	120.00	120.00	120.00

1. Ermitteln Sie in der Spalte E die Beträge in CHF, indem Sie in die Zelle E8 eine Formel schreiben, die Sie bis zur Zelle E20 ausfüllen können.
2. Runden Sie in Spalte F die Beträge der Spalte E auf 5 Rappen.

4.6.3 Die Funktionen UND und ODER

Die Funktion UND

Die Funktion UND wird häufig mit der Funktion WENN kombiniert. Man braucht UND, um zu prüfen, ob zwei oder mehrere Bedingungen zutreffen oder, wie man auch sagt, «wahr» sind.

Nehmen wir an, jemand habe an einer Abschlussprüfung die unten stehenden Noten erzielt. Die Prüfung gilt als bestanden, wenn der Durchschnitt mindestens 4,0 und die Note der Diplomarbeit mindestens 4,0 beträgt. Es müssen also zwei Bedingungen erfüllt sein. Ist die Prüfung bestanden, soll in der Zelle B8 «Bestanden» stehen, sonst «Nicht bestanden».

	A	B
1	Rechnungswesen	4.50
2	Englisch	5.00
3	Französisch	4.50
4	Steuerrecht	5.00
5	Diplomarbeit	4.00
6	**Durchschnitt**	**4.60**
7		
8	Entscheid:	

Die UND-Funktion

Logische Funktionen

Die Formel in Zelle B8 lautet:

=WENN(UND(B6>=4;B5>=4);"Bestanden";"Nicht bestanden")

Erläuterung:

- Mit der WENN-Funktion wird geprüft, ob B6 grösser oder gleich 4 ist.
- Mit der UND-Funktion wird geprüft, ob B5 grösser oder gleich 4 ist.
- Treffen beide Bedingungen zu, erscheint «Bestanden», sonst «Nicht bestanden».

Wie müsste die Formel lauten, wenn auch im Fach Steuerrecht mindestens eine 4,0 erreicht werden müsste, um die Prüfung zu bestehen?

=WENN(UND(B6>=4;B5>=4;B4>=4);"Bestanden";"Nicht bestanden")

Sie sehen: Mit der Funktion UND lassen sich auch mehrere Bedingungen verknüpfen.

Der allgemeine Formelaufbau (Syntax) lautet: UND(Wahrheitswert1;Wahrheitswert2;…)

Aufgabe 70

Öffnen Sie die Aufgabe 70. Die Kunden erhalten eine Prämie von CHF 500, wenn ihre Bestellmenge grösser als 1000 ist und sie zur Kategorie A gehören. Schreiben Sie in die Zelle D4 die entsprechende Formel.

	A	B	C	D
1	**Prämien 2019**			
2				
3	**Kunde**	**Bestellmenge**	**Kategorie**	**Prämie**
4	Affentranger	1100	C	CHF -
5	Huber	1001	A	CHF 500.00
6	Jordan	875	B	CHF -
7	Kunz	999	C	CHF -
8	Kurz	905	B	CHF -
9	Müller	1500	A	CHF 500.00
10	Näf	1450	A	CHF 500.00
11	Schneider	1350	B	CHF -

Die Funktion ODER

Wollen Sie mehrere Bedingungen überprüfen, von denen **eine** wahr sein soll, verwenden Sie die Funktion ODER. Im Alltag entscheiden wir oft aufgrund von ODER-Bedingungen, zum Beispiel: Wenn es regnet **oder** schneit, dann nehme ich den Bus, sonst den Roller.

Aufgabe 71

Versuchen Sie selbst herauszufinden, wie Sie diese Funktion anwenden können. Informieren Sie sich im Internet. Tipp: In Youtube finden Sie Filme, in denen Ihnen die Funktion Schritt für Schritt erklärt wird. Notieren Sie sich den Aufbau der Formel.

Öffnen Sie anschliessend die Aufgabe 71 und lösen Sie sie.

Funktionen

4.6.4 Die Funktionen SVERWEIS und WVERWEIS

Die Funktion SVERWEIS

Syntax: =SVERWEIS(Suchkriterium;Matrix;Spaltenindex;[Bereich_Verweis])

Stellen Sie sich folgende Situation vor: Sie haben verschiedene Vertreter, die umsatzabhängig eine Provision erhalten. Je grösser ihr Umsatz ist, desto mehr Provision bekommen sie. Berechnungen dieser Art sind kaum mehr mit der WENN-Funktion zu lösen, weil sie von zu vielen Bedingungen abhängig sind.

Aufgabe 72

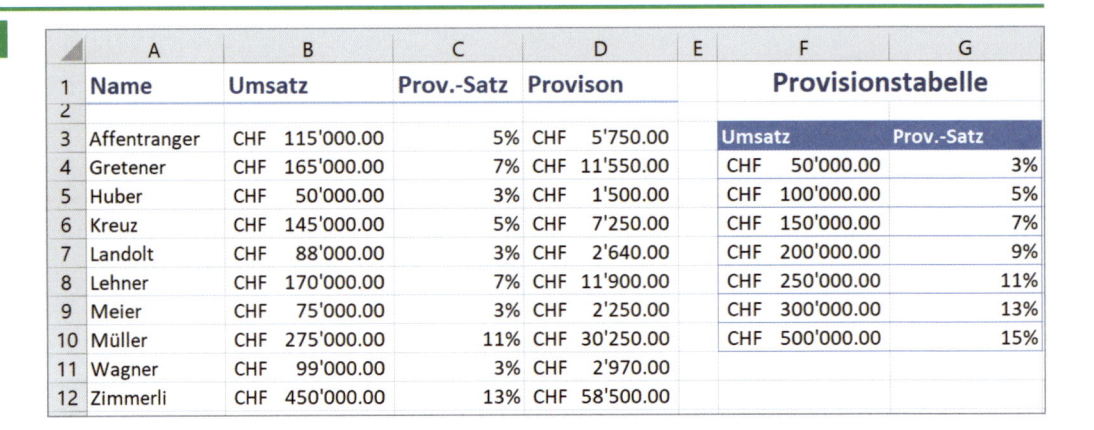

	A	B	C	D	E	F	G
1	Name	Umsatz	Prov.-Satz	Provison		**Provisionstabelle**	
2							
3	Affentranger	CHF 115'000.00	5%	CHF 5'750.00		**Umsatz**	**Prov.-Satz**
4	Gretener	CHF 165'000.00	7%	CHF 11'550.00		CHF 50'000.00	3%
5	Huber	CHF 50'000.00	3%	CHF 1'500.00		CHF 100'000.00	5%
6	Kreuz	CHF 145'000.00	5%	CHF 7'250.00		CHF 150'000.00	7%
7	Landolt	CHF 88'000.00	3%	CHF 2'640.00		CHF 200'000.00	9%
8	Lehner	CHF 170'000.00	7%	CHF 11'900.00		CHF 250'000.00	11%
9	Meier	CHF 75'000.00	3%	CHF 2'250.00		CHF 300'000.00	13%
10	Müller	CHF 275'000.00	11%	CHF 30'250.00		CHF 500'000.00	15%
11	Wagner	CHF 99'000.00	3%	CHF 2'970.00			
12	Zimmerli	CHF 450'000.00	13%	CHF 58'500.00			

Öffnen Sie die Aufgabe 72. Aufgrund des Umsatzes in der Spalte B soll der entsprechende Provisionssatz aus der Spalte G automatisch in die Spalte C übertragen werden.

Beispiel: Der Vertreter Affentranger hat einen Umsatz von CHF 115 000.– erzielt. Betrachten wir die Provisionstabelle, liegt dieser Umsatz zwischen CHF 100 000.– und CHF 150 000.–. Dies entspricht einem Provisionssatz von 5 %, da bei Zwischenwerten der nächstkleinere Provisionssatz ausbezahlt wird. Mit einer Formel in der Zelle C3 wollen wir erreichen, dass dieser Provisionssatz automatisch aus der Provisionstabelle ausgelesen und in die Zelle C3 eingesetzt wird.

Logische Funktionen

Für die Zelle C3 gilt folgende Formel:
=SVERWEIS(B3;$F$4:$G$10;2)

Erläuterung:

Partikel	Bedeutung
=SVERWEIS	Das ist der **Name der Funktion**. «S» steht für «Senkrecht» oder «Spalte». Der auszulesende Wert steht in einer Spalte, nämlich in der Spalte G.
B3	Das ist unser **Suchkriterium**, denn wir möchten ja den Provisionssatz für die Zelle B3 ermitteln. Das Suchkriterium muss sich immer in der ersten Spalte des Zellbereichs befinden, den Sie als Matrix angeben.
$F$4:$G$10	Das ist die **Matrix**, der Zellbereich, in dem SVERWEIS nach dem Suchkriterium und dem Rückgabewert (in unserem Beispiel Prov.-Satz) sucht. In unserem Beispiel besteht der Zellbereich aus zwei Spalten. Die Zellbezüge dürfen sich durch das Ausfüllen nicht verändern; wir setzen sie daher absolut.
2	Das ist der **Spaltenindex**. Der Rückgabewert befindet sich in der **zweiten** Spalte unserer Matrix.
WAHR	WAHR ist das Argument **Bereich_Verweis**. WAHR steht für eine **ungefähre** Übereinstimmung; das trifft in unserem Beispiel zu. Die Umsätze der Vertreter entsprechen nicht genau den Umsätzen in der Provisionstabelle. Bei Zwischenwerten wird der nächstkleinere Provisionssatz ausgelesen. Wichtig ist, dass die Umsätze aufsteigend sortiert sind. Wenn man dieses Argument in der Formel weglässt, wird automatisch der Wert WAHR verwendet.
FALSCH	FALSCH müssten wir hingegen wählen, wenn das Suchkriterium exakt mit dem Wert in der Matrix übereinstimmen müsste. FALSCH wählt man beispielsweise dann, wenn das Suchkriterium eine Artikelnummer ist.

Aufgabe 73

Öffnen Sie die Aufgabe 73. Ermitteln Sie in der Tabelle Provisionssatz und Provision der einzelnen Mitarbeitenden mithilfe der Funktion SVERWEIS. Lösen Sie die Aufgabe mithilfe von Bereichsnamen. Verwenden Sie für den Namensbereich der Provision **A1:D11** den Namen **tblProvisionsBerechnung** und für Provisionen **F1:G9** den Namen **tblProvisionsTabelle**.

Aufgabe 74

Öffnen Sie die Aufgabe 74. In der Tabelle **KVE D** sind die Lernenden mit der Punktzahl, die sie in einer Notenarbeit erreicht haben, aufgeführt. Ihre Aufgabe ist es, die Note für jeden Lernenden zu ermitteln. Die Notenskala finden Sie in der Tabelle **Notenskala**.

Funktionen

Die Funktion WVERWEIS

Bei der Funktion **SVERWEIS** stehen die auszulesenden Werte in einer Spalte. Die Funktion **WVERWEIS** wenden wir an, wenn die auszulesenden Werte in einer Zeile, also waagrecht, stehen. Das «W» steht für waagrecht. Die Funktion führt somit eine waagrechte Suche durch.

Beispiel: Aufgrund des erzielten Umsatzes in **Zelle B6** soll der richtige Provisionssatz aus der Zeile 3 ausgelesen und in die **Zelle B7** eingetragen werden.

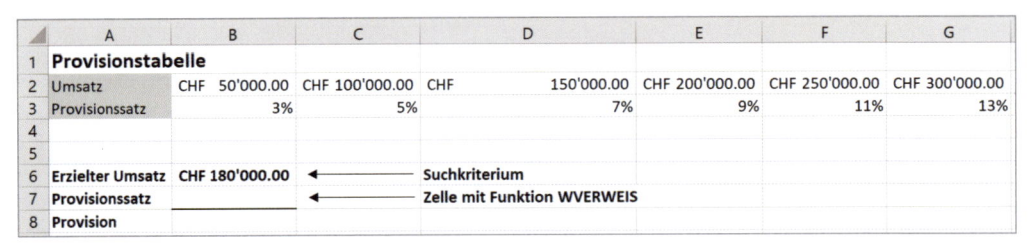

	A	B	C	D	E	F	G
1	**Provisionstabelle**						
2	Umsatz	CHF 50'000.00	CHF 100'000.00	CHF 150'000.00	CHF 200'000.00	CHF 250'000.00	CHF 300'000.00
3	Provisionssatz	3%	5%	7%	9%	11%	13%
4							
5							
6	Erzielter Umsatz	CHF 180'000.00	← Suchkriterium				
7	Provisionssatz		← Zelle mit Funktion WVERWEIS				
8	Provision						

Funktionsassistent für die Funktion **WVERWEIS**

Vorgehen:

1. Erfassen Sie die Provisionstabelle.
2. Markieren Sie die Zelle **B7**.
3. Tippen Sie **=wverweis** ein und betätigen Sie **Ctrl+a**; dadurch öffnet sich der Funktionsassistent genau an der richtigen Stelle.

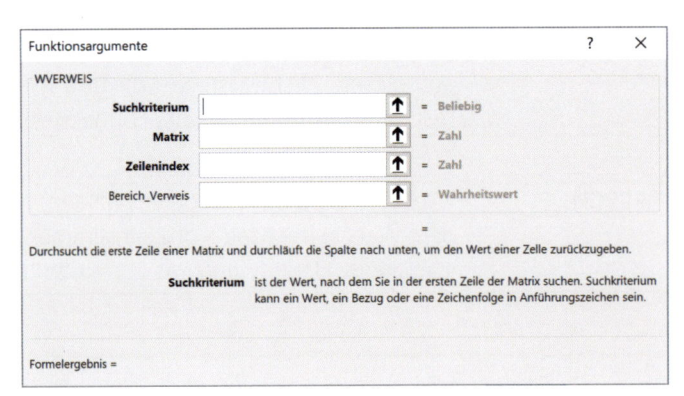

WVERWEIS

Erläuterung:

Zeile	Bedeutung
Suchkriterium	Hier wird der Suchbegriff eingetragen; in unserem Beispiel ist das **B6**. Die Suche wird von links nach rechts ausgeführt. Die Werte müssen aufsteigend angeordnet sein.
Matrix	Das ist der Bereich, der durchsucht werden soll. In unserem Beispiel ist das **B2:G3**.
Zeilenindex	Das ist die Zeilennummer unserer Matrix, aus welcher der übereinstimmende Wert zurückgegeben werden soll. In unserem Beispiel ist das die Zeile 2.
Bereich_Verweis	gibt an, ob eine genaue oder eine ungefähre Übereinstimmung gefunden werden soll. Für eine **genaue Übereinstimmung** muss eine 0 oder das Wort FALSCH eingetragen werden. Für eine **ungefähre Übereinstimmung** muss eine 1 oder das Wort WAHR eingetragen werden. In unserem Beispiel tragen wir **1** oder **WAHR** ein.

4.7 Datums- und Zeitfunktionen

4.7.1 Die Funktion HEUTE

Syntax: =HEUTE()

Die Funktion **Heute** gibt das aktuelle Datum zurück. Sie verfügt über keine Argumente. Die Klammern sind aber dennoch anzugeben.

Das aktuelle Datum kann mithilfe der vordefinierten oder benutzerdefinierter Zahlenformate beliebig formatiert werden.

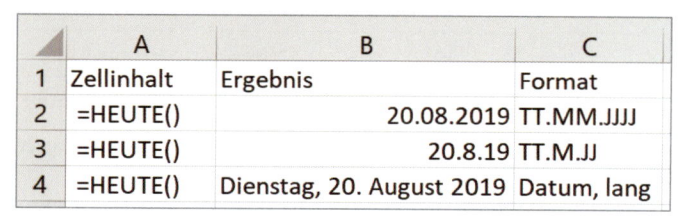

	A	B	C
1	Zellinhalt	Ergebnis	Format
2	=HEUTE()	20.08.2019	TT.MM.JJJJ
3	=HEUTE()	20.8.19	TT.M.JJ
4	=HEUTE()	Dienstag, 20. August 2019	Datum, lang

HEUTE

4.7.2 Die Funktion JETZT

Syntax: =JETZT()

Die Funktion **Jetzt** gibt das aktuelle Datum und die aktuelle Uhrzeit zurück. Sie benötigt keine Argumente. Die Klammern sind aber dennoch anzugeben.

Das aktuelle Datum kann mithilfe der vordefinierten oder benutzerdefinierten Zahlenformate beliebig formatiert werden.

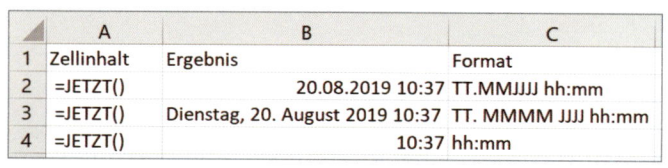

	A	B	C
1	Zellinhalt	Ergebnis	Format
2	=JETZT()	20.08.2019 10:37	TT.MMJJJJ hh:mm
3	=JETZT()	Dienstag, 20. August 2019 10:37	TT. MMMM JJJJ hh:mm
4	=JETZT()	10:37	hh:mm

JETZT

Aktuelles Datum oder aktuelle Zeit als konstante Zahl eingeben

Manchmal ist es erforderlich, das aktuelle Datum oder die aktuelle Zeit in einer Tabelle zu vermerken, und zwar so, dass keine Änderung mehr erfolgt. Besonders schnell geht das über Tastenkombinationen:

Aktuelles Datum eintragen: Ctrl+Punkt
Aktuelle Zeit eintragen: Ctrl+Shift+Punkt

Im Gegensatz zu den Funktionen **Heute** und **Jetzt** wird das Datum oder die Zeit als konstanter Wert vermerkt.

Funktionen

4.7.3 Die Funktion DATEDIF

Mit DATEDIF können Sie Differenzen zwischen zwei Datumswerten berechnen.

Syntax: =DATEDIF(Startdatum;Enddatum;"Zeiteinheit")

Das Startdatum muss kleiner als das Enddatum sein, sonst gibt die Funktion einen Fehler zurück. Die «Zeiteinheit» ist ein Schalter für die zurückzugebende Zeiteinheit. Sie muss in englischen Kürzeln und in Anführungszeichen übergeben werden:

Zeiteinheit	Beschreibung
y	Anzahl vollständiger Jahre
m	Anzahl vollständiger Monate
d	Anzahl Tage
md	Unterschied in Tagen; Monate und Jahre werden nicht berücksichtigt
ym	Unterschied in Monaten; Tage und Jahre werden nicht berücksichtigt
yd	Unterschied in Tagen; Jahre werden nicht berücksichtigt

Anwendungsbeispiel

Sie möchten in der Spalte C das Alter (in vollständigen) Jahren berechnen. Die Formel lautet wie folgt: =DATEDIF(B2;HEUTE();"Y")

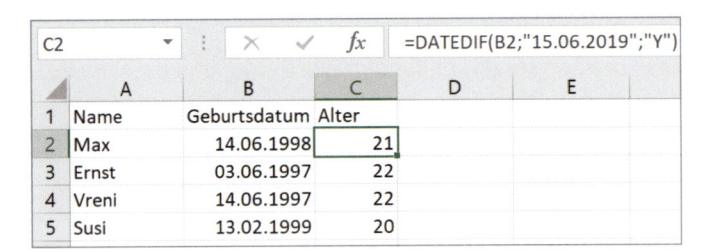

	A	B	C	D	E
1	Name	Geburtsdatum	Alter		
2	Max	14.06.1998	21		
3	Ernst	03.06.1997	22		
4	Vreni	14.06.1997	22		
5	Susi	13.02.1999	20		

C2 fx =DATEDIF(B2;"15.06.2019";"Y")

Erläuterung:

Partikel	Bedeutung
DATEDIF	Funktion
B2	Startdatum
HEUTE()	Enddatum; sofern Sie das Datum eintippen, müssen Sie es zwischen Anführungs- und Schlusszeichen setzen
"Y"	mit «Y» ermitteln Sie die vollständigen Jahre

Datums- und Zeitfunktionen

Aufgabe 75

Öffnen Sie die Aufgabe 75.

- ▶ In Zelle C1 erfassen Sie Ihr eigenes Geburtsdatum.
- ▶ In Zelle C2 soll immer das aktuelle Datum angezeigt werden.
- ▶ In Zelle C3 berechnen Sie Ihr aktuelles Alter in Tagen.
- ▶ In den Zellen C4:C9 bestimmen Sie die Daten, an denen Sie 5000, 10 000 usw. Tage alt waren bzw. werden.
- ▶ In Zelle C10 soll immer das aktuelle Datum mit Uhrzeit in Stunden und Minuten angezeigt werden.
- ▶ In Zelle C11 soll die aktuelle Uhrzeit in Stunden, Minuten und Sekunden angezeigt werden.

Die Betätigung der Funktionstaste F9 bewirkt in Excel eine Neuberechnung aller Formeln. Prüfen Sie Ihr Zeitgefühl, indem Sie die Zelle C11 aktivieren und im Sekundenrhythmus die Taste F9 drücken. Achten Sie darauf, wie sich die Uhrzeit verändert!

	A	B	C
1	Geburtsdatum:		04.09.1995
2	Aktuelles Datum:		03.02.2019
3	Alter in Tagen:		8'553
4	5000	Tage alt am:	13.05.2009
5	10000	Tage alt am:	20.01.2023
6	15000	Tage alt am:	28.09.2036
7	20000	Tage alt am:	07.06.2050
8	25000	Tage alt am:	14.02.2064
9	30000	Tage alt am:	23.10.2077
10	Aktuelles Datum mit Uhrzeit:		03.02.2019 21:13
11	Aktuelle Uhrzeit:		21:13:40

Aufgabe 76

Das Hotel Schweizerhof stellt dem Unternehmen FPM – Futura Project Management SA Rechnung für die Durchführung eines Kongresses. Öffnen Sie die Aufgabe 76 (entweder bereits formatiert oder unformatiert) und vervollständigen Sie die Rechnung.

- ▶ Die Zimmerpreise betragen je Person CHF 220.– im Doppel- und CHF 280.– im Einzelzimmer.
- ▶ Bei weniger als drei Übernachtungen wird ein Zuschlag von 14 % verrechnet.
- ▶ Die Internetverbindungen werden mit einem Minutentarif von 25 Rappen verrechnet.
- ▶ Der Mehrwertsteuersatz auf Übernachtungsleistungen beträgt 3,7 %, auf allen übrigen Leistungen 7,7 %. Runden Sie die Mehrwertsteuer auf 5 Rappen.

Funktionen

Hotel ***** Luzern
Schweizerhof

Charakter, Individualität und persönliche Atmosphäre - Hotelkultur par excellence
Ein historisches Haus mit historischem Dekor, eine Infrastruktur auf neuestem Stand und über allem der grosse Anspruch: Empathy & Excellence

Luzern, 20.12.2019

FPM - Future Project Management SA
Ulrich Herdener
Mustergasse 35
3003 Bern

Rechnung 38706.49322

Zimmerkategorien
Einzelzimmer pro Person:					EZ	CHF	280.00
Doppelzimmer pro Person:					DZ	CHF	220.00
Zuschlag bei weniger als 3 Übernachtungen:							14%

Personen	EZ/DZ	Anreise	Abreise	Nächte	Betrag		Zuschlag		Total	
2	DZ	07.12.2018	10.12.2018	3	CHF	1'320.00	CHF	-	CHF	1'320.00
1	EZ	07.12.2018	09.12.2018	2	CHF	560.00	CHF	78.40	CHF	638.40
2	DZ	07.12.2018	11.12.2018	4	CHF	1'760.00	CHF	-	CHF	1'760.00
2	DZ	08.12.2018	09.12.2018	1	CHF	440.00	CHF	61.60	CHF	501.60
1	EZ	08.12.2018	10.12.2018	2	CHF	560.00	CHF	78.40	CHF	638.40
1	EZ	08.12.2018	13.12.2018	5	CHF	1'400.00	CHF	-	CHF	1'400.00
2	DZ	08.12.2018	10.12.2018	2	CHF	880.00	CHF	123.20	CHF	1'003.20
2	DZ	08.12.2018	11.12.2018	3	CHF	1'320.00	CHF	-	CHF	1'320.00
1	EZ	09.12.2018	11.12.2018	2	CHF	560.00	CHF	78.40	CHF	638.40
1	EZ	09.12.2018	12.12.2018	3	CHF	840.00	CHF	-	CHF	840.00
2	DZ	09.12.2018	10.12.2018	1	CHF	440.00	CHF	61.60	CHF	501.60
1	EZ	09.12.2018	11.12.2018	2	CHF	560.00	CHF	78.40	CHF	638.40

Total Übernachtungskosten CHF 11'200.00

Leistung	Von	Bis	Minuten	Minutentarif		Betrag	
Internet-Corner	08.12.2018 08:15	08.12.2018 09:23	68	CHF	0.25	CHF	17.00
Internet-Corner	09.12.2018 17:22	09.12.2018 18:03	41	CHF	0.25	CHF	10.25
Internet-Corner	09.12.2018 20:09	09.12.2018 20:57	48	CHF	0.25	CHF	12.00
Internet-Corner	10.12.2018 10:44	10.12.2018 11:18	34	CHF	0.25	CHF	8.50
Internet-Corner	11.12.2018 14:28	11.12.2018 15:14	46	CHF	0.25	CHF	11.50
Internet-Corner	12.12.2018 11:31	12.12.2018 12:13	42	CHF	0.25	CHF	10.50

Total Zusatzleistungen CHF 69.75

Subtotal	exkl. MwSt				CHF	11'269.75
Mehrwertsteuer	3.80%				CHF	425.60
Mehrwertsteuer	8.00%				CHF	5.60
Rechnungsbetrag (zahlbar innert 30 Tagen, netto)					**CHF**	**11'700.95**

Diagramme

5

Diagramme

5.1 Diagrammbegriffe

Es ist nicht immer einfach, die wesentlichen Aussagen einer Tabelle zu erfassen. Oft ist es deshalb sinnvoll und nützlich, die Botschaft einer Tabelle grafisch darzustellen. Dafür eignen sich Diagramme. Sie ermöglichen die Visualisierung von Zahlenwerten und sagen oft mehr als tausend Worte, wie das folgende Beispiel zeigt:

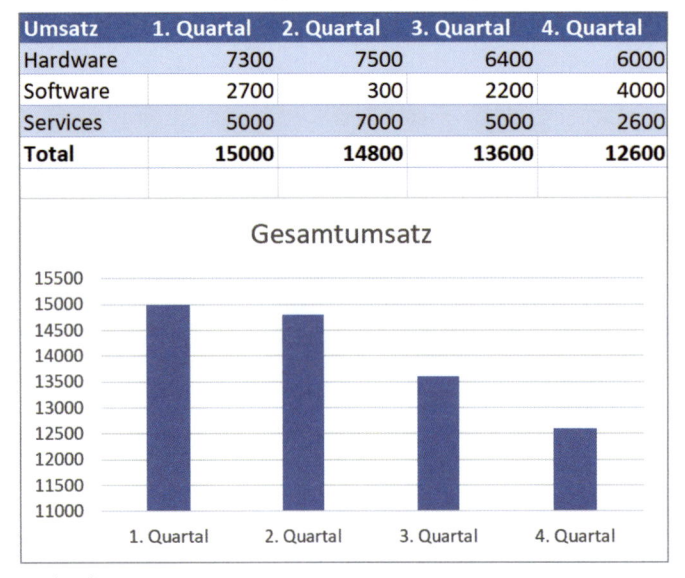

Umsatz	1. Quartal	2. Quartal	3. Quartal	4. Quartal
Hardware	7300	7500	6400	6000
Software	2700	300	2200	4000
Services	5000	7000	5000	2600
Total	**15000**	**14800**	**13600**	**12600**

Säulendiagramm

Tabellenkalkulationsprogramme bieten eine Vielfalt an gestalterischen Möglichkeiten, Zahlenmaterial professionell aufzuarbeiten. Sinnvoll und sachgerecht eingesetzt, erlauben Diagramme, die Kernaussage einer Tabelle auf einen Blick zu erfassen.

Diagrammbegriff	Bedeutung
Achse	Jedes zweidimensionale Diagramm weist zwei Achsen auf: die horizontale Achse, auch Rubriken-, Kategorien- oder x-Achse genannt, und die vertikale Achse, auch Grössen-, Wert- oder y-Achse genannt. In der Regel werden in einem zweidimensionalen Diagramm die Rubriken auf der horizontale Achse (x-Achse) und die Datenwerte auf der vertikalen Achse (y-Achse) dargestellt.
Rubrik, Kategorie	Eine Rubrik oder Kategorie ist eine Zeilen- oder Spaltenüberschrift, der numerische Werte zugeordnet sind. Rubriken werden in der Regel als Beschriftung der horizontalen Achse verwendet.
Datenreihe	Eine Datenreihe ist eine Gruppe von numerischen Werten, die in einer Zeile nebeneinander oder in einer Spalte untereinander angeordnet sind. Diese Werte beschreiben für verschiedene Rubriken denselben Sachverhalt. Jede Datenreihe in einem Diagramm besitzt ein eindeutiges Muster (Farbe).
Datenpunkt	Ein Datenpunkt ist ein einzelner Wert aus einer Datenreihe, der eine bestimmte Rubrik beschreibt. Zusammengehörige Datenpunkte haben ein einheitliches Muster und bilden eine Datenreihe.
Legende	Die Legende dient der Orientierung im Diagramm. Sie erläutert, welcher Datenreihe welches Muster bzw. welche Farbe zugewiesen wurde.

Diagrammbegriffe

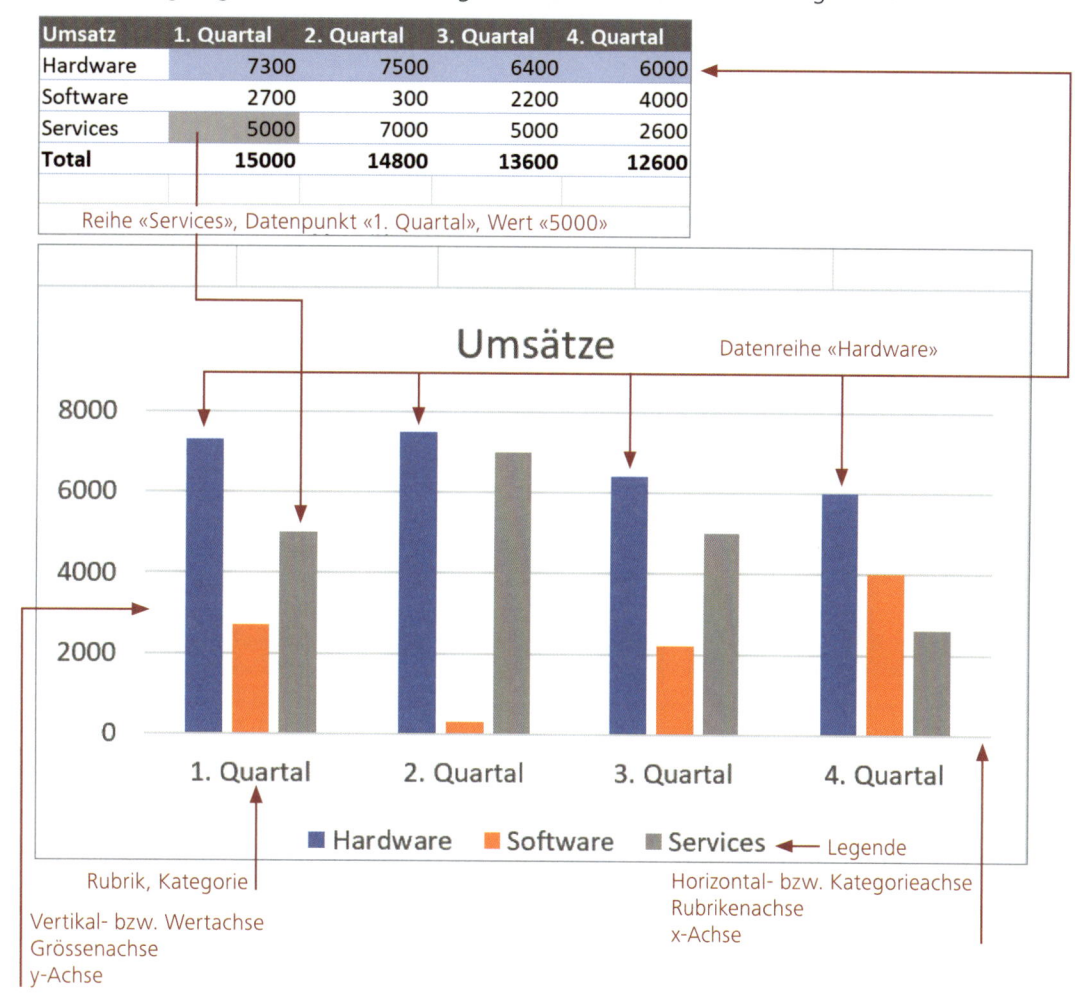

Die Abbildung zeigt den Zusammenhang zwischen Datentabelle und Diagramm:

Umsatz	1. Quartal	2. Quartal	3. Quartal	4. Quartal
Hardware	7300	7500	6400	6000
Software	2700	300	2200	4000
Services	5000	7000	5000	2600
Total	15000	14800	13600	12600

Reihe «Services», Datenpunkt «1. Quartal», Wert «5000»

Datenreihe «Hardware»

Legende

Rubrik, Kategorie
Horizontal- bzw. Kategorieachse
Rubrikenachse
x-Achse

Vertikal- bzw. Wertachse
Grössenachse
y-Achse

In diesem Beispiel bilden die Spalten die Rubriken, während die Datenreihen in den Zeilen angeordnet sind. Datenreihen und Rubriken lassen sich bequem umstellen. Zwischen dem Diagramm und der Datentabelle besteht eine Verknüpfung. Alle Änderungen, die in der Tabelle vorgenommen werden, wirken sich direkt auf das Diagramm aus.

5.2 Diagrammtypen

Nicht jedes Diagramm ist für jede Aussage geeignet. Überlegen Sie deshalb zuerst, welche Aussage Sie mit dem Diagramm machen wollen und welcher Diagrammtyp sich für diese Aussage eignet.

Diagrammtyp	Erklärung
Säulendiagramme	eignen sich für die Darstellung von Grössenverhältnissen (z. B. unterschiedliche Einkommen von angehenden Kaufleuten), allenfalls auch zur Darstellung zeitlicher Abläufe, wenn die Grösse und nicht die Entwicklung betont werden soll (z. B. Umsatz der Jahre 2003 bis 2018). 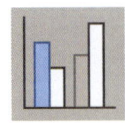 Gruppierte Säulen 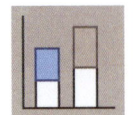 — Gestapelte Säulen
Balkendiagramme	eignen sich als Alternative zum Säulendiagramm für die Darstellung von Grössenverhältnissen (z. B. unterschiedliche Einkommen von angehenden Kaufleuten), insbesondere wenn die Rangfolge betont werden soll. 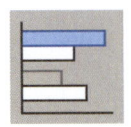 Gruppierte Balken 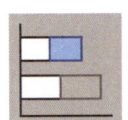 — Gestapelte Balken
Liniendiagramme	eignen sich für die Darstellung von zeitlichen Abläufen, wenn die Entwicklung und nicht die Grösse betont werden soll (z. B. Entwicklung des Swiss Market Index SMI von 2003 bis 2018). 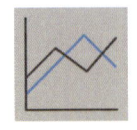 Liniendiagramme
Kreisdiagramme	eignen sich für die Darstellung von Grössenverhältnissen, wenn die jeweiligen Anteile an der Gesamtheit (Relationen) betont werden sollen (z. B. Frauenquote im Bundesparlament). In Kreisdiagrammen kann nur *eine* Datenreihe abgebildet werden. 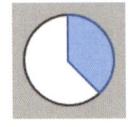 Kreisdiagramme Für die Darstellung von Relationen zwischen mehreren Datenreihen eignen sich Säulen- oder Balkendiagramme, die auf 100 % gestapelt werden (z. B. Frauenquoten im Bundesparlament 2016, 2017 und 2018). 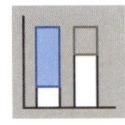 Gestapelte Säulen (100 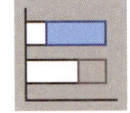 %) — Gestapelte Balken (100 %)

Diagrammtypen

Diagrammtyp	Erklärung
Punktdiagramme	eignen sich für die Darstellung von Beziehungen zwischen einzelnen Datenpunkten, wenn ein Wert abhängig ist vom anderen (z. B. Darstellung der mathematischen Funktion y=2•2). Punktdiagramm

Die meisten dieser Diagrammtypen gibt es auch in einer dreidimensionalen Variante. Diese wirkt moderner, ist aber in der Regel weniger gut lesbar als die zweidimensionale Ausführung.

Diagramme

5.3 Diagramme erstellen (einfügen)

5.3.1 Einleitung

Zuerst betrachten wir das grundsätzliche Vorgehen. Anschliessend erstellen Sie Schritt für Schritt ein Säulen-, ein Balken- und ein Kreisdiagramm.

Bevor Sie irgendeinen Befehl zum Erstellen eines Diagramms wählen, sollten Sie sich überlegen, welche Werte Sie mit einem Diagramm veranschaulichen wollen und welcher Diagrammtyp sich dafür am besten eignet. Danach gehen Sie wie folgt vor:

1. Markieren Sie die Werte samt Spalten- und Zeilenüberschriften, sofern diese im Diagramm erscheinen sollen.
2. Leere Spalten oder Zeilen dürfen Sie nicht markieren.
3. Ihre Markierung muss die Form eines Rechtecks haben.

Im folgenden Beispiel sind die Zellen B1:F4 markiert. Die Markierung hat die Form eines Rechtecks. Excel kann diese Werte problemlos als Diagramm darstellen.

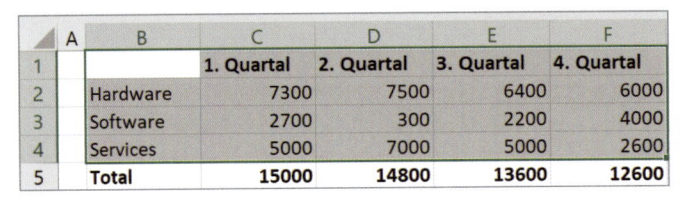

▲	A	B	C	D	E	F
1			1. Quartal	2. Quartal	3. Quartal	4. Quartal
2		Hardware	7300	7500	6400	6000
3		Software	2700	300	2200	4000
4		Services	5000	7000	5000	2600
5		Total	15000	14800	13600	12600

Richtige Markierung

Im folgenden Beispiel hat die Markierung nicht die Form eines Rechtecks. Die Zelle B1 ist nicht markiert. Excel kann das Diagramm daher nicht korrekt darstellen.

▲	A	B	C	D	E	F
1			1. Quartal	2. Quartal	3. Quartal	4. Quartal
2		Hardware	7300	7500	6400	6000
3		Software	2700	300	2200	4000
4		Services	5000	7000	5000	2600
5		Total	15000	14800	13600	12600

Falsche Markierung

Register	**Einfügen**
Gruppe	**Diagramme**

Diagramme einfügen

4. Aktivieren Sie im Menüband die Registerkarte **Einfügen**.
5. Klicken Sie in der Gruppe **Diagramme** auf die gewünschte Schaltfläche (Säule, Linie usw.)

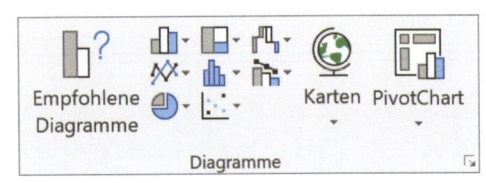

Registerkarte **Einfügen**, Gruppe **Diagramme**

6. Excel öffnet den Katalog für diesen Diagrammtyp.
7. Wählen Sie das gewünschte Diagramm aus.

Diagramme erstellen (einfügen)

Diagrammtools

Nachdem Sie ein Diagramm erstellt haben, werden die **Diagrammtools** eingeblendet. Dabei handelt es sich um zwei kontextbezogene Registerkarten, die Sie bei der Anpassung des Diagramms unterstützen:

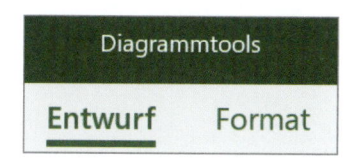

Registerkarte Entwurf

Registerkarte **Entwurf**

Die Symbole sind weitgehend selbsterklärend. Am besten probieren Sie die Möglichkeiten selbst aus. Sie sehen jeweils sofort in der Live-Vorschau, wie sich das Diagramm verändert.

- **Diagrammelement hinzufügen:** Achsentitel, Legenden usw. hinzufügen
- **Schnelllayout:** enthält einen Katalog mit vordefinierten Diagrammlayouts, z. B. mit oder ohne Legende
- **Farben ändern:** Einem Diagramm liegt eine bestimmte Farbpalette zugrunde; diese können Sie ändern.
- **Diagrammformatvorlagen:** Attraktive Vorlagen erlauben es Ihnen, das Aussehen Ihres Diagramms blitzschnell zu ändern. Die Vorlagen stehen in direktem Bezug zum Design. Wenn Sie über das Register **Seitenlayout** das Design ändern, passen sich die Diagrammformatvorlagen diesem Design an.
- **Zeile/Spalte wechseln:** Über dieses Symbol können Sie die Anordnung der Daten umstellen.
- **Daten auswählen:** Dieser Befehl öffnet das Dialogfenster **Datenquelle auswählen**. Je komplexer Ihre Diagramme sind, desto öfter werden Sie diesen Befehl brauchen. Er ermöglicht Ihnen, Datenreihen hinzuzufügen, zu bearbeiten oder zu entfernen.
- **Diagrammtyp ändern:** Mit diesem Befehl wechseln Sie zum Beispiel vom Säulen- zum Balkendiagramm.
- **Diagramm verschieben:** Möchten Sie Ihr Diagramm auf ein neues Tabellenblatt verschieben? Dann benutzen Sie diesen Befehl.

Registerkarte Format

Registerkarte **Format**

Tipp

Am schnellsten erzeugen Sie ein Säulendiagramm mit Tastenkombinationen. Markieren Sie zuerst die entsprechenden Zellen.

Alt+F1: Das Säulendiagramm erscheint auf dem gleichen Blatt wie die Tabelle.

F11: Das Säulendiagramm erscheint auf einem neuen Tabellenblatt.

Falls Ihnen die Gestaltungsmöglichkeiten, die Ihnen die Registerkarten **Entwurf** und **Layout** bieten, noch nicht genügen, sollten Sie die Möglichkeiten der Registerkarte **Format** in Betracht ziehen. Hier finden Sie eine nahezu unüberschaubare Fülle von Funktionen, mit denen Sie die Form und Farbgebung aller Diagrammelemente beeinflussen können: Farbverläufe, 3-D-Effekte, Schatten, Beleuchtung usw.

Diagramme

Optionsschaltflächen

Eine weitere Möglichkeit, das Diagramm schnell anzupassen, bieten die Optionsschaltflächen. Diese erscheinen rechts neben dem Diagramm:

Optionsschaltflächen

Über das Pluszeichen können Sie zum Beispiel dem Diagramm blitzschnell Elemente hinzufügen.

5.3.2 Ein Säulendiagramm erstellen

Im Folgenden erstellen wir Schritt für Schritt ein Säulendiagramm und passen dieses über die Diagrammtools an.

Aufgabe 77

Bei dieser Aufgabe sollen die Quartalsumsätze in einem Säulendiagramm dargestellt werden. Gehen Sie wie auf den folgenden Seiten beschrieben vor.

Erstellen des Diagramms

1. Öffnen Sie die Aufgabe 77.
   Wir stellen die Umsätze der ersten drei Quartale ohne Total als Diagramm dar.
2. Markieren Sie die Zellen B1:E4.
3. Aktivieren Sie die Registerkarte **Einfügen**.
4. Klicken Sie auf das Symbol **Säulendiagramm einfügen**.
5. Wählen Sie den ersten Diagrammtyp: **Gruppierte Säulen**. Das Diagramm wird eingefügt.

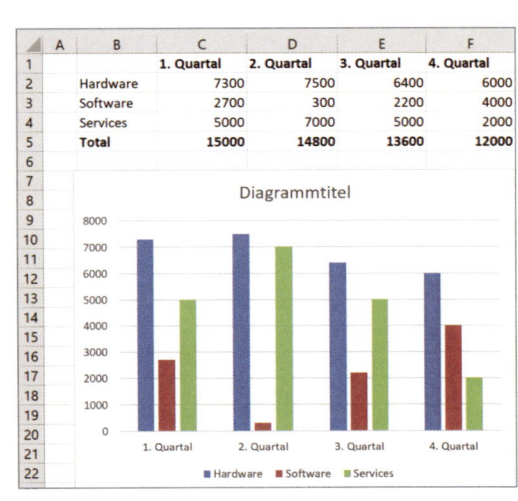

Säulendiagramm

Diagramme erstellen (einfügen)

Anpassen des Diagramms über die Registerkarte Entwurf

1. Klicken Sie auf die Diagrammfläche. Dadurch aktivieren Sie die **Diagrammtools**.
2. Klicken Sie in der Gruppe **Daten** auf **Zeile/Spalte wechseln**. Kehren Sie wieder zur ursprünglichen Ansicht zurück.
3. Lassen Sie sich in der Gruppe **Diagrammlayouts** die verschiedenen Schnelllayouts anzeigen.
4. Versehen Sie Ihr Diagramm mit dem Titel **Umsätze 2018**.
5. Probieren Sie die verschiedenen **Diagrammformatvorlagen** aus und wechseln Sie einmal über die Registerkarte **Seitenlayout** das Design.
6. Verschieben Sie über die Gruppe **Ort** das Diagramm auf ein separates Tabellenblatt und wieder zurück.
7. Tragen Sie in Ihrer Tabelle die Werte für das 4. Quartal ein: Hardware = 6000, Software = 4000, Services = 2000.
8. Klicken Sie auf die Diagrammfläche. Dadurch wird der Datenbereich mit einem farbigen Rahmen umgeben. Ziehen Sie am rechten unteren Eckpunkt dieses Rahmens, bis der Rahmen auch die Werte des 4. Quartals umfasst.

Anpassen des Diagramms über die Registerkarte Format

1. Klicken Sie auf die Diagrammfläche und aktivieren Sie in den **Diagrammtools** die Registerkarte **Format**.
2. Markieren Sie über die Gruppe **Aktuelle Auswahl** ein Diagrammelement, z. B. die **Vertikal (Wert) Achse**.
3. Probieren Sie die Möglichkeiten der Gruppe **Formenarten** aus.

5.3.3 Trendlinie hinzufügen

Eine lineare Trendlinie ist eine optimierte gerade Linie, die für einfache lineare Datenmengen verwendet wird. Daten sind linear, wenn das Muster der Datenpunkte einer Linie ähnelt. Eine lineare Trendlinie zeigt normalerweise die gleichmässige Zunahme oder Abnahme von Werten.

Fügen Sie der Datenreihe **Hardware** eine lineare Trendlinie hinzu:

1. Klicken Sie auf irgendeine blaue Säule. Rechts vom Diagramm erscheinen die **Optionsschaltflächen**.
2. Klicken Sie auf das **Pluszeichen**.
3. Öffnen Sie über den Pfeil neben dem Eintrag **Trendlinie** das Auswahlfenster und wählen Sie **Linear**.

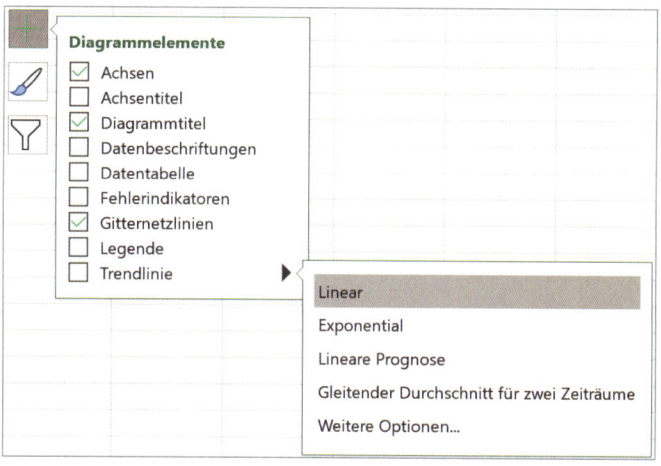

Trendlinie

179

Diagramme

5.3.4 Ein Balkendiagramm erstellen

Sie erstellen Schritt für Schritt ein Balkendiagramm und passen dieses über die Diagrammtools an.

Aufgabe 78

Bei dieser Aufgabe geht es darum, die 20 Sprachen mit den meisten Muttersprachlern als Balkendiagramm darzustellen. Gehen Sie wie auf den folgenden Seiten beschrieben vor.

Erstellen des Diagramms

1. Öffnen Sie die Aufgabe 78. Auf dem ersten Tabellenblatt sind die 20 Sprachen aufgeführt.
2. Markieren Sie die Zellen B3:C23.
3. Aktivieren Sie die Registerkarte **Einfügen**.
4. Klicken Sie in der Gruppe **Diagramme** auf **Balkendiagramm einfügen**.
5. Wählen Sie den Typ **Gruppierte Balken**. Das Diagramm wird auf dem aktiven Tabellenblatt eingefügt.

Anpassen des Diagramms

1. Ersetzen Sie den Titel «in Mio.» durch «Die 20 verbreitetsten Sprachen (in Mio.)».
2. Um die Anzeige der Datenreihe absteigend zu sortieren, markieren Sie die vertikale Achse, indem Sie sie anklicken oder über die Gruppe **Aktuelle Auswahl** des Registers **Layout** anwählen.
3. Wählen Sie im Kontextmenü (rechte Maustaste) oder über die Gruppe **Aktuelle Auswahl**, **Auswahl formatieren**, den Befehl **Achse formatieren**. Es öffnet sich das Fenster **Achse formatieren**.
4. Setzen Sie in diesem Fenster bei **Kategorien in umgekehrter Reihenfolge** ein Häkchen.
5. Klicken Sie auf die Diagrammreihen (Balken), um sie zu markieren.
6. Das Dialogfeld ändert die Beschriftung in **Datenreihen formatieren** und passt die Einstellungen an.
7. Klicken Sie auf den Farbeimer **Füllung und Linie**. Klicken Sie anschliessend auf das Wort **Füllung** und setzen Sie bei **Punktfarbunterscheidung** ein Häkchen.

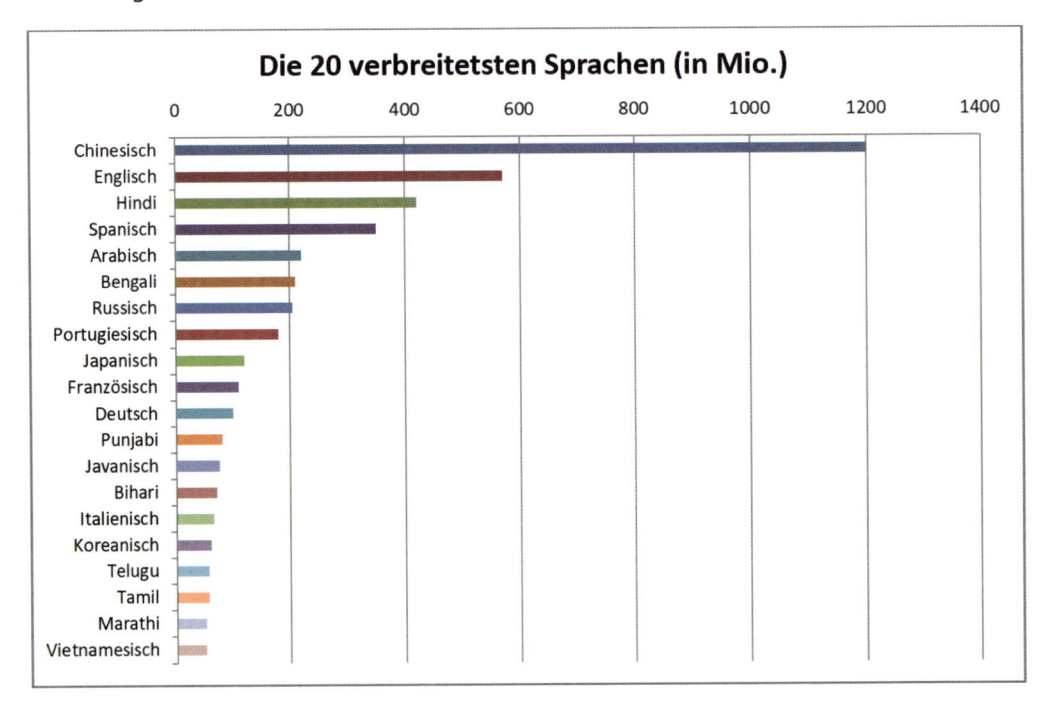

Mehr Informationen über Sprachen liefert Ihnen beispielsweise www.weikopf.de.

5.3.5 Ein Kreisdiagramm erstellen

Kreisdiagramme eignen sich für die Darstellung von Grössenverhältnissen, wenn die jeweiligen Anteile an der Gesamtheit betont werden sollen.

Aufgabe 79

Bei dieser Aufgabe geht es darum, die Gesamtumsätze der drei Geschäftsfelder Hardware, Software und Services in Prozenten des Gesamtumsatzes darzustellen. Gehen Sie wie auf den folgenden Seiten beschrieben vor.

Erstellen des Diagramms

1. Öffnen Sie die Aufgabe 79.
2. Markieren Sie die Zellen B2:B4 und G2:G4.
3. Aktivieren Sie die Registerkarte **Einfügen** und klicken Sie auf **Kreis**. Wählen Sie **3-D-Kreis**.

Anpassen des Diagramms

1. Klicken Sie in der Registerkarte **Entwurf**, Gruppe **Diagrammlayouts**, auf das **Schnelllayout 1**.
2. Ändern Sie den Titel auf «Umsatz 2018» ab.
3. Verschieben Sie das Diagramm auf ein eigenes Tabellenblatt: Register **Entwurf**, Gruppe **Ort**, **Diagramm verschieben**, **Neues Blatt**.
4. Klicken Sie auf die Datenbeschriftungen (z. B. Services 34 %). Alle Datenbeschriftungen werden automatisch markiert.
5. Öffnen Sie das Kontextmenü. Vergrössern Sie die Schrift auf 24 pt und ändern Sie die Farbe auf Weiss, fett.

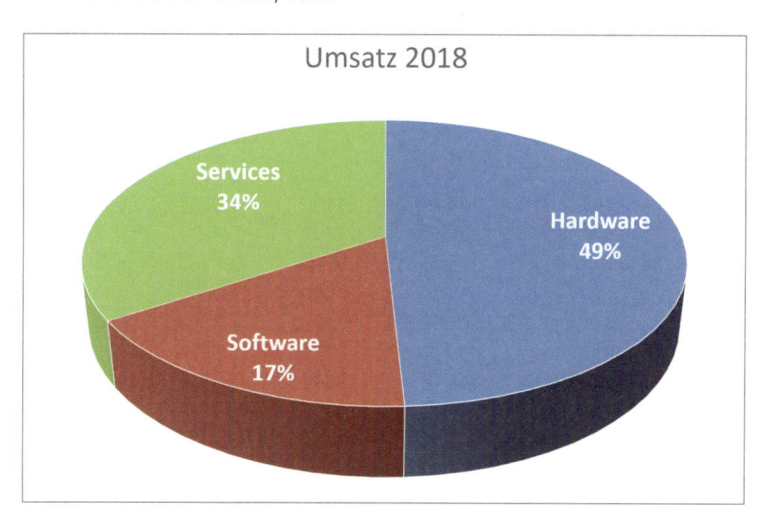

Diagramme

Register	**Diagrammtools**
Register	**Entwurf**
Befehl	**Daten**
Befehl	**Daten auswählen**

Daten des Diagramms bearbeiten

5.3.6 Daten hinzufügen, bearbeiten oder entfernen

Je komplexer die Diagramme werden, desto öfter müssen Sie über das Register **Entwurf**, Gruppe **Daten**, mit dem Befehl **Daten auswählen** arbeiten. Im Dialogfeld **Datenquelle auswählen** können Sie Datenreihen hinzufügen, bearbeiten oder umbenennen.

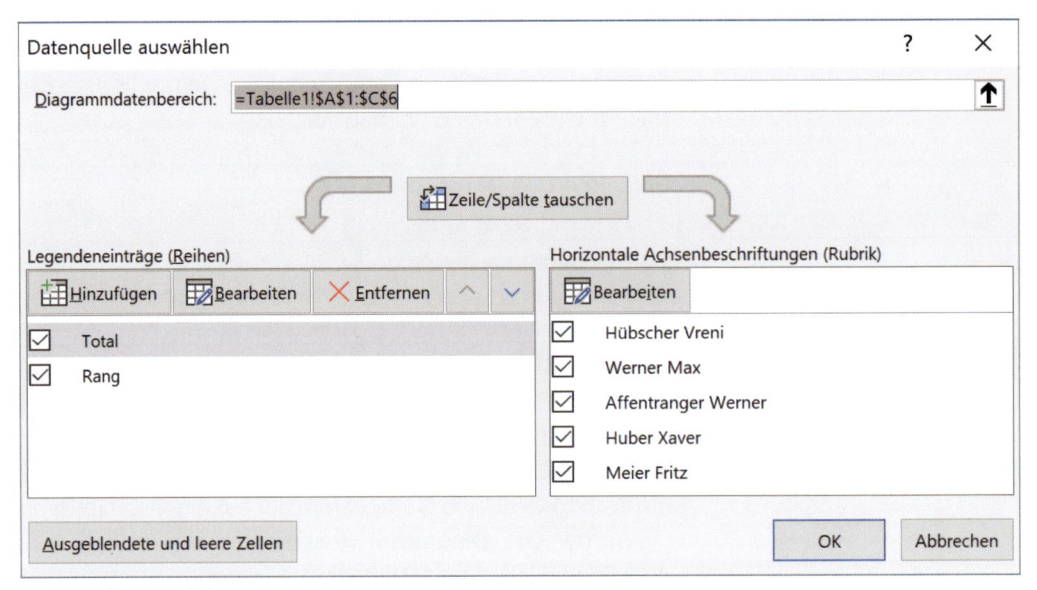

Datenquelle auswählen

Aufgabe 80 — Grundtabelle:

Endenergieverbrauch nach Energieträgern in Terajoules

Jahr	Erdöl-brennstoffe	Treibstoffe	Elektrizität	Gas	Kohle	Holz und Holzkohle	Fernwärme	Abfälle	Übrige erneuerbare Energien	Total
1975	314'830	156'070	104'050	20'970	9'580	8'350	-	-	-	613'850
1980	309'480	178'820	126'910	33'740	13'630	9'670	7'920	3'700	-	683'870
1985	274'340	201'050	148'760	52'960	19'790	11'380	9'430	6'400	-	724'110
1990	247'830	253'220	167'670	63'430	14'360	17'090	10'420	8'680	3'440	786'140
1995	240'770	256'360	172'380	85'990	7'910	20'550	11'970	10'440	4'720	811'090
2000	217'110	293'250	188'540	95'220	5'850	19'970	13'280	15'740	6'330	855'290
2005	215'720	277'500	206'390	106'470	6'040	31'340	15'240	10'880	8'530	878'110
2010	190'410	295'080	215'230	115'940	6'210	38'070	17'240	10'040	14'300	902'520
2015	133'890	290'530	209'690	112'930	5'210	36'110	18'450	10'190	20'560	837'560

Quelle: Bundesamt für Energie, Schweiz. Gesamtenergiestatistik

Öffnen Sie die Aufgabe 80. Erstellen Sie aus der Grundtabelle die folgenden Diagramme. Jedes Diagramm soll auf einem **neuen** Tabellenblatt stehen.

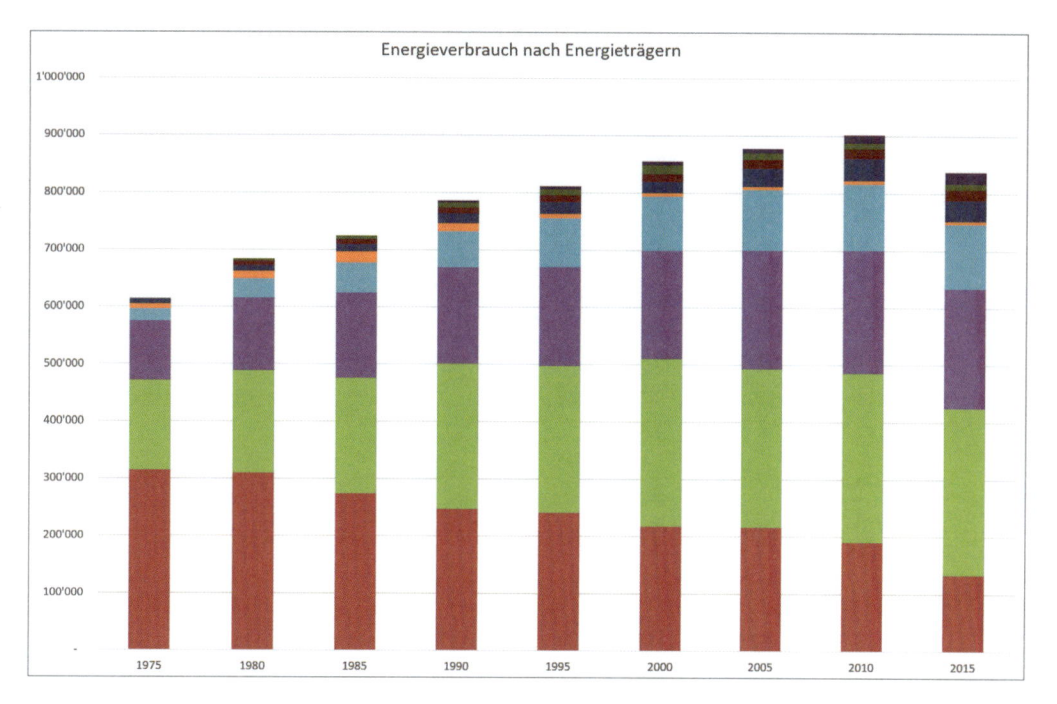

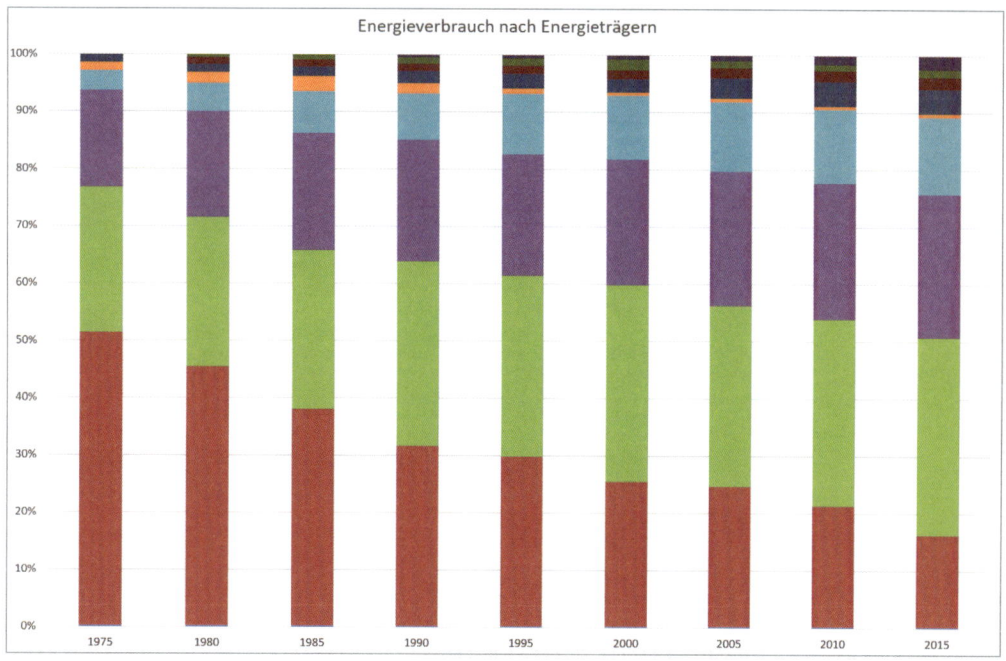

Diagramme erstellen (einfügen)

Energieverbrauch nach Energieträgern

Energieverbrauch nach Energieträgern

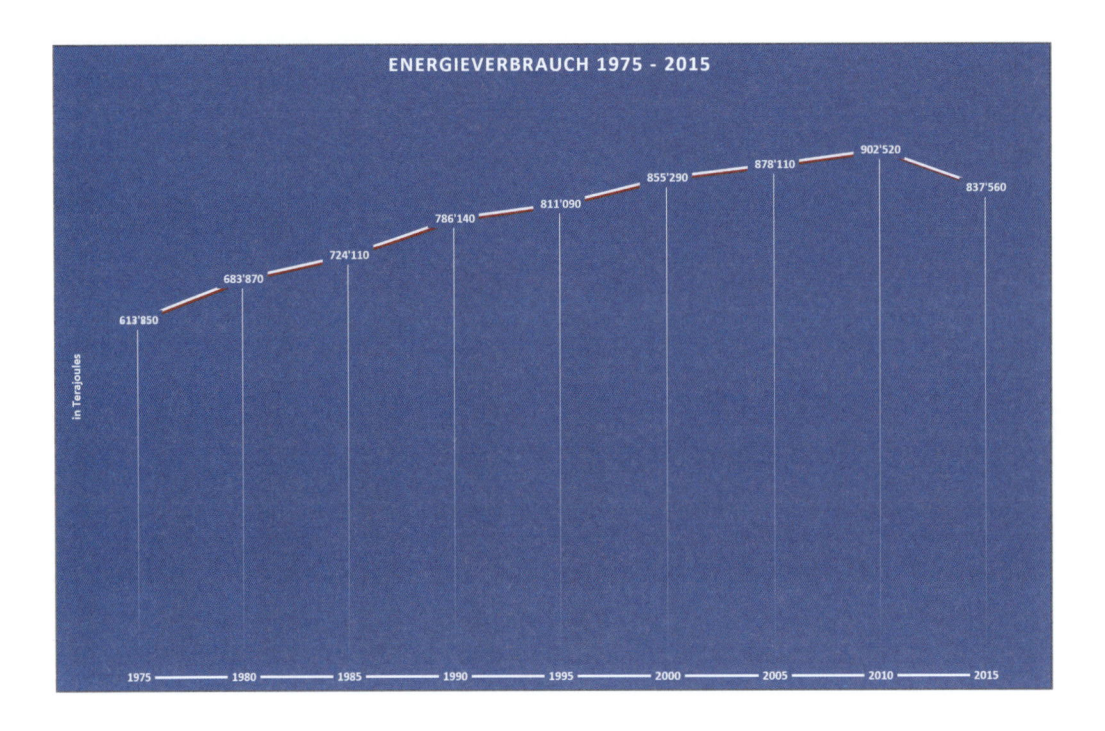

Diagramme

ENERGIEVERBRAUCH 1975 - 2015

in Terajoules

1975	613'850
1980	683'870
1985	724'110
1990	786'140
1995	811'090
2000	855'290
2005	878'110
2010	902'520
2015	837'560

Diesem Liniendiagramm wurde die Formatvorlage 12 zugewiesen.

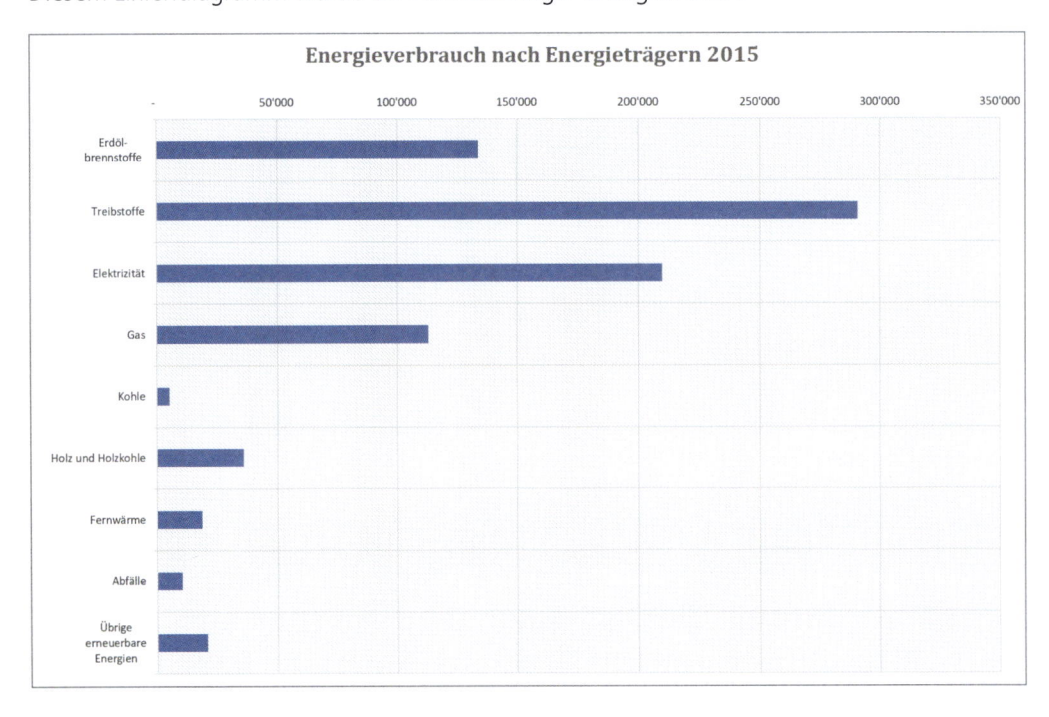

Energieverbrauch nach Energieträgern 2015

- Erdölbrennstoffe
- Treibstoffe
- Elektrizität
- Gas
- Kohle
- Holz und Holzkohle
- Fernwärme
- Abfälle
- Übrige erneuerbare Energien

184

Diagramme erstellen (einfügen)

Tipp
Standardmässig werden im Kreis rechts nur drei Segmente abgebildet. Über das Kontextmenü des rechten Kreises können Sie diesen Wert anpassen.

Bei zu vielen oder zu kleinen Segmenten eignet sich der Diagrammtyp **Kreis aus Kreis**. Im folgenden Diagramm werden die fünf kleinsten Segmente, die zusammen nur 9 % ausmachen, in einem eigenen Kreis dargestellt.

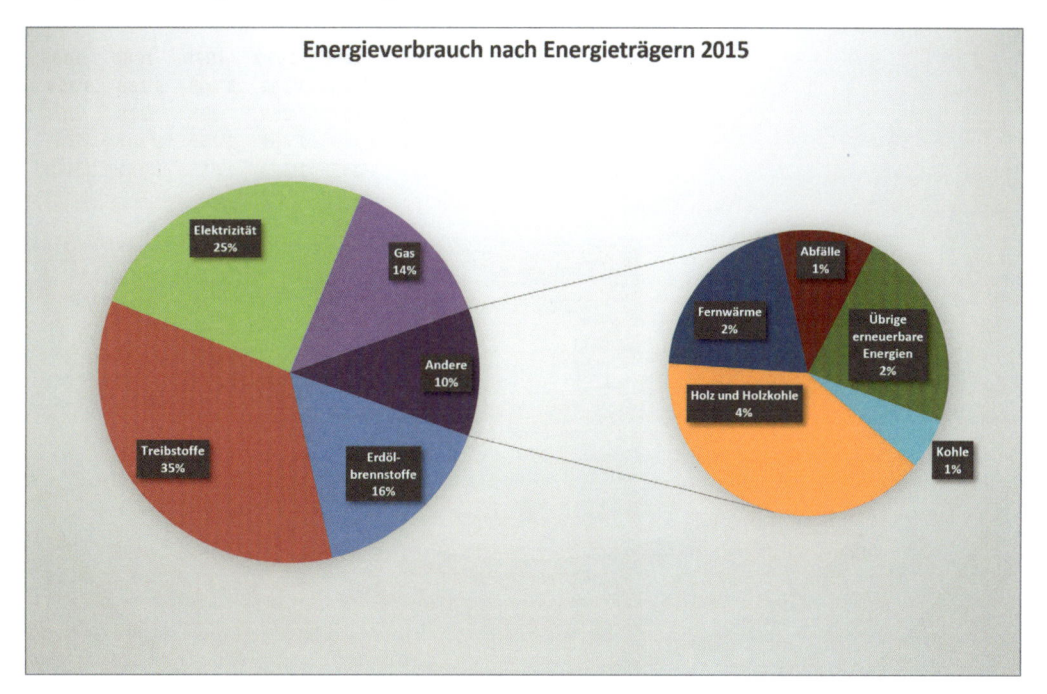

Energieverbrauch nach Energieträgern 2015

- Elektrizität 25%
- Gas 14%
- Andere 10%
- Erdölbrennstoffe 16%
- Treibstoffe 35%

- Abfälle 1%
- Übrige erneuerbare Energien 2%
- Fernwärme 2%
- Holz und Holzkohle 4%
- Kohle 1%

Diagramme

Aufgabe 81

Öffnen Sie die Aufgabe 81a und erstellen Sie aufgrund der Zahlentabelle das folgende Diagramm.

a)

Erwerbstätige nach Wirtschaftszweigen, in 1000

Wirtschaftszweig	1960	1965	1970	1975	1980	1985	1990	1995	2000	2005	2010
Total	2'717	3'025	3'143	3'108	3'166	3'354	3'821	3'957	4'089	4'184	4'593
Sektor I	393	317	269	235	218	203	162	175	185	161	158
Sektor II	1'263	1'464	1'451	1'258	1'207	1'193	1'229	1'133	1'051	992	1'060
Sektor III	1'061	1'245	1'423	1'615	1'741	1'958	2'429	2'649	2'854	3'031	3'376

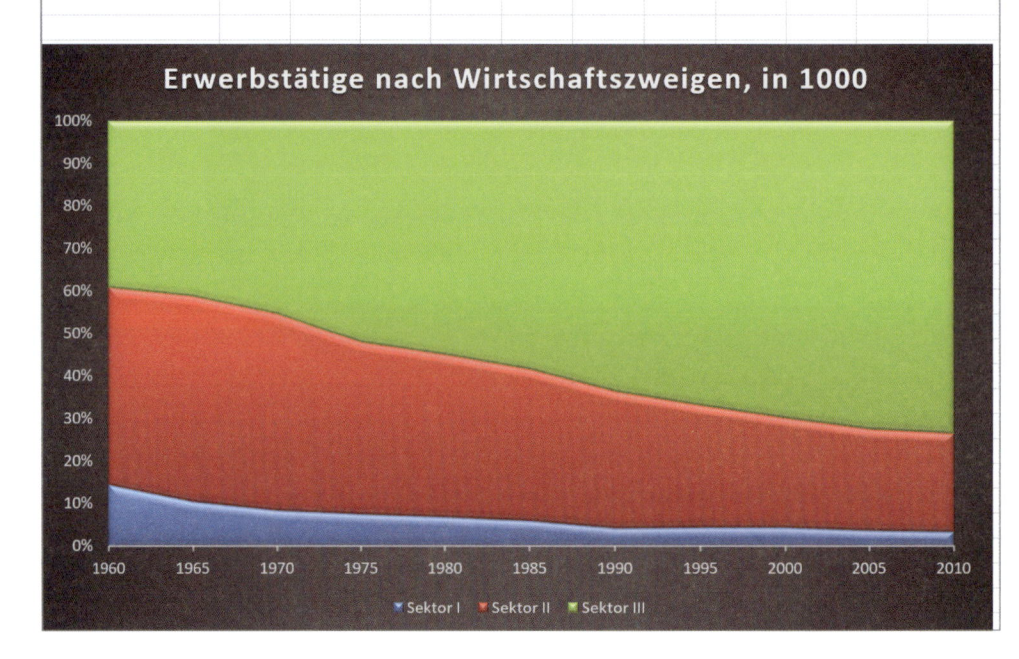

b) Was sagt das Diagramm aus?

c) Wofür stehen die Sektoren I, II und III?

Diagramme erstellen (einfügen)

Aufgabe 82

Um verschiedenartige Informationen in einem Diagramm hervorzuheben, können Sie zwei oder mehr Diagrammtypen in diesem Diagramm kombinieren. Beispielsweise können Sie ein Säulendiagramm mit einem Liniendiagramm kombinieren, um einen visuellen Effekt zu erzielen, durch den das Diagramm einfacher zu verstehen ist.

Wenn der Wertebereich für verschiedene Datenreihen im Diagramm stark variiert oder gemischte Typen von Daten vorhanden sind, können Sie zudem eine Datenreihe auf einer vertikalen Sekundärachse darstellen.

Bei der folgenden Tabelle haben wir verschiedenartige Informationen; zudem variieren die Werte der zwei Datenreihen stark (z. B. CHF 130 000.00 gegenüber 10 Mitarbeitern). Es ist daher sinnvoll, ein Verbunddiagramm mit zwei Grössenachsen zu erstellen.

	A	B	C	D
1	Gegenüberstellung: Umsatz und Anzahl Mitarbeiter			
2				
3		Umsatz	Mitarbeiter	
4	2011	CHF 130'000.00	10	
5	2012	CHF 180'000.00	15	
6	2013	CHF 185'000.00	16	
7	2014	CHF 210'000.00	18	
8	2015	CHF 200'000.00	17	
9	2016	CHF 215'000.00	18	
10	2017	CHF 275'000.00	16	
11	2018	CHF 290'000.00	19	

Würden wir ein gewöhnliches Liniendiagramm mit nur **einer** Grössenachse erstellen, sähe es so aus:

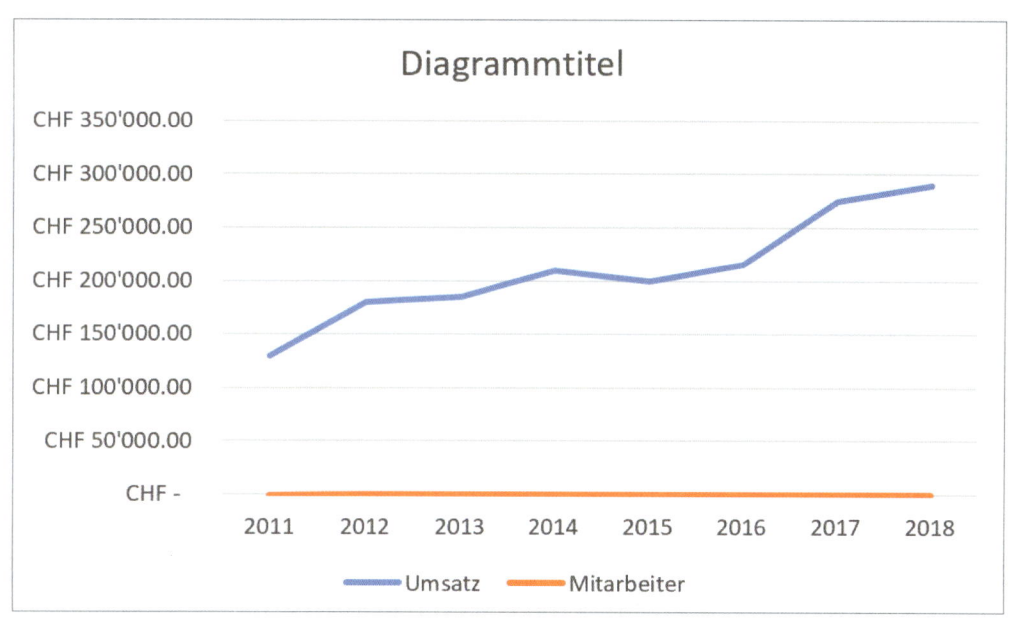

Die im Vergleich zum Umsatz kleinen Mitarbeiterzahlen kämen nicht zur Geltung.

Diagramme

Gehen Sie für ein Verbunddiagramm wie folgt vor:

1. Öffnen Sie die Aufgabe 82. Markieren Sie die Zellen A3:C11.
2. Wählen Sie im Register **Einfügen/Diagramme** das Symbol **Verbunddiagramm einfügen**; klicken Sie auf das mittlere Symbol:

Beschriften Sie die Achsen und setzen Sie einen Titel, damit das Diagramm wie folgt aussieht:

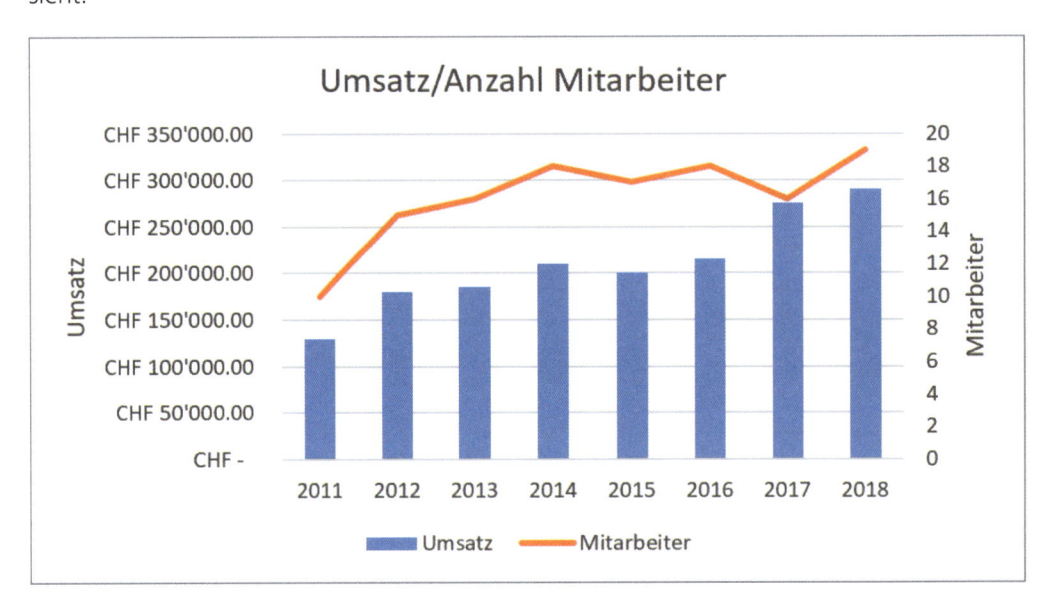

Auf der primären Grössenachse werden die Umsätze, auf der sekundären die Anzahl Mitarbeiter dargestellt.

Diagramme erstellen (einfügen)

Aufgabe 83

Die zukünftige Entwicklung der Bevölkerung lässt sich nicht mit Sicherheit voraussagen. Das Bundesamt für Statistik erstellt aber in Abständen von fünf Jahren Szenarien zur Bevölkerungsentwicklung. Basierend auf unterschiedlichen Annahmen werden ein realistisches Szenario «Trend» sowie zwei Extremszenarien «Positive Dynamik» und «Negative Dynamik» berechnet.

Die folgende Tabelle zeigt die mögliche Entwicklung der Altersstruktur, die sich aus den drei Szenarien ergibt:

	A	B	C	D	E	F	G	H
1	Szenarien zur Bevölkerungsentwicklung. Anteile nach Altersgruppen							
2								
3		2000	2010	2020	2030	2040	2050	2060
4								
5	Szenario "Trend"							
6	65-Jährige und Ältere	15.4	17.4	20.0	23.1	24.2	23.8	23.8
7	20- bis 64-Jährige	61.6	61.7	60.4	56.6	55.1	55.9	55.2
8	Unter 20-Jährige	23.2	21.0	19.3	20.2	20.5	20.3	20.9
9								
10	Szenario "Positive Dynamik"							
11	65-Jährige und Ältere	15.4	17.2	19.6	22.3	23.3	22.8	22.5
12	20- bis 64-Jährige	61.6	61.6	59.9	55.1	53.6	53.9	53.2
13	Unter 20-Jährige	23.2	21.3	20.7	22.5	23.4	23.3	24.1
14								
15	Szenario "Negative Dynamik"							
16	65-Jährige und Ältere	15.4	17.6	20.7	24.4	25.9	25.7	26.1
17	20- bis 64-Jährige	61.6	62.0	61.2	58.0	56.6	57.1	56.5
18	Unter 20-Jährige	23.2	20.8	18.1	17.7	17.5	17.2	17.5

Öffnen Sie die Aufgabe 83 und formatieren Sie die Tabelle. Erstellen Sie anschliessend ein Diagramm, das die Entwicklung der Altersgruppen gemäss dem Szenario «Trend» darstellt.

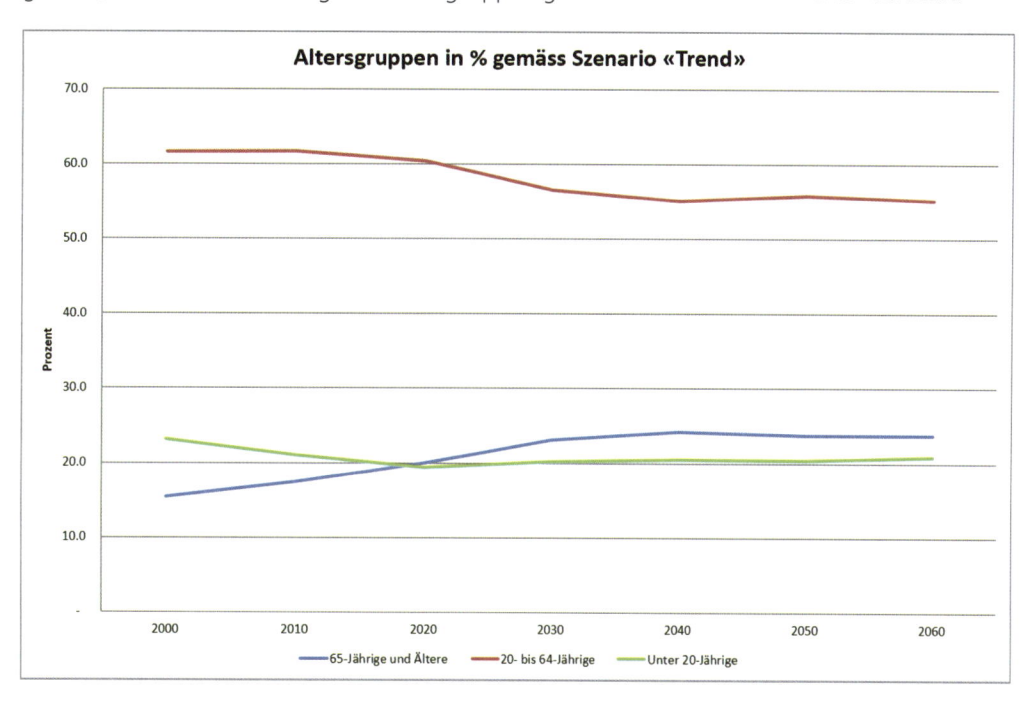

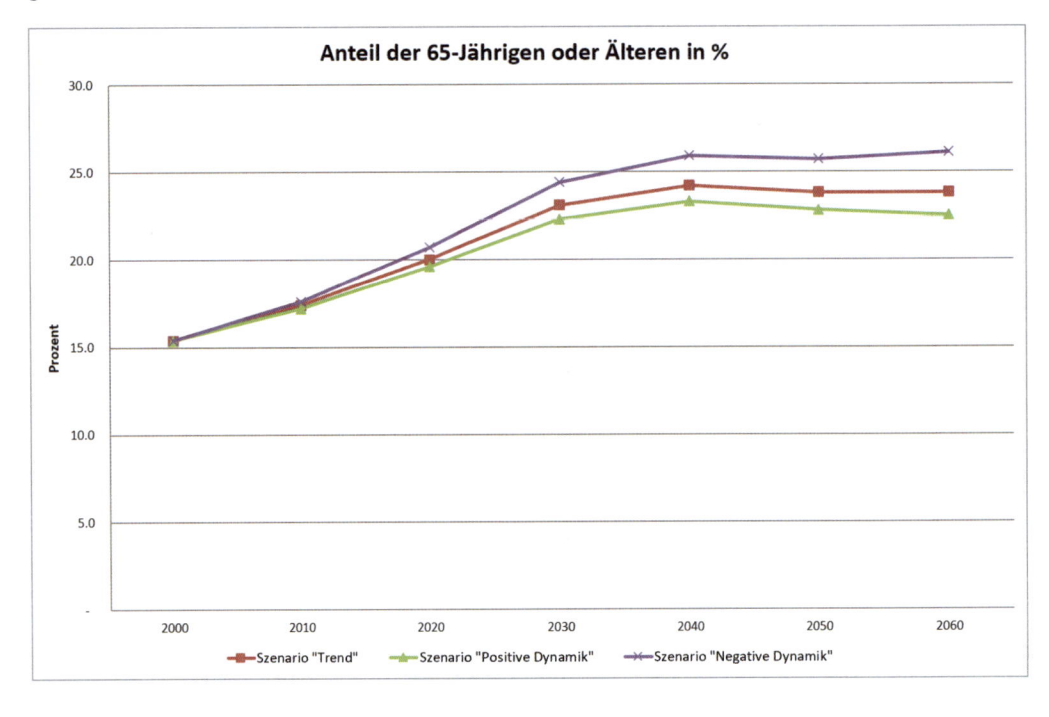

Diagramme

Erstellen Sie ein Diagramm, das die möglichen Entwicklungen der Altersgruppe der 65-Jährigen oder Älteren darstellt.

Anteil der 65-Jährigen oder Älteren in %

(Liniendiagramm mit drei Szenarien: "Trend", "Positive Dynamik", "Negative Dynamik" über die Jahre 2000 bis 2060)

Aufgabe 84

Die folgende Tabelle enthält fünf Preisgruppen mit ihrer Preisgrenze, dem Umsatz und dem Marktanteil.

	A	B	C	D
1	**Darstellung von Marktanteilen**			
2				
3		**Preisgrenze**	**Umsatz in CHF**	**Marktanteil**
4	Preisgruppe 1	200	2'100'000	24%
5	Preisgruppe 2	400	750'000	13%
6	Preisgruppe 3	600	1'200'000	12%
7	Preisgruppe 4	800	1'650'000	17%
8	Preisgruppe 5	1000	3'500'000	29%

In einem Diagramm möchten Sie darstellen, wie viel Umsatz Sie je Preisgrenze erzielt haben. Dabei soll auch der Marktanteil zum Ausdruck kommen. Für diese Art der Darstellung eignet sich das Blasendiagramm.

Die Datenpunkte werden in Form von unterschiedlich grossen Blasen dargestellt. Die Grösse dieser Blasen wird durch einen dritten Wert bestimmt, nämlich den Marktanteil. Je grösser der Marktanteil, desto grösser die Blase.

Diagramme erstellen (einfügen)

Öffnen Sie die Aufgabe 84. Erstellen Sie das unten stehende Diagramm und beachten Sie dabei folgende Punkte:

- Um das Diagramm zu erstellen, werden nur die drei Wertespalten markiert.
- Die Blasen sollen unterschiedlich eingefärbt werden.
- Beschriften Sie die Achsen.

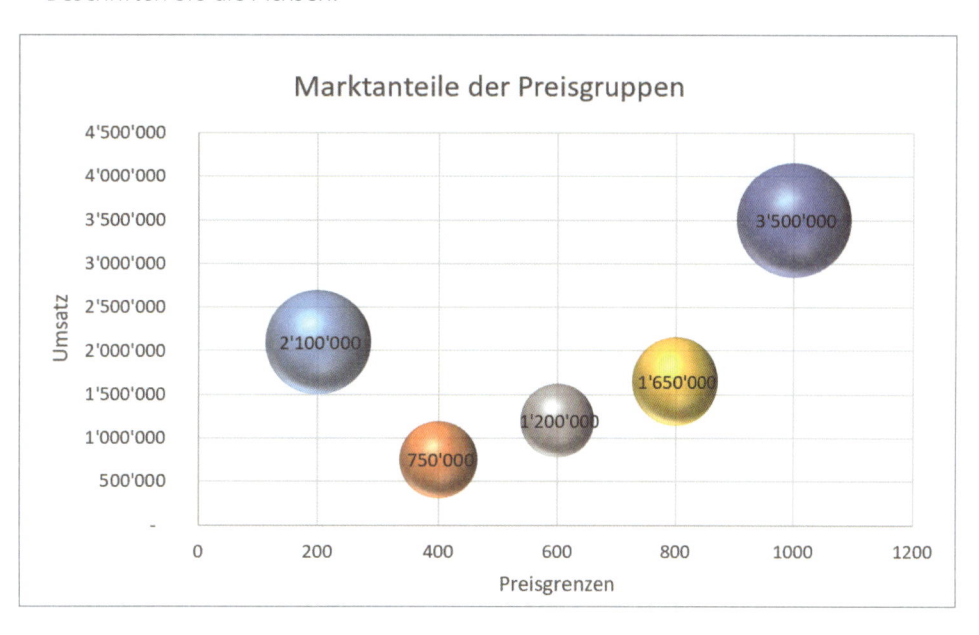

Aufgabe 85

Öffnen Sie die Aufgabe 85. Erstellen Sie aus den Klimadaten der Wetterstation Zürich ein Diagramm, das die jährliche Sonnenscheindauer in Stunden, die Jahresniederschläge in mm und die mittlere Jahrestemperatur in °C von 1950 bis 2014 zeigt.

Verwenden Sie für die Sonnenscheindauer und die Niederschlagsmenge ein Flächendiagramm und für die Temperatur ein Liniendiagramm.

Da die Wertebereiche von Sonnenscheindauer und Niederschlagsmenge gegenüber der Temperatur erheblich variieren, stellen Sie die Jahrestemperatur auf einer zweiten Grössenachse, der sogenannten Sekundärachse, dar.

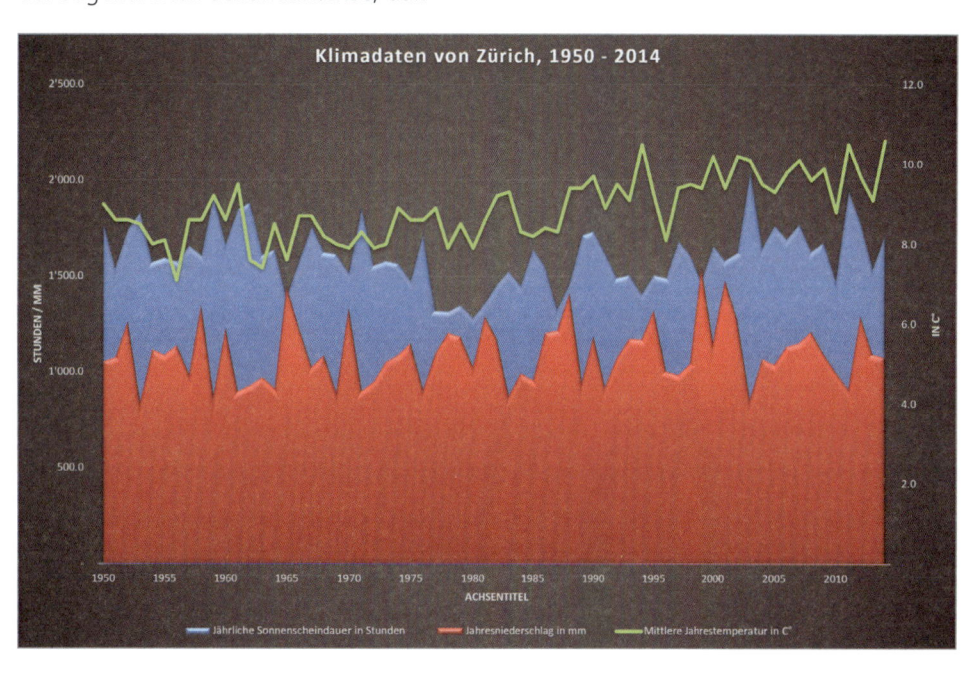

Diagramme

Aufgabe 86

Öffnen Sie die Aufgabe 86 und erstellen Sie das unten abgebildete Diagramm. Damit Sie den Durchschnitt im Diagramm abbilden können, müssen Sie ihn zuerst berechnen. Das orange Feld mit dem Wert CHF 12 450 000 ist ein Textfeld mit einem Bezug zum berechneten Mittelwert.

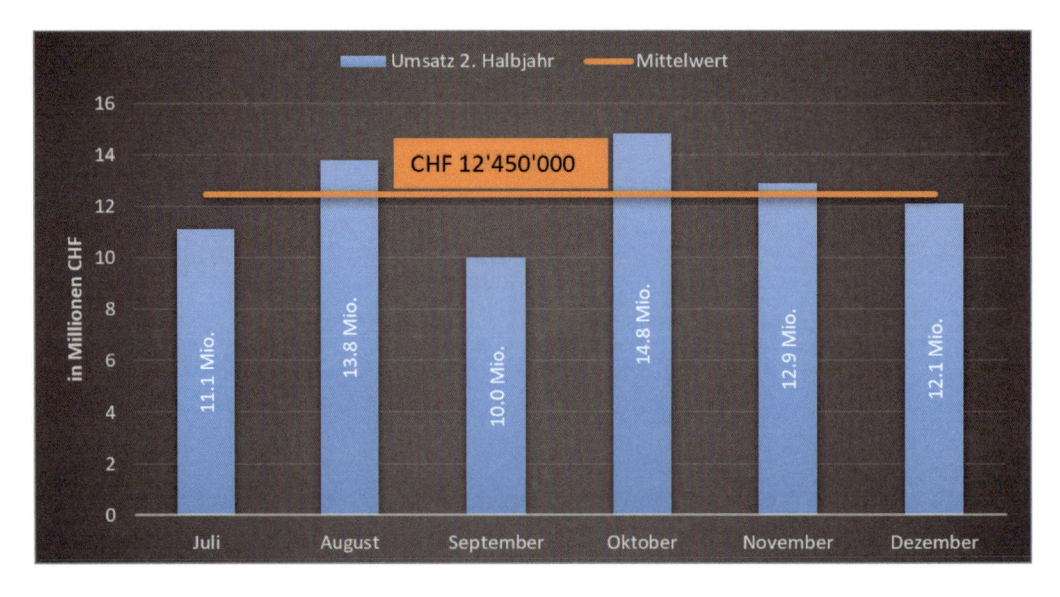

Aufgabe 87

Bei dieser Aufgabe geht es darum, die Nutzschwelle oder den Break-even-Point grafisch darzustellen. Bei der Nutzschwelle erzielt das Unternehmen weder Gewinn noch Verlust. Mit andern Worten: Der Erfolg ist gleich null.
Es ist für ein Unternehmen wichtig zu wissen, wie viel Stück es produzieren muss, um keinen Verlust zu machen.

Folgende Zahlen (in CHF) sind bekannt:
- Nettoerlös je Stück   10.–
- Variable Kosten je Stück   6.–
- Fixkosten   100 000.–

Öffnen Sie die Aufgabe 87. Stellen Sie die Kosten- und Gewinnentwicklung in Abhängigkeit von der Menge grafisch dar und bestimmen Sie die Nutzschwelle. Bereits aus der Tabelle ist ersichtlich, bei welcher Stückzahl die Nutzschwelle liegt.

Break-even-Analyse

Nettoerlös je Stück	CHF	10.00	
Variable Kosten	CHF	6.00	
Fixkosten	CHF	100'000.00	

Menge	Nettoerlös		Variable Kosten		Fixkosten		Totalkosten		Erfolg	
0	CHF	-	CHF	-	CHF	100'000.00	CHF	100'000.00	CHF	-100'000.00
5'000	CHF	50'000.00	CHF	30'000.00	CHF	100'000.00	CHF	130'000.00	CHF	-80'000.00
10'000	CHF	100'000.00	CHF	60'000.00	CHF	100'000.00	CHF	160'000.00	CHF	-60'000.00
15'000	CHF	150'000.00	CHF	90'000.00	CHF	100'000.00	CHF	190'000.00	CHF	-40'000.00
20'000	CHF	200'000.00	CHF	120'000.00	CHF	100'000.00	CHF	220'000.00	CHF	-20'000.00
25'000	CHF	250'000.00	CHF	150'000.00	CHF	100'000.00	CHF	250'000.00	CHF	-
30'000	CHF	300'000.00	CHF	180'000.00	CHF	100'000.00	CHF	280'000.00	CHF	20'000.00
35'000	CHF	350'000.00	CHF	210'000.00	CHF	100'000.00	CHF	310'000.00	CHF	40'000.00
40'000	CHF	400'000.00	CHF	240'000.00	CHF	100'000.00	CHF	340'000.00	CHF	60'000.00
45'000	CHF	450'000.00	CHF	270'000.00	CHF	100'000.00	CHF	370'000.00	CHF	80'000.00
50'000	CHF	500'000.00	CHF	300'000.00	CHF	100'000.00	CHF	400'000.00	CHF	100'000.00

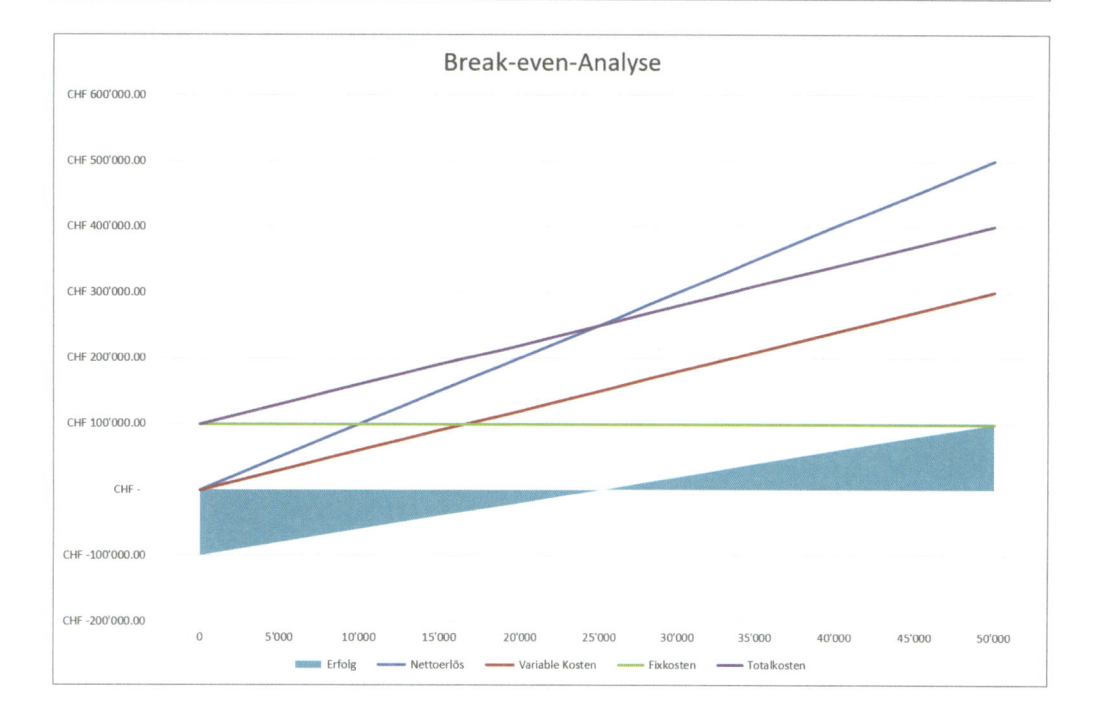

Hinweise:
- Für die Datenreihe «Erfolg» verwenden Sie den Diagrammtyp Fläche.
- Die Beschriftungsposition der x-Achse stellen Sie auf «Niedrig» ein.
  Diese Einstellung finden Sie im Fenster **Achse formatieren**.

Diagramme

Aufgabe 88

Reiseverhalten der Schweizer Bevölkerung

Im Jahr 2016 unternahmen 91 % der Schweizer Wohnbevölkerung mindestens eine Reise mit einer oder mehreren auswärtigen Übernachtungen. Insgesamt wurden 22,4 Millionen Reisen mit Übernachtungen durchgeführt, davon 7,5 Millionen im Inland. Somit wurden pro Person im Mittel 3,0 Reisen durchgeführt, 1,0 davon mit inländischem Reiseziel. Mit 2,1 Reisen reisten Personen über 65 Jahren seltener als die anderen Alterskategorien. Die Deutschschweizer unternahmen 3,0 Reisen, Personen aus der Westschweiz 2,9 und jene aus dem italienischen Sprachraum 2,6.

Nach dieser kurzen Erläuterung zum Reiseverhalten der Schweizer erstellen Sie bitte aus folgenden Daten zwei aussagekräftige Diagramme auf separaten Tabellenblättern:

Anzahl Reisen mit Übernachtungen im Jahr 2016 (in 1000): Schweiz: 7465; Deutschland: 2980; Österreich: 960; Italien: 2730; Frankreich: 1913; Südosteuropa: 948; Südwesteuropa: 1797; übriges Europa: 1925; übrige Welt: 1689.

Quelle: Schweizer Tourismus Verband, Schweizer Tourismus in Zahlen, Ausgabe 2017. https://www.stv-fst.ch/sites/default/files/2018-07/StiZ_de.pdf.

Datenlisten 6

6.1 Aufbau von Datenlisten

Unter einer Datenliste versteht man eine Reihe von Tabellenzeilen, die zusammengehörende Daten wie z. B. Adressen oder Artikel enthalten. Mit einer solchen Datenliste können typische Datenbankfunktionen wie Filtern und Sortieren ausgeführt werden.

Damit Excel eine Datenliste erkennt, muss die erste Zeile die Feldnamen (Spaltenüberschriften) enthalten. Die darauffolgenden Zeilen enthalten die Datensätze. Die folgende Tabelle enthält zum Beispiel für jede Person sieben Informationen (Datenfelder) mit den Feldnamen Anrede, Vorname, Name, Strasse, PLZ, Ort und Telefon. Jede Zeile enthält die zusammengehörenden Informationen zu einer Person und stellt einen Datensatz (Record) dar.

Feldnamen

Anrede	Vorname	Name	Strasse	PLZ	Ort	Telefon
Herr	Peter	Zürrer	Speerstr. 10b	6319	Allenwinden	079 667 41 74
Herr	Urs J.	Knobel	Luzernstr.90	6319	Allenwinden	079 691 17 61
Herr	Gianni	Valsecchi	Konradsweg 16	6315	Alosen	079 350 40 04
Herr	Sandro	Aschwanden	Hungerstr. 2	6055	Alpnach Dorf	055 462 32 85
Herr	Daniel	Kohler	Fällmisstr. 41	6055	Alpnach Dorf	055 464 15 54

Datensätze (links) — *Datenfeld* (unten)

Beachten Sie bitte die folgenden Regeln für Datenlisten:
- Eine Datenliste darf weder leere Zeilen noch leere Spalten enthalten.
- Jede Spalte sollte eine eindeutige, prägnante und einzeilige Spaltenüberschrift haben.
- Die Zellen von Spaltenüberschriften sollten nicht verbunden sein. Verbundene Zellen werden nicht richtig als Überschriften erkannt.
- Die Spaltenüberschriften sollten hervorgehoben sein, z. B. durch Fettschrift.
- Unterschiedliche Feldinhalte sollten in verschiedenen Spalten stehen. Schreiben Sie deshalb nie den Vornamen und den Namen oder die Postleitzahl und den Ort in die gleiche Spalte.

Zwischen der Liste und anderen Daten im Arbeitsblatt hingegen sollten mindestens eine leere Spalte und eine leere Zeile stehen. Auf diese Weise kann Excel die Liste leichter erkennen und markieren, wenn Sie Daten sortieren oder filtern.

Je Arbeitsblatt sollten Sie nur eine Datenliste verwenden, weil das Filtern nicht auf mehrere Listen gleichzeitig angewendet werden kann.

6.2 Sortieren

6.2.1 Überblick

Register	**Start**
Gruppe	**Bearbeiten**
Befehl	**Sortieren und filtern**

Sortieren

oder

Register	**Daten**
Gruppe	**Sortieren und filtern**
Befehl	**Sortieren**

Sortieren

Für das Sortieren bietet Ihnen Excel wiederum verschiedene Möglichkeiten, die zum gleichen Ziel führen: Einerseits finden Sie im Register **Start**, Gruppe **Bearbeiten**, den Befehl **Sortieren und filtern**. Andrerseits finden Sie im Register **Daten** die Gruppe **Sortieren und filtern**.

Beim Sortieren gilt es zu beachten, dass je nach Markierung die gesamte Liste oder nur ein Bereich der Liste sortiert wird.
- Um die gesamte Liste zu sortieren, genügt es, eine beliebige Zelle innerhalb der Liste zu markieren, bevor der Sortierbefehl ausgeführt wird.
- Wenn Sie einen Bereich markieren, sortiert Excel nur die markierten Zeilen und Spalten. Bei einer falschen Markierung kann dies unangenehme Folgen haben, weil unter Umständen die ursprüngliche Reihenfolge nicht wiederhergestellt werden kann!
- Ausgeblendete Zeilen und Spalten werden beim Sortieren nicht berücksichtigt. Blenden Sie daher die Spalten und Zeilen vor dem Sortieren ein.

6.2.2 Sortierreihenfolge

Zahlen werden aufsteigend von der kleinsten zur grössten Zahl und absteigend von der grössten zur kleinsten sortiert.

Texte (mit oder ohne Ziffern) werden Zeichen um Zeichen von links nach rechts sortiert. Dabei gilt aufsteigend die folgende Reihenfolge: Leer- und Sonderzeichen vor Ziffern von 0 bis 9 vor Buchstaben in alphabetischer Reihenfolge. Leere Zellen werden immer an das Ende der Liste gestellt.

6.2.3 Sortieren nach einem einzelnen Datenfeld

Symbol **Aufsteigend sortieren**

Symbol **Absteigend sortieren**

Um eine Liste auf- oder absteigend nach einem einzelnen Datenfeld zu sortieren, platzieren Sie den Cursor in der entsprechenden Spalte. Im Register **Daten**, Gruppe **Sortieren und filtern**, finden Sie dafür die zwei Symbole **Aufsteigend sortieren** und **Absteigend sortieren**.

Datenlisten

Register	Start
Gruppe	Bearbeiten
Befehl	Sortieren und filtern
Befehl	Benutzerdefiniertes Sortieren

Sortieren

oder

Register	Daten
Gruppe	Sortieren und filtern
Befehl	Sortieren

Sortieren

Tipp
Eine Liste kann nicht nur nach Zeilen, sondern auch nach Spalten sortiert werden. Das spaltenweise Sortieren legen Sie im Dialogfeld **Sortieren** über die Schaltfläche **Optionen** fest.

6.2.4 Sortieren nach mehreren Datenfeldern

Möchten Sie eine Liste nach mehreren Feldern sortieren, zum Beispiel nach dem Namen, dem Vornamen und dem Ort, gehen Sie wie folgt vor:

1. Markieren Sie eine beliebige Zelle der Liste.
2. Wählen Sie im Register **Start**, Gruppe **Bearbeiten**, **Sortieren und filtern**, den Befehl **Benutzerdefiniertes Sortieren**. Es öffnet sich folgendes Dialogfeld:

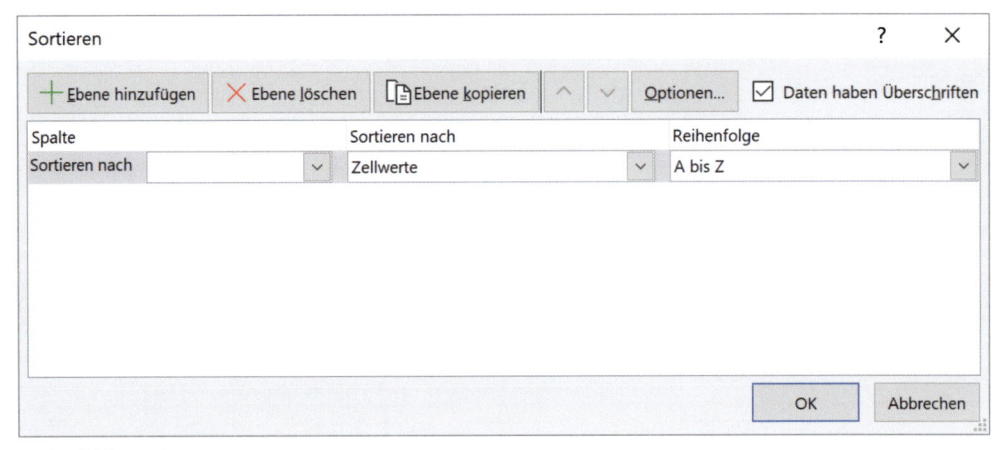

Dialogfeld **Sortieren**

3. Wählen Sie das erste Feld, nach dem sortiert werden soll (z. B. Name).
4. Klicken Sie auf **Ebene hinzufügen**; wählen Sie das zweite Feld (z. B. Vorname). Fügen Sie bei Bedarf weitere Ebenen hinzu (z. B. Ort).

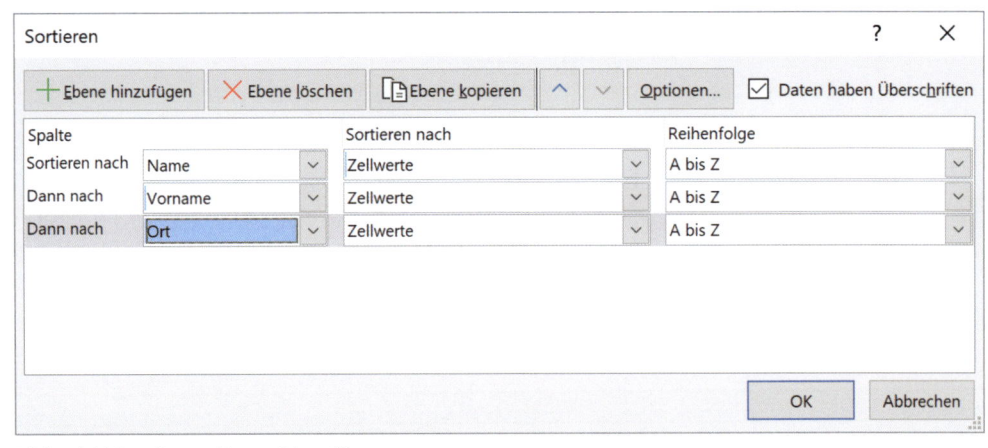

Dialogfeld **Sortieren**, Ebene hinzufügen

Unter **Reihenfolge** legen Sie fest, ob Sie aufsteigend, absteigend oder benutzerdefiniert sortieren möchten. Klicken Sie anschliessend auf **OK**, um den Sortiervorgang auszuführen.

Aufgabe 89

Öffnen Sie die Aufgabe 89. Kopieren Sie das Tabellenblatt **Adressliste** viermal.

▶ Benennen Sie die kopierten Tabellenblätter um in
- PLZ
- Ort
- Name_Vorname
- Ort_Name_Vorname

▶ Führen Sie in den kopierten Blättern die folgenden Sortiervorgänge durch:
- aufsteigend nach Postleitzahlen
- absteigend nach Ort   *(Z-A)*
- aufsteigend nach Name und dann nach Vorname
- absteigend nach Ort und aufsteigend nach Name und Vorname

	A	B	C	D	E	F	G	H
1	NR	Anrede	Vorname	Name	Strasse	PLZ	Ort	Telefon
2	1	Frau	Françoise	Trutmann	Feldheimstr. 31	6319	Allenwinden	041 712 38 35
3	2	Herr	Adolf	Marfurt	Alte Mühle 12	6055	Alpnach Dorf	041 671 06 80
4	3	Herr	Ricardo	Aschwanden	Riedhalde 3	6460	Altdorf UR	041 871 28 60
5	4	Herr	Stefan	Schuler	Untere Allmendstr. 3a	8852	Altendorf	055 442 54 25
6	5	Herr	Stefan	Seeger	Untere Allmendstr. 3a	8852	Altendorf	055 442 59 85
7	6	Herr	Roland	Sittig	Rietliweg 5	6490	Andermatt	041 887 02 80
8	7	Herr	Paul	Stadler	Mühlegasse 32	6415	Arth	041 855 32 42
9	8	Herr	Joe	Köninger	Höfnerstr. 29	6340	Baar	041 761 30 42
10	9	Herr	Jörg	Dürr	Hofstr. 26	6340	Baar	041 760 87 43

Datenlisten

6.3 Datensätze filtern

6.3.1 Überblick

Durch Filtern können Sie sich aus einer Liste jene Datensätze anzeigen lassen, die bestimmten Kriterien entsprechen.

Beispiel: Sie möchten sich alle Produkte anzeigen lassen, mit denen Sie mehr als CHF 10 000.– Umsatz erzielt haben, oder Sie wollen alle Kunden auflisten, die in Schaffhausen oder Zürich wohnen. Zeilen, die nicht diesen Kriterien entsprechen, werden bei einer gefilterten Datenliste ausgeblendet. Die vollständige Liste kann jederzeit wieder angezeigt werden. Die Reihenfolge der Daten wird im Gegensatz zur Sortierfunktion nicht verändert.

Im Folgenden lernen Sie die wichtigsten Funktionen anhand einer Aufgabe kennen.

Aufgabe 90

Öffnen Sie die Aufgabe 90. Wir werten die Bestellliste nach verschiedenen Kriterien aus. Gehen Sie wie auf den folgenden Seiten beschrieben vor.

Register	Start
Gruppe	Bearbeiten
Befehl	Sortieren und filtern
Befehl	Filtern

Filtern

oder

Register	Daten
Gruppe	Sortieren und filtern
Befehl	Filtern

Filtern

6.3.2 Filterfunktion aktivieren

Um den Filter (auch AutoFilter genannt) zu verwenden, aktivieren Sie eine beliebige Zelle innerhalb der Datenliste und wählen im Register **Start**, Gruppe **Bearbeiten**, den Befehl **Sortieren und filtern**. Anschliessend klicken Sie auf **Filtern**. Jeder Feldname (Spaltenüberschrift) wird mit einem Drop-down-Pfeil versehen.

	A	B	C	D	E		F	G		H
1	**Bestellungen**									
2										
3	Code	Artikel-Nr.	Beschreibung	Anzahl	Preis pro Einheit		Bruttobetrag	Rabatt pro Einheit		Nettobetrag
4	PLM	3001	Baggerlader	10	CHF	68.90	CHF 689.00	CHF	10.50	CHF 584.00
5	PLM	3003	Gabelstapler	2	CHF	41.50	CHF 83.00	CHF	6.00	CHF 71.00
6	PLM	3005	Hofhund/Welpen	5	CHF	8.50	CHF 42.50	CHF	1.50	CHF 35.00
7	PLM	3006	Waldtiere	15	CHF	29.50	CHF 442.50	CHF	4.50	CHF 375.00
8	PLM	3007	Katzenfamilie	15	CHF	6.90	CHF 103.50	CHF	1.00	CHF 88.50
9	PLM	3019	Traumschloss	15	CHF	269.00	CHF 4'035.00	CHF	40.50	CHF 3'427.50
10	PLM	3020	Schlafzimmer/Himmelb	5	CHF	29.50	CHF 147.50	CHF	4.50	CHF 125.00
11	PLM	3021	Festliche Tafelrunde	10	CHF	33.50	CHF 335.00	CHF	5.00	CHF 285.00
12	PLM	3031	Königliches Badezimmer	2	CHF	22.90	CHF 45.80	CHF	3.50	CHF 38.80

Spaltenüberschriften mit Drop-down-Pfeilen

6.3.3 Filter setzen

Filter setzen, Beispiel 1

Sie möchten alle Artikel aufgelistet haben, von denen 10 Stück bestellt worden sind.

1. Klicken Sie auf den Drop-down-Pfeil im Feld **Anzahl**. Dadurch werden alle Elemente dieser Spalte angezeigt.
2. Am schnellsten klicken Sie auf das Feld **(Alles auswählen)**, damit alle Positionen deaktiviert werden.
3. Setzen Sie das Häkchen bei 10.
4. Klicken Sie auf **OK**.

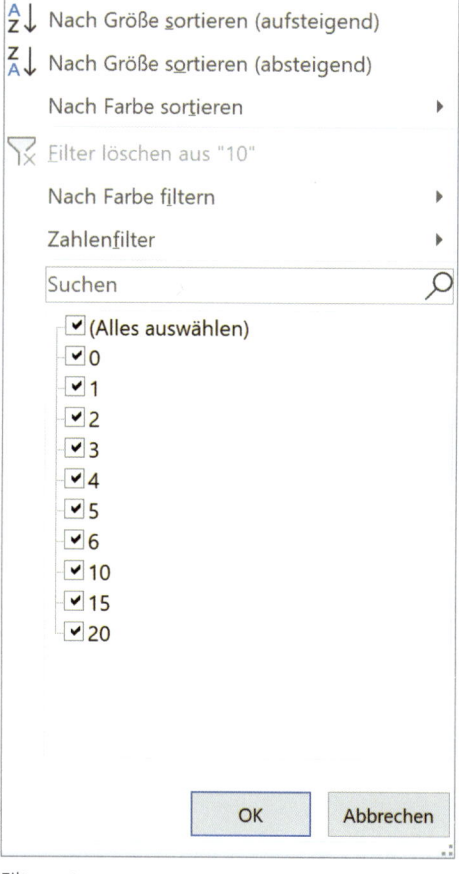

Filter setzen

Filtersymbol auf der Drop-down-Schaltfläche

Eine gefilterte Liste erkennen Sie immer an den unvollständigen Zeilennummern. Zudem sind die Zeilennummern blau. Das gefilterte Feld wird durch ein kleines Filtersymbol auf der Schaltfläche des Drop-down-Pfeils gekennzeichnet.

In der Statuszeile können Sie ablesen, wie viele Datensätze Ihren Filterkriterien entsprechen.

Bereit 82 von 757 Datensätzen gefunden.
Anzeige der Anzahl Datensätze in der Statuszeile

Einen Filter aufheben (löschen)

Um einen Filter in einer Spalte aufzuheben, klicken Sie auf die Schaltfläche **Filter** in der Spaltenbeschriftung und anschliessend in der Befehlsliste auf **Filter löschen aus…** . Alternativ können Sie auch das Häkchen bei **(Alles auswählen)** aktivieren.

Alle Filter aufheben (löschen)

Register	**Daten**
Gruppe	Sortieren und filtern
Befehl	Löschen

Filter löschen

Um alle Filter gleichzeitig aufzuheben, wählen Sie im Register Daten, Gruppe **Sortieren und filtern**, den Befehl **Löschen**.

Löschen Sie alle Filter der Aufgabe 90.

Datenlisten

Filter setzen, Beispiel 2

Wir möchten uns alle Artikel anzeigen lassen, die mit **Polizist** oder **Traktor** beginnen.
1. Klicken Sie auf den Drop-down-Pfeil im Feld **Beschreibung**.
2. Klicken Sie auf den Befehl **Textfilter**.
3. Wählen Sie **Beginnt mit…** . Es öffnet sich das Dialogfeld **Benutzerdefinierter Autofilter**. Dieser Filter ermöglicht es Ihnen, jede Spalte nach zwei Kriterien zu filtern.

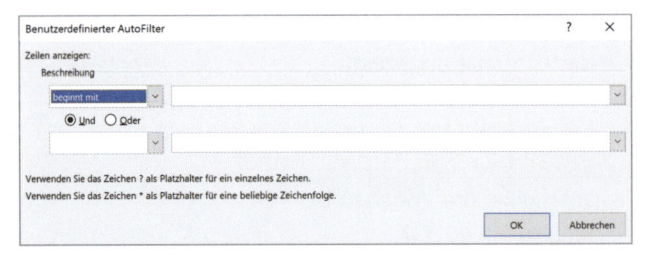

Benutzerdefinierter Autofilter

4. Tragen Sie im oberen Feld **Polizist** und im unteren Feld **Traktor** ein. Wichtig ist, dass Sie das Feld **Oder** aktivieren. Entweder beginnt das Wort mit **Polizist** oder mit **Traktor**. Es handelt sich also um eine Oder-Verknüpfung.

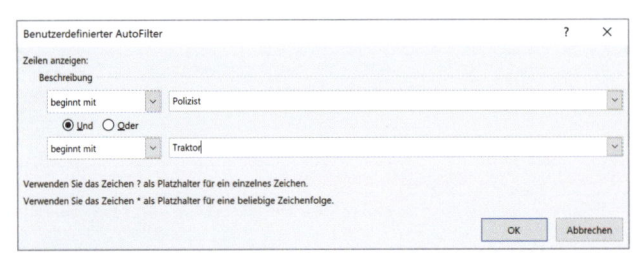

Benutzerdefinierter Autofilter

5. Klicken Sie auf **OK**.

Filter setzen, Beispiel 3

Löschen Sie alle Filter in der Aufgabe 90. Wir möchten uns die zehn Artikel anzeigen lassen, mit denen wir den grössten Nettobetrag erwirtschaften.
1. Klicken Sie auf den Drop-down-Pfeil im Feld **Nettobetrag**.
2. Klicken Sie auf den Befehl **Zahlenfilter**.
3. Wählen Sie **Top 10…** . Es öffnet sich folgendes Dialogfeld:

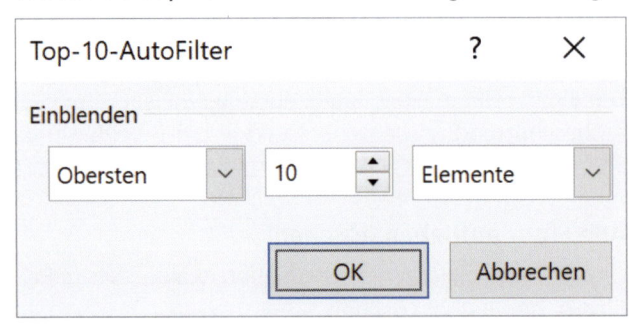

Obere oder untere Grenze setzen

Datensätze filtern

In diesem Dialogfeld legen Sie eine obere oder eine untere Grenze für die Feldinhalte fest, die angezeigt werden sollen. Die Grenze kann sich auf die Anzahl Elemente oder einen Prozentsatz an Elementen beziehen. Es müssen nicht unbedingt 10 Elemente sein; Sie können auch eine andere Zahl wählen.

6.3.4 Filter speichern

Register	Ansicht
Gruppe	Arbeitsmappenansichten
Befehl	Benutzerdefinierte Ansichten

Filter speichern

Wenn Sie die Filtereinstellungen mehr als einmal brauchen, empfiehlt es sich, diese zu speichern. Dafür stellt Ihnen Excel die **Benutzerdefinierte Ansicht** zur Verfügung. In einer **Benutzerdefinierten Ansicht** werden folgende Elemente gespeichert: Spaltenbreite, Ansichtsanzeigeoptionen (z. B. Normalansicht), Fenstergrösse, die Position auf dem Bildschirm, geteilte und fixierte Fenster, das aktive Blatt, markierte Zelle, verborgene Arbeitsblätter und eben auch Filtereinstellungen.

Vorgehen:

1. Nehmen Sie alle Änderungen vor, die in der Ansicht gespeichert werden sollen (z. B. Filter setzen, Zoom einstellen).
2. Klicken Sie in der Registerkarte **Ansicht**, Gruppe **Arbeitsmappenansichten**, auf **Benutzerdefinierte Ansichten**. Es erscheint folgendes Dialogfeld:

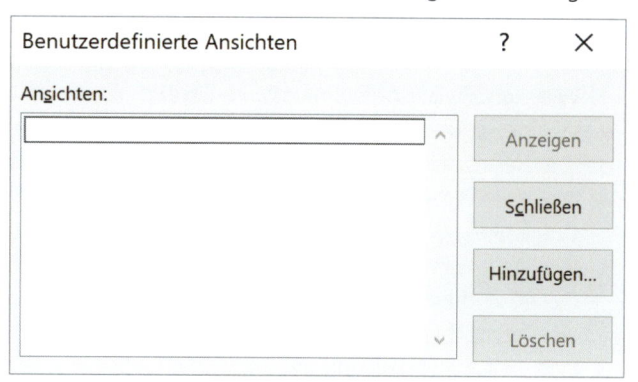

Dialogfeld **Benutzerdefinierte Ansichten**

3. Klicken Sie auf die Schaltfläche **Hinzufügen**.
4. Tippen Sie im Eingabefeld einen aussagekräftigen Namen für die Ansicht ein und anschliessend auf **OK**.

Sie können sich diese Ansicht jederzeit über das Dialogfeld **Benutzerdefinierte Ansichten**, Schaltfläche **Anzeigen**, anzeigen lassen.

Datenlisten

Aufgabe 91

Öffnen Sie die Aufgabe 91 und beantworten Sie die folgenden Fragen zur Artikelliste.

1. Wie viele Monitore sind im Sortiment?
2. Wie viele Artikel haben Aktionsstatus?
3. Wie viele Monitore sind lieferbar?
4. In welchem Preisbereich liegen die fünf billigsten Artikel?
5. Wie viele Artikel kosten weniger als CHF 10.–?
6. Wie viele Artikel liegen in einem Preisbereich zwischen CHF 500.– und CHF 1000.–?
7. Wie viele Artikel stammen gemäss Artikelbezeichnung von der Firma CANON?
8. Wie viele Artikel, die gemäss Artikelbezeichnung von der Firma ASUS stammen, sind Motherboards?
9. Wie viele Artikel, die nur auf Bestellung lieferbar sind, kosten mehr als CHF 1000.–?

Aufgabe 92

Sie sind Besitzerin oder Besitzer des Fitnessstudios EUROFITNESS und haben mehrere Filialen in der Schweiz. Öffnen Sie die Aufgabe 92, verschaffen Sie sich einen Überblick über die Daten und beantworten Sie folgende Fragen. Beachten Sie: Nicht bei jeder Aufgabe muss gefiltert werden. Manchmal kommt man mit Sortieren schneller zum Ziel, vor allem dann, wenn man den grössten oder kleinsten Wert ermitteln muss. Löschen Sie vor jeder neuen Aufgabe alle Filter.

1. Wie viele Datensätze umfasst die Liste?
2. Wie heisst die Person, die zuletzt Mitglied geworden ist?
3. Wie heisst die Person, die in der Filiale Bern zuletzt eingetreten ist?
4. Wie viele Personen haben einen Nachnamen, der mit A beginnt und mit e aufhört?
5. Wie viele fortgeschrittene Mitglieder der Filiale Basel haben ein Voll-Abo?
6. Wie viele Personen trainieren in der Filiale Bern oder Brugg, sind Einsteiger oder «Mittel» (Level) und haben nach dem 01.01.1990 Geburtstag?
7. Wie heisst Ihr ältestes Mitglied?
8. Wie viele Personen sind am 14.11.2001 oder vorher eingetreten, sind weiblich, haben ein Voll-Abo und trainieren in der Filiale Bern oder Luzern?
9. Wie viele Mitglieder haben ein Gold-Abo und einen Vertrag, der sechs Monate dauert?
10. Wie viele Mitglieder haben ein Doppel-t in ihrem Nachnamen (Beispiel «Sutter»)?
11. Wie viele weibliche Mitglieder haben ein Firmen-Abo und trainieren bei Bea oder Christine?

6.3.5 Die Funktion TEILERGEBNIS

Wenn wir aus den Zahlen gefilterter Listen den Mittelwert berechnen, erhalten wir «falsche» oder meistens unerwünschte Ergebnisse. Excel berechnet nämlich den Mittelwert von **allen** Werten, auch von solchen, die **nicht** den Filterkriterien entsprechen! Schauen wir das anhand eines Beispiels an.

1. Tippen Sie die folgenden Daten in ein leeres Tabellenblatt ein:

	A	B	C
1	Artikel	Status	Preis in CHF
2	Kugelschreiber	lieferbar	33.50
3	Schreibmappe	auf Bestellung	19.50
4	Kalender	auf Bestellung	20.50
5	Schreibblocks	lieferbar	4.50
6	Etuis	auf Bestellung	25.00
7	Füllfederhalter	lieferbar	65.50
8	Neujahrskarten	lieferbar	6.50

Ungefilterte Liste

2. Berechnen Sie in der Zelle **C9** den Mittelwert; Sie erhalten 25.00.
3. Löschen Sie den Inhalt in Zelle **C9**.
4. Nun filtern Sie die Tabelle: Es sollen nur jene Artikel mit dem Status **lieferbar** angezeigt werden. Berechnen Sie den Mittelwert erneut:

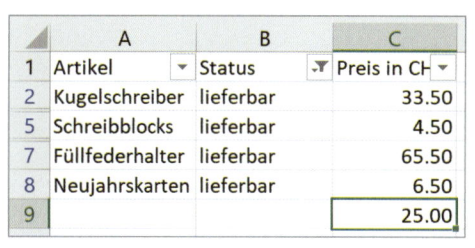

	A	B	C
1	Artikel	Status	Preis in CHF
2	Kugelschreiber	lieferbar	33.50
5	Schreibblocks	lieferbar	4.50
7	Füllfederhalter	lieferbar	65.50
8	Neujahrskarten	lieferbar	6.50
9			25.00

Gefilterte Liste

Wie Sie sehen, erhalten Sie das gleiche Ergebnis wie bei der ungefilterten Liste! Das ist in vielen Fällen nicht erwünscht. Oft möchte man nur den Mittelwert der gefilterten Daten ermitteln. Wenn Sie übrigens die Werte markieren, zeigt Ihnen Excel in der **Statuszeile** den richtigen Mittelwert an (27.50). Um diesen Wert zu erhalten, verwenden wir die Funktion **TEILERGEBNIS**.

5. Löschen Sie die Formel in der Zelle **C9** und tippen Sie =**teilergebnis(** ein. Nun sehen Sie folgendes Bild:

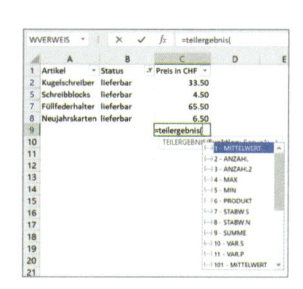

Teilergebnis bilden

6. Wenn Sie den Mittelwert berechnen wollen, tippen Sie die **1** ein, gefolgt von einem **Strichpunkt**. Anschliessend müssen Sie nur noch die Zellen **C2:C8** markieren und **Enter** drücken. Als Mittelwert erhalten Sie 27.50.

Zugegeben: Es gibt schönere und häufigere Funktionen als TEILERGEBNIS. Dennoch sollte man die Funktion kennen und vor allem wissen, dass es heikel ist, Berechnungen mit gefilterten Listen vorzunehmen!

Datenlisten

6.4 Datensätze erfassen, suchen, ändern oder löschen

Datensätze erfassen können Sie, indem Sie den Cursor ans Ende Ihrer Liste setzen und die neuen Daten erfassen. Um einen Datensatz zu ändern, suchen Sie diesen, z. B. mit der Suchfunktion im Register **Start**, Gruppe **Bearbeiten**, Befehl **Suchen und auswählen**, und passen den Inhalt an. Beim Löschen eines Datensatzes sollten Sie darauf achten, dass Sie die ganze Zeile löschen, nicht nur den Inhalt eines Datensatzes.

Tipp
Mit **Alt+N+M** rufen Sie die Datenmaske am schnellsten auf.

6.4.1 Datensätze über die Datenmaske erfassen

Falls Sie viele Datensätze erfassen müssen, bietet Ihnen Excel eine Eingabehilfe, die sogenannte Maske an. Diese rufen Sie am einfachsten über den Befehl **Alt+N+M** auf. Falls Sie diesen Befehl oft brauchen, können Sie ihn auch über das Register **Datei**, **Optionen**, Kategorie **Menüband anpassen**, **Alle Befehle**, **Maske**, in die **Symbolleiste für den Schnellzugriff** einfügen.

Quelldaten		? ×
MitgliederNr:	30-001	1 von 1237
Anrede:	Frau	Neu
Nachname:	Doppmann	Löschen
Vorname:	Bernadette	Wiederherstell
Strasse:	Schlössliweg	
Nr.:	9	Vorherigen suc
PLZ:	3123	Weitersuchen
ORT:	Belp	Kriterien
Filiale:	Bern	Schließen
Geburtsdatum:	02.02.1946	
Eintrittsdatum:	07.06.1998	
Trainer:	Christine	
Level:	Mittel	
Abo:	Voll-Abo	
Vertrag:	12 Monate	
Preis:	1000	

Datenmaske

Über die Schaltfläche **Neu** geben Sie neue Datensätze ein. Mit dem Tabulator springen Sie von Feld zu Feld. Wenn Sie das letzte Feld ausgefüllt haben, drücken Sie **Enter**. Dadurch erscheint wieder eine leere Maske, und Sie können weitere Datensätze erfassen.

6.4.2 Datensätze suchen, ändern oder löschen

Klicken Sie auf die Schaltfläche **Kriterien**. Sie erhalten folgendes Fenster:

Datensätze bearbeiten

Geben Sie ein oder mehrere Suchkriterien ein und drücken Sie **Enter**. Sie können auch mit den Platzhaltern (Wildcards) * und ? arbeiten.

Platzhalter	Bedeutung	Beispiel
* (Stern)	Der Stern steht für beliebig viele Zeichen.	Die Eingabe **Bau*** findet Baumann, Baur, Bauhofer usw.
? (Fragezeichen)	Das Fragezeichen steht für ein beliebiges Zeichen. Mehrere Fragezeichen nacheinander sind erlaubt.	Sie wissen nicht mehr, ob sich Herr **Meier** mit **ai** oder **ei** schreibt. Geben Sie Folgendes ein: **M?ier**.

Falls mehrere Datensätze den Kriterien entsprechen, müssen Sie auf **Weitersuchen** oder **Vorherigen suchen** klicken, bis der gesuchte Datensatz angezeigt wird. Nachdem Sie die Daten geändert haben, klicken Sie auf **Schliessen**. Wollen Sie den Datensatz löschen, klicken Sie auf **Löschen**.

Suchen und ersetzen ohne Maske

Selbstverständlich können Sie Inhalte (Texte oder Zahlen) auch über die gewöhnliche Suchfunktion finden; diese haben Sie vielleicht bereits in Word kennengelernt. Sie haben auch die Möglichkeit, Texte zu suchen und diese durch etwas anderes zu ersetzen.

Register	**Start**
Gruppe	**Bearbeiten**
Befehl	Suchen und auswählen

Suchen und Ersetzen
Tastenkombinationen:
Suchen: Ctrl+F
Ersetzen: Ctrl+H

6.5 Zellinhalte aufteilen

Der Vorname und der Name oder die Postleitzahl und der Ort sollten nie in der gleichen Spalte stehen. Grund: Je mehr Daten Sie in der gleichen Zelle haben, desto weniger Möglichkeiten haben Sie, diese zu sortieren und zu filtern. Nun kann es durchaus vorkommen, dass Sie eine Excelliste erhalten, in der die Postleitzahl und der Ort in der gleichen Spalte stehen.

Aufgabe 93

Öffnen Sie die Aufgabe 93. Ihre Aufgabe ist es, die Inhalte der Spalte C auf zwei Spalten aufzuteilen. In der Spalte C sollten die Postleitzahlen und in der Spalte D die Orte stehen.
1. Markieren Sie die Zelle C2.
2. Drücken Sie **Ctrl+Shift+Pfeiltaste unten**, um alle Datenfelder zu markieren.
3. Klicken Sie auf das Register **Daten**.
4. Wählen Sie in der Gruppe **Datentools** den Befehl **Text in Spalten**.
   Es öffnet sich der **Textkonvertierungs-Assistent**. Wählen Sie **Feste Breite**.

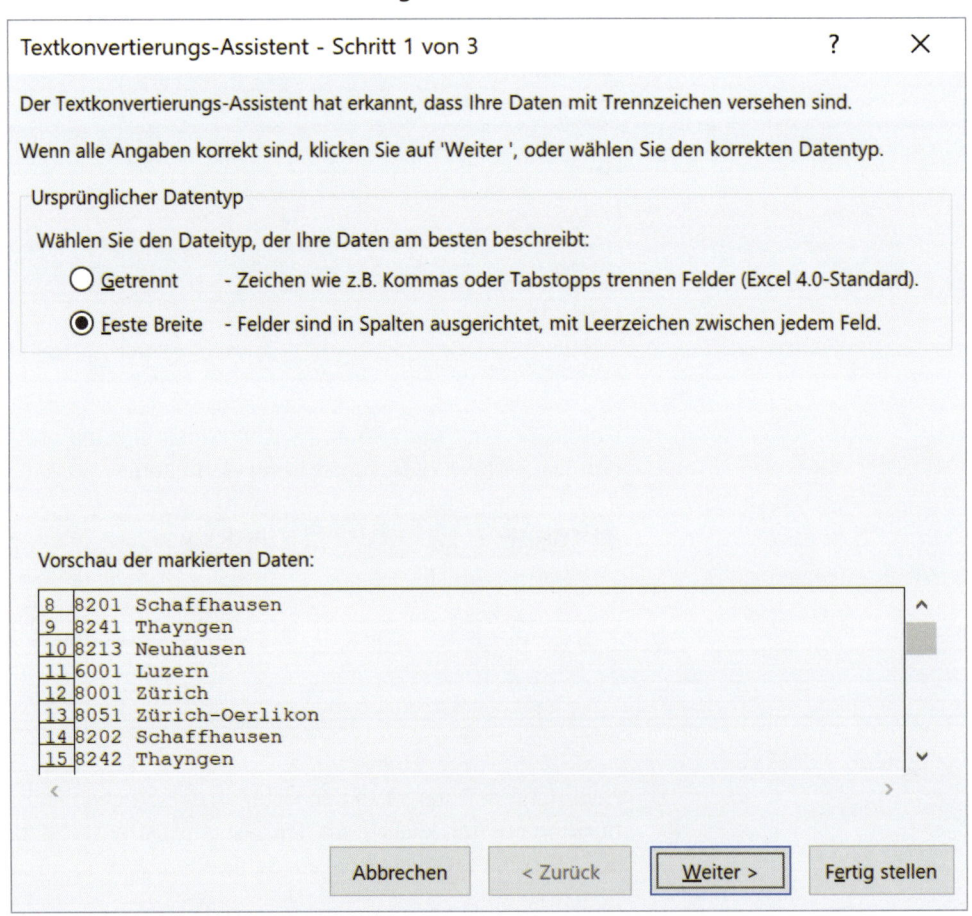

5. Klicken Sie auf **Weiter**. Sie gelangen zu **Schritt 2**.
6. Legen Sie mit der Maus fest, wo Sie die Spalte aufteilen wollen. In unserem Beispiel ist das zwischen der Postleitzahl und dem Ort. Klicken Sie auf **Weiter** und dann auf **Fertig stellen**.
7. Passen Sie die Spaltenüberschriften an.

6.6 Teilergebnisse

6.6.1 Einführung

Mit Sortieren und Filtern haben wir einige Möglichkeiten der Auswertung von Listen kennengelernt. Die Funktion **Teilergebnisse** bietet uns einiges mehr: Wir können nicht nur gewisse Daten einer Liste zusammenfassen, sondern auch Berechnungen durchführen.

Aufgabe 94

Öffnen Sie die Aufgabe 94. Die Tabelle enthält eine Aufstellung von Ausgabenposten, die Sie von einem Buchhaltungssystem ins Excel exportiert haben. Anhand dieser Aufgabe lernen Sie, eine Liste mit Teilergebnissen zu bilden. Sie möchten sich beispielsweise anzeigen lassen, wie hoch das Total der verschiedenen Kategorien ist. Gehen Sie wie auf den folgenden Seiten beschrieben vor.

Register	Daten
Gruppe	Gliederung
Befehl	Teilergebnis

Teilergebnis

6.6.2 Erstellen eines Teilergebnisses

1. Sortieren Sie die Liste nach dem Feld, von dem Sie das Teilergebnis ermitteln wollen. In unserem Beispiel ist das die Spalte **Kategorie**. Markieren Sie also die Zelle C3 und wählen Sie über das Register **Daten**, Gruppe **Sortieren und filtern**, den Befehl **Von A bis Z sortieren**.
2. Aktivieren Sie das Register **Daten** und klicken Sie in der Gruppe **Gliederung** auf den Befehl **Teilergebnis**. Es erscheint folgendes Dialogfeld:

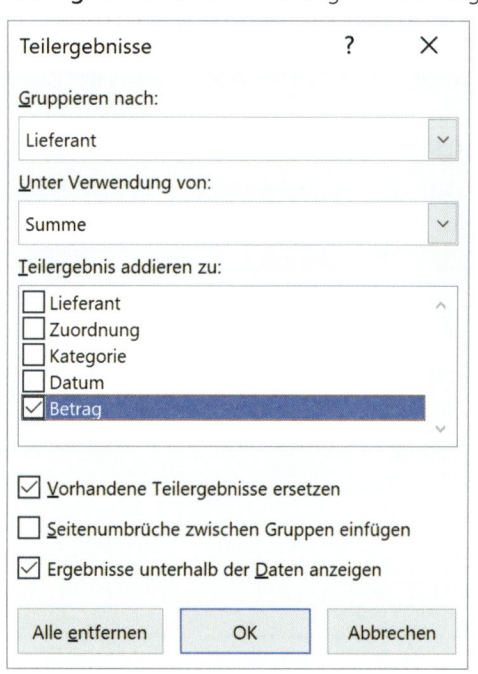

Teilergebnisse

3. Wenn Sie den Befehl **Teilergebnis** zum ersten Mal verwenden, wählt Excel automatisch die Spalte ganz links als Gruppierungsmerkmal (in unserem Beispiel: **Lieferant**). Haben Sie den Befehl bereits einmal in einer Liste verwendet, wird die Spalte, die Sie zuletzt ausgewertet haben, ausgewählt.

4. Wählen Sie im Feld **Gruppieren nach** die Spalte **Kategorie**. Die übrigen Einstellungen können wir so belassen. Wir möchten von jeder Kategorie die Summe der Beträge bilden.
5. Klicken Sie auf **OK**. Ihre Liste sieht so aus:

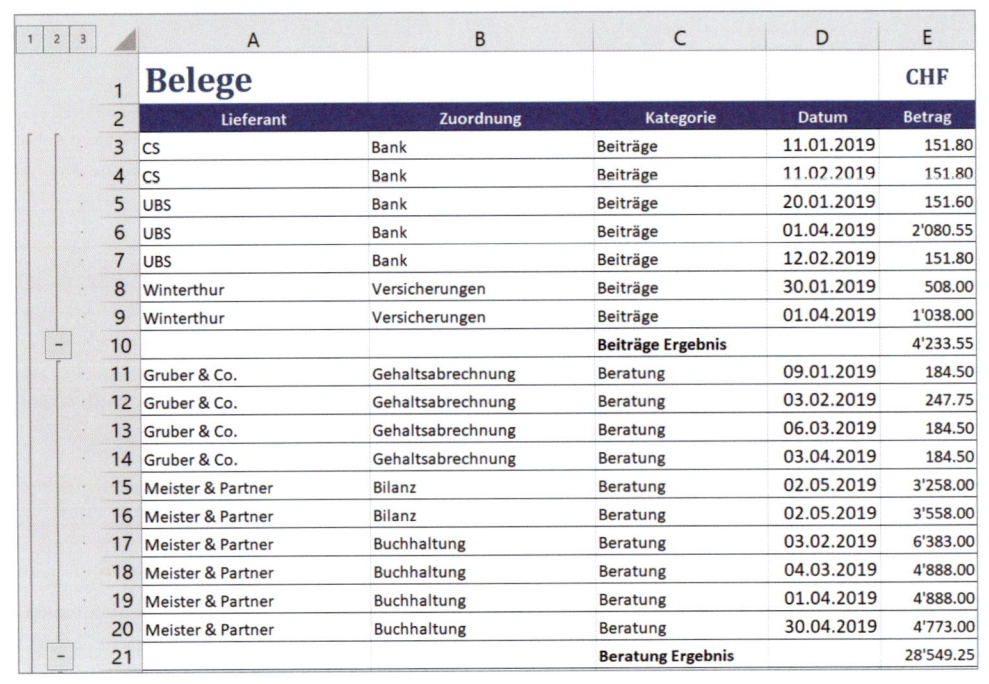

	A	B	C	D	E
1	**Belege**				**CHF**
2	Lieferant	Zuordnung	Kategorie	Datum	Betrag
3	CS	Bank	Beiträge	11.01.2019	151.80
4	CS	Bank	Beiträge	11.02.2019	151.80
5	UBS	Bank	Beiträge	20.01.2019	151.60
6	UBS	Bank	Beiträge	01.04.2019	2'080.55
7	UBS	Bank	Beiträge	12.02.2019	151.80
8	Winterthur	Versicherungen	Beiträge	30.01.2019	508.00
9	Winterthur	Versicherungen	Beiträge	01.04.2019	1'038.00
10			**Beiträge Ergebnis**		4'233.55
11	Gruber & Co.	Gehaltsabrechnung	Beratung	09.01.2019	184.50
12	Gruber & Co.	Gehaltsabrechnung	Beratung	03.02.2019	247.75
13	Gruber & Co.	Gehaltsabrechnung	Beratung	06.03.2019	184.50
14	Gruber & Co.	Gehaltsabrechnung	Beratung	03.04.2019	184.50
15	Meister & Partner	Bilanz	Beratung	02.05.2019	3'258.00
16	Meister & Partner	Bilanz	Beratung	02.05.2019	3'558.00
17	Meister & Partner	Buchhaltung	Beratung	03.02.2019	6'383.00
18	Meister & Partner	Buchhaltung	Beratung	04.03.2019	4'888.00
19	Meister & Partner	Buchhaltung	Beratung	01.04.2019	4'888.00
20	Meister & Partner	Buchhaltung	Beratung	30.04.2019	4'773.00
21			**Beratung Ergebnis**		28'549.25

Liste mit Teilergebnissen

Sie sehen die Teilergebnisse der Kategorien **Beiträge**, **Beratung** usw. Zuunterst steht das Gesamtergebnis. Am linken Rand stehen die Gliederungsebenen 1, 2 und 3. Wenn Sie auf die 1 klicken, wird nur das Gesamtergebnis eingeblendet. Klicken Sie auf die 2, blendet Excel nur die einzelnen Kategorien ein. Die Ebene 3 zeigt alle Detaildaten.

6.6.3 Teilergebnisse entfernen

Öffnen Sie das Dialogfeld **Teilergebnisse** und klicken Sie auf die Schaltfläche **Alle entfernen**.

Aufgabe 95

Öffnen Sie die Aufgabe 95. Beantworten Sie die folgenden Fragen. Arbeiten Sie mit Teilergebnissen.

1. Wie hoch ist die Summe für die Artikel mit Status
    a) Aktion,
    b) auf Bestellung,
    c) lieferbar,
    d) solange Vorrat?

2. Wie hoch ist der Wert aller Artikel?

6.6.4 Berichte mit Pivot-Tabellen erzeugen

Sie haben gelernt, wie man Daten mit Filtern, Sortieren oder Teilergebnissen auswerten kann. Weit mächtiger als diese Möglichkeiten sind Pivot-Tabellen. Diese eignen sich überall dort, wo grössere Datenmengen übersichtlich nach Kategorien gruppiert ausgewertet werden müssen – egal, ob es sich um Kundenlisten oder Ihr Haushaltbudget handelt. Das Schöne daran: Die Ursprungsdaten werden nicht geändert.

Voraussetzungen

Für eine Pivot-Tabelle sind nur wenige Bedingungen nötig, damit es keine Probleme gibt:

Bedingung	Erklärung
Anordnung	Jeder Datensatz muss in einer separaten Zeile stehen.
Spaltentitel	Jede Spalte benötigt einen eindeutigen Titel. Verwenden Sie keine Zellenverbindungen.
Leerzeilen	Ihre Tabelle darf keine Leerzeilen enthalten, andernfalls erkennt Excel den Datenzusammenhang nicht.

Aufgabe 96

Nehmen wir als Beispiel die Mitgliederliste eines Fitnessclubs. Öffnen Sie die Aufgabe 96 und betrachten Sie die Liste. Sie umfasst 1237 Datensätze oder Mitglieder, die in verschiedenen Filialen auf unterschiedlichen Stufen (Levels) trainieren. Für die Geschäftsleitung müssen wir eine Übersicht erstellen, aus der hervorgeht, wie viele Mitglieder auf welchem Level in welchen Filialen trainieren.

Vorgehen

Register	**Einfügen**
Gruppe	**Tabellen**
Befehl	PivotTable

PivotTable

▶ Markieren Sie irgendeine Zelle dieser Liste, z. B. A1.

▶ Klicken Sie auf das Register **Einfügen**. Klicken Sie in der Gruppe **Tabellen** auf das Symbol **PivotTable**. Es öffnet sich das Dialogfenster **PivotTable erstellen**. Gleichzeitig hat sich ein Laufrahmen um die Tabelle gebildet.

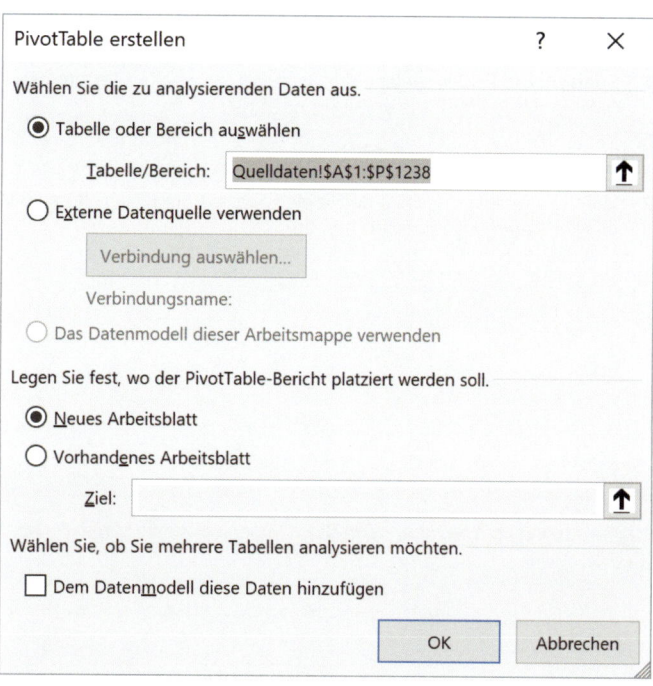

PivotTable erstellen

Datenlisten

▶ In diesem Fenster können Sie die Tabelle oder den Bereich auswählen und festlegen, ob die Pivot-Tabelle auf einem neuen oder dem vorhandenen Tabellenblatt platziert werden soll. Übernehmen Sie die vorgeschlagenen Einstellungen. Es empfiehlt sich grundsätzlich, die Pivot-Tabelle auf einem neuen Tabellenblatt einzufügen. Klicken Sie auf **OK**. Excel erstellt einen neuen Pivot-Tabellenbereich:

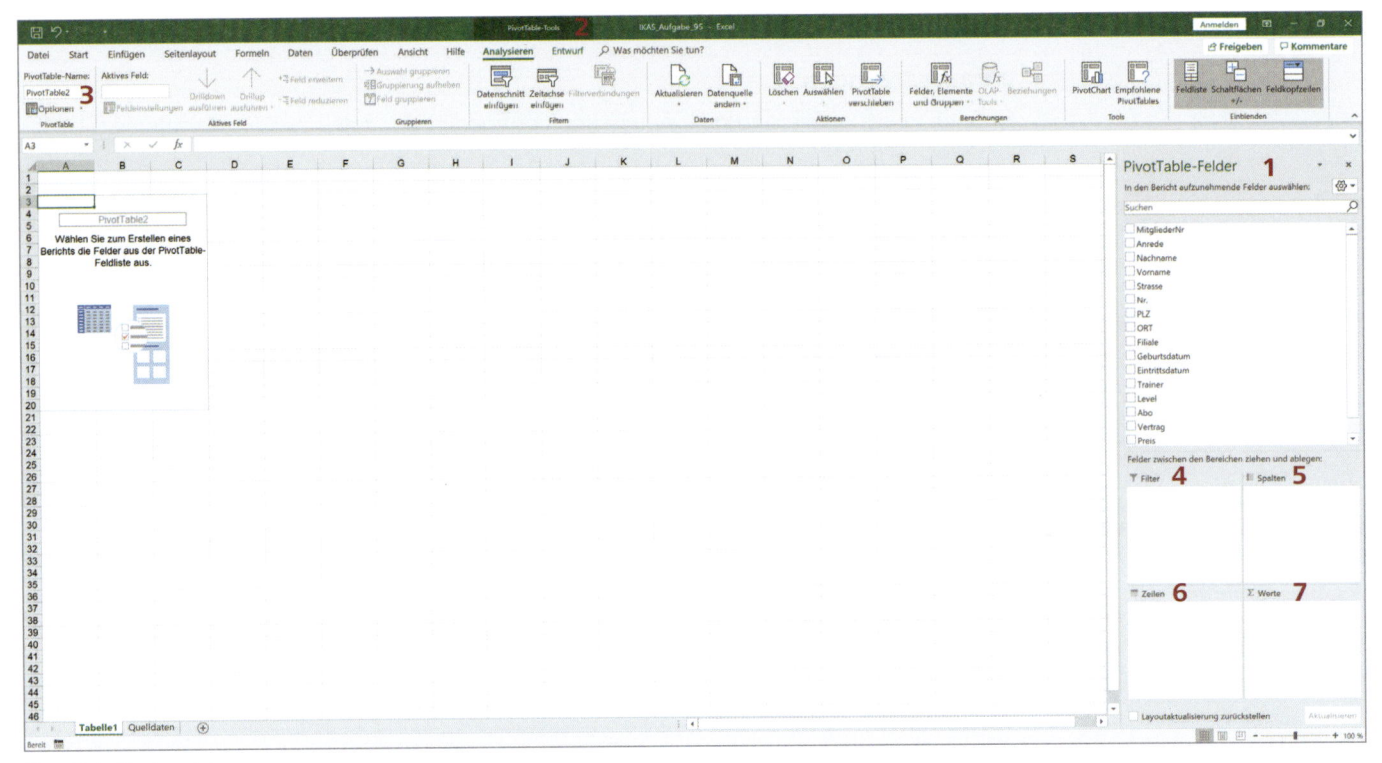

Pivot-Tabellenbereich

1. Hier werden alle Feldnamen der Tabelle **Quelldaten** aufgeführt.
2. Das Register **PivotTable-Tools** mit den Unterregistern **Analysieren** und **Entwurf** wird eingeblendet.
3. Es empfiehlt sich, den vorgegebenen Namen für die Pivot-Tabelle durch einen aussagekräftigeren zu ersetzen. Klicken Sie dazu auf das Register **Analysieren** und dann in der Gruppe **PivotTable** auf **Pivot-Table-Name**. Benennen Sie die Tabelle um in **Teilnehmerübersicht**.
4. **Filter:** In diesen Bereich können Sie ein Feld ziehen, wie z. B. die Anrede, um die Pivot-Tabelle zu filtern.
5. **Spalten:** Die Felder, welche die Ordnung der Spalten bestimmen, gehören in den Bereich **Spalten**, und zwar in der Reihenfolge von links nach rechts.
6. **Zeilen:** Felder, welche die Ordnung der Zeilen bestimmen, gehören untereinander in den Bereich **Zeilen**.
7. **Werte:** Wenigstens eines der Felder müssen Sie in den Bereich **Werte** einfügen, damit Excel erkennt, welche Daten ausgewertet (z. B. addiert) werden müssen.

Für unsere Mitgliederliste bedeutet das Folgendes: Wir ziehen mit der Maus das Feld **Filiale** in den Bereich **Zeilen**, das Feld **Level** in den Bereich **Spalten** und das Feld **MitgliederNr** in den Bereich **Werte**. Dadurch erhalten wir folgende Pivot-Tabelle:

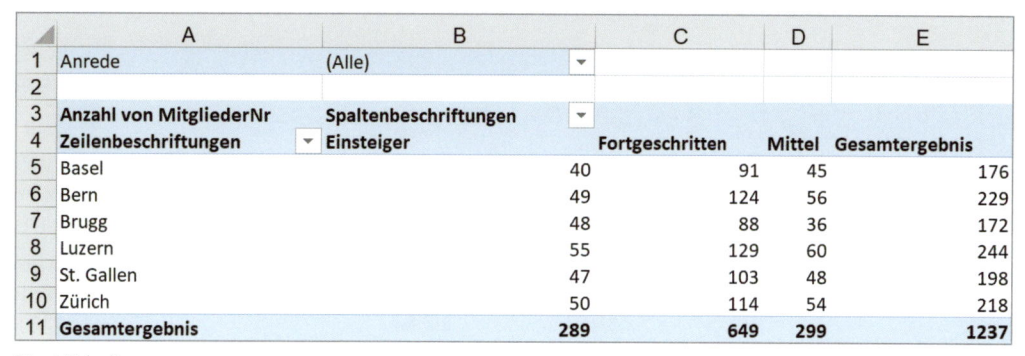

	A	B	C	D	E
1	Anrede	(Alle)			
2					
3	Anzahl von MitgliederNr	Spaltenbeschriftungen			
4	Zeilenbeschriftungen	Einsteiger	Fortgeschritten	Mittel	Gesamtergebnis
5	Basel	40	91	45	176
6	Bern	49	124	56	229
7	Brugg	48	88	36	172
8	Luzern	55	129	60	244
9	St. Gallen	47	103	48	198
10	Zürich	50	114	54	218
11	**Gesamtergebnis**	**289**	**649**	**299**	**1237**

Pivot-Tabelle

Damit haben wir die Daten für die Geschäftsleitung aufbereitet. Excel hat im Bereich **Werte** mit der Funktion ANZAHL die Mitgliedernummern für jede Filiale und für jeden Level gezählt. Die Quelldaten sind von dieser Aktion unberührt geblieben.

Gehen wir noch ein paar Schritte weiter. Wir möchten uns wahlweise anzeigen lassen, wie viele Frauen oder Männer in den einzelnen Filialen trainieren. Ziehen Sie dazu das Feld **Anrede** in den Bereich **Filter**. Probieren Sie den Filter aus. Lassen Sie sich nur die Anzahl Frauen anzeigen.

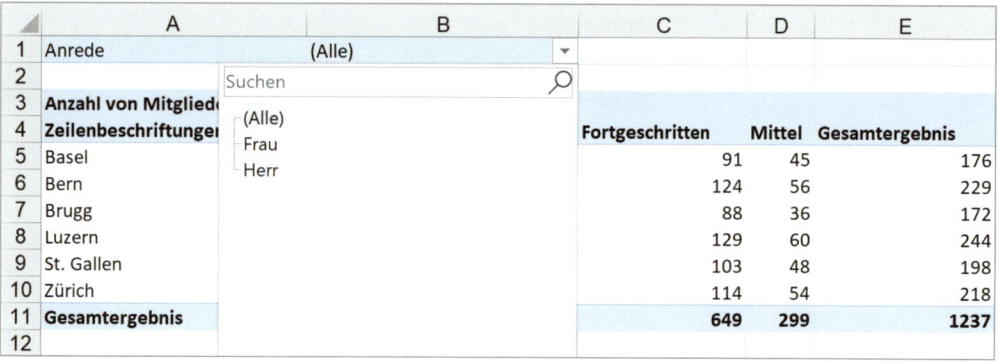

	A	B	C	D	E
1	Anrede	(Alle)			
2		Suchen			
3	Anzahl von Mitglied	(Alle)			
4	Zeilenbeschriftungen	Frau	Fortgeschritten	Mittel	Gesamtergebnis
5	Basel	Herr	91	45	176
6	Bern		124	56	229
7	Brugg		88	36	172
8	Luzern		129	60	244
9	St. Gallen		103	48	198
10	Zürich		114	54	218
11	**Gesamtergebnis**		**649**	**299**	**1237**
12					

Pivot-Tabellen filtern

Nun möchten wir diese Zahlen noch grafisch darstellen. Klicken Sie dazu im Register **Analysieren**, Gruppe **Tools**, auf das Symbol **PivotChart**. Wählen Sie den Diagrammtyp **Gruppierte Säulen**.

Eingangs haben wir erwähnt, dass sich Pivot-Tabellen rasch neu ordnen lassen. Probieren wir das aus: Wie viel Geld nehmen wir über die Abonnemente ein? Ersetzen Sie mit der Technik Drag & Drop im Bereich **Werte** das Feld **MitgliederNr** durch das Feld **Preis**.

Lösen Sie die Aufgabe abschliessend noch einmal mithilfe von Bereichsnamen. Verwenden Sie für den Namenbereich der Quelldaten A1:P1238 den Namen **tblQuelldaten**. Fügen Sie ausserdem bei der **Pivot**-Tabelle die **Datenschnitte Anrede** und **Level** hinzu.

Aufgabe 97

Wir möchten eine Tabelle mit den erfolgreichsten Athleten der Olympischen Sommerspiele 2012 in London auswerten. Öffnen Sie die Aufgabe 97. Erstellen Sie auf einem neuen Blatt eine Pivot-Tabelle, aus der ersichtlich ist, wie viele Gold-, Silber- und Bronzemedaillen jedes Land in den einzelnen Disziplinen gewonnen hat.

Datenlisten

Aufgabe 98

Öffnen Sie die Aufgabe 98.

a) Stellen Sie auf einem neuen Tabellenblatt die Umsätze für die drei Jahre je Produktgruppe dar. Die einzelnen Regionen müssen über einen Filter ein- und ausgeblendet werden können.

b) Erstellen Sie auf einem neuen Tabellenblatt eine Pivot-Tabelle, aus der die Umsätze für das Jahr 2018 ersichtlich sind, und zwar für die Produktgruppen, die Regionen und die Vertreter. Das Ergebnis könnte so aussehen:

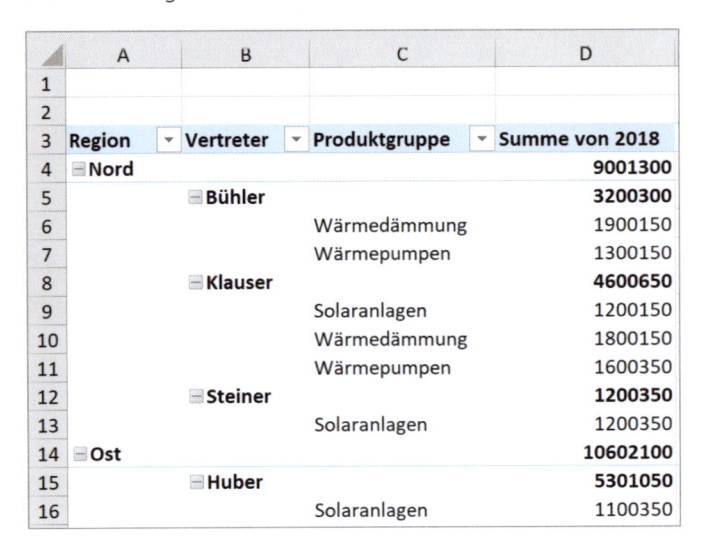

	A	B	C	D
1				
2				
3	Region	Vertreter	Produktgruppe	Summe von 2018
4	⊟Nord			9001300
5		⊟Bühler		3200300
6			Wärmedämmung	1900150
7			Wärmepumpen	1300150
8		⊟Klauser		4600650
9			Solaranlagen	1200150
10			Wärmedämmung	1800150
11			Wärmepumpen	1600350
12		⊟Steiner		1200350
13			Solaranlagen	1200350
14	⊟Ost			10602100
15		⊟Huber		5301050
16			Solaranlagen	1100350

Hinweise

Im Register **ENTWURF**, Gruppe **Layout**, finden Sie die Schaltflächen **Teilergebnisse**, **Gesamtergebnisse** und **Berichtslayout**. Probieren Sie die Möglichkeiten aus, die sich unter diesen Schaltflächen verbergen.

Aufgabe 99

Tipp
Unter **Einfügen**, **Tabellen**, **Empfohlene Pivot Tables**, stellt Ihnen Excel nützliche Vorlagen zur Verfügung. Probieren Sie diese aus.

Tipp
Anstelle eines Filter-Feldes können Sie über **Pivot Tables-Tools**, **Analysieren**, **Filtern**, eine Zeitachse einfügen.

In einer Excel-Tabelle haben Sie die Einnahmen und Ausgaben der Monate September bis Dezember festgehalten:

	A	B	C	D	E	F
1	Datum	Titel	Typ	Klassifizierung	Betrag	MonatJahr
2	01.09.2018	Einkauf Denner	Ausgaben	Lebensmittel	CHF -79.90	09/2018
3	03.09.2018	Einkauf Vinorama	Ausgaben	Wein	CHF -80.00	09/2018
4	05.09.2018	Kino	Ausgaben	Ausgang	CHF -20.00	09/2018
5	08.09.2018	Theater	Ausgaben	Ausgang	CHF -45.00	09/2018
6	15.09.2018	Bonus	Einnahmen	Lohn	CHF 850.00	09/2018
7	04.10.2018	Cuba-Club	Ausgaben	Ausgang	CHF -40.00	10/2018
8	08.10.2018	Single Malt	Ausgaben	Ausgang	CHF -25.00	10/2018
9	10.10.2018	Einkauf Denner	Ausgaben	Lebensmittel	CHF -112.00	10/2018
10	19.10.2018	Swisscom	Ausgaben	Telefon/Internet	CHF -88.00	10/2018

Öffnen Sie die Aufgabe 99. Erstellen Sie eine Pivot-Tabelle, aus der hervorgeht,

a) wofür Sie Geld ausgegeben oder erhalten haben,

b) ob es sich um Einnahmen oder Ausgaben handelt.

Zudem soll Ihre Pivot-Tabelle nach Monaten gefiltert werden können.

6.7 Dateneingabe prüfen

6.7.1 Ausgangslage

Sie sind Projektleiterin oder Projektleiter und wollen mittels einer Excel-Tabelle den aktuellen Status der betreffenden Projekte überwachen. Dieses Tracking müssen Sie wöchentlich dem Abteilungsleiter zustellen.

Projekt	Umfang [Tage]	Status
Migration W10	30	
Ablösung DOS Eingabemaske beim Host	10	
Word Template für Office 2019	10	
Excel Makro auf 64bit anpassen	5	
Aufgabenverwaltung programmieren	20	

6.7.2 Lookup-Tabelle mit Bereichsnamen

Register	**Formeln**
Gruppe	**Definierte Namen**
Befehl	**Aus Auswahl erstellen**

Mit dem Befehl **Aus Auswahl erstellen** eine Auswahlliste generieren

1. Damit Sie den Status in der obigen Tabelle bequem mittels Auswahlliste einfügen können, erstellen Sie im ersten Schritt in einem separaten Tabellenblatt eine Lookup-Tabelle. Das ist eine Tabelle, deren Daten Sie wiederverwenden können. Dafür verwenden Sie den **Namens-Manager** und dort die Option **Aus Auswahl erstellen**.

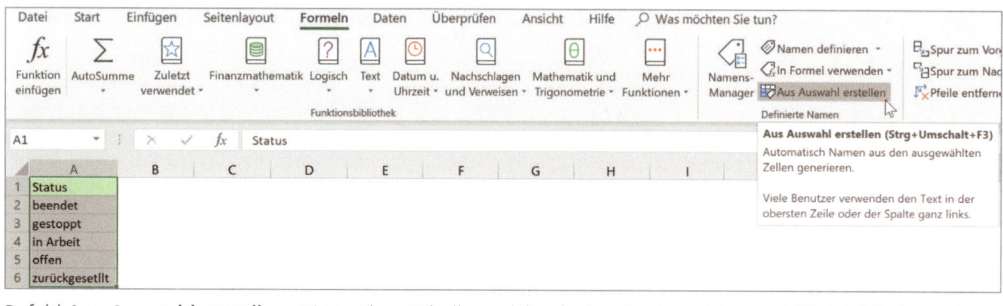

Befehl **Aus Auswahl erstellen**. Die Lookup-Tabelle, welche die benötigten Status enthält, ist dabei markiert.

2. Es öffnet sich nun ein Fenster, das abfragt, aus welcher Zeile oder Spalte der Name erstellt werden soll. Die Option **Oberste Zeile** ist schon vorausgewählt. Sie bestätigen mit **OK**. Der Bereichsname hat nun die Bezeichnung **Status** (Zelle **A1**) und beinhaltet die Werte oder Ausprägungen im Bereich A2:A6.

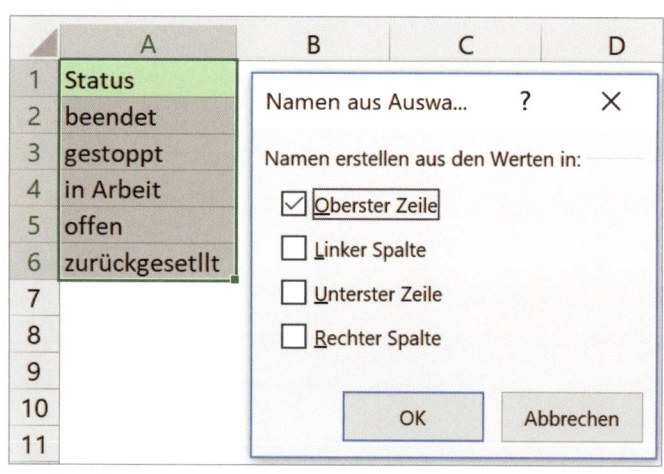

Ansicht des Fensters **Namen aus Auswahl erstellen**

Datenlisten

Der Bezeichnung **Status** fügen Sie nun das Präfix **tbl** für Tabelle hinzu. Der Bereichsname ist dann «sprechend».

Register	**Formeln**
Gruppe	**Definierte Namen**
Befehl	**Namens-Manager**

Im **Namens-Manager** den automatisch generierten Namen anpassen

1. Klicken Sie im Register **Formeln** auf den Menüpunkt **Namens-Manager**.

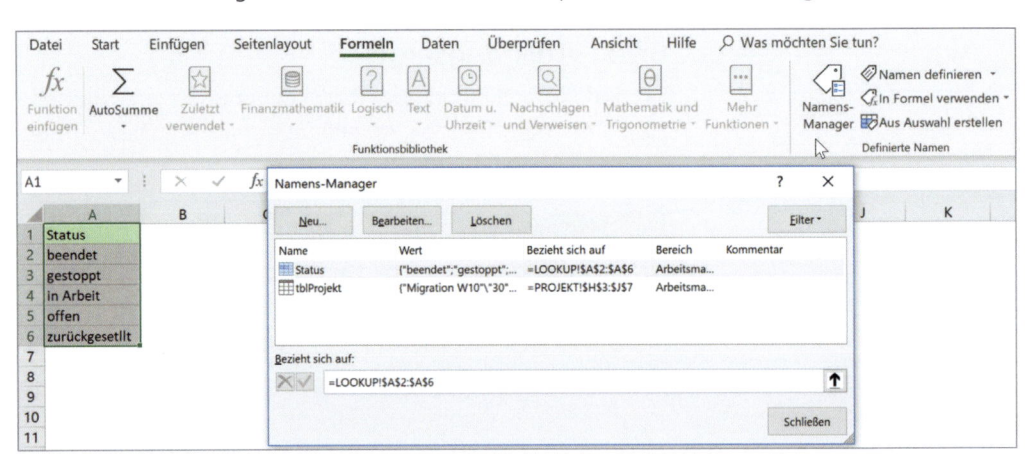

2. Klicken Sie oben auf **Bearbeiten**, nachdem Sie den Bereichsnamen **Status** ausgewählt haben.
3. Geben Sie dem Namen **Status** das Präfix **tbl** und bestätigen Sie mit **Enter**.

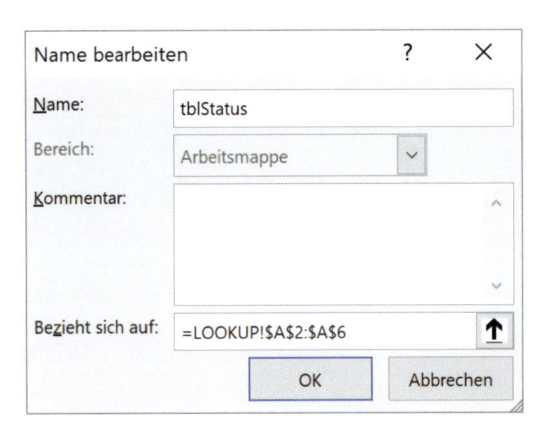

4. Danach schliessen Sie den Namens-Manager mit der **Schliessen**-Taste.

6.7.3 Listenfeld erstellen

Nun sind Ihre Vorbereitungen abgeschlossen und Sie können die vorbereitete Lookup-Tabelle in Ihrer Projektstatusübersicht verwenden. Dazu erstellen Sie in der Spalte **Status** eine Dropdown-Liste, die auf Ihre Lookup-Tabelle **tblStatus** zurückgreift.

Gehen Sie wie folgt vor:

Register	**Daten**
Gruppe	**Datentools**
Befehl	**Datenüberprüfung**
Befehl	**Datenüberprüfung...**

Ein Listenfeld mithilfe des Befehls **Datenüberprüfung...** einfügen

1. Markieren Sie den Bereich unterhalb des Spaltennamens **Status** bis zum Ende der Tabelle.
2. Wählen Sie in der Registerkarte **Daten** in der Gruppe **Datentools** die Option **Datenüberprüfung** und dort den Unterpunkt **Datenüberprüfung…** .

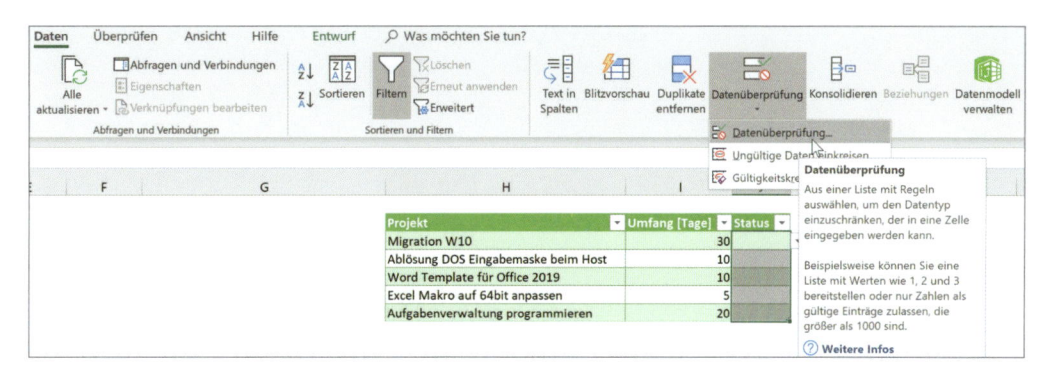

3. Aus der Drop-down-Liste **Zulassen** wählen Sie die Option **Liste**, und als **Quelle** tragen Sie **=tblStatus** ein. Das Ganze bestätigen Sie mit der **OK**-Taste.

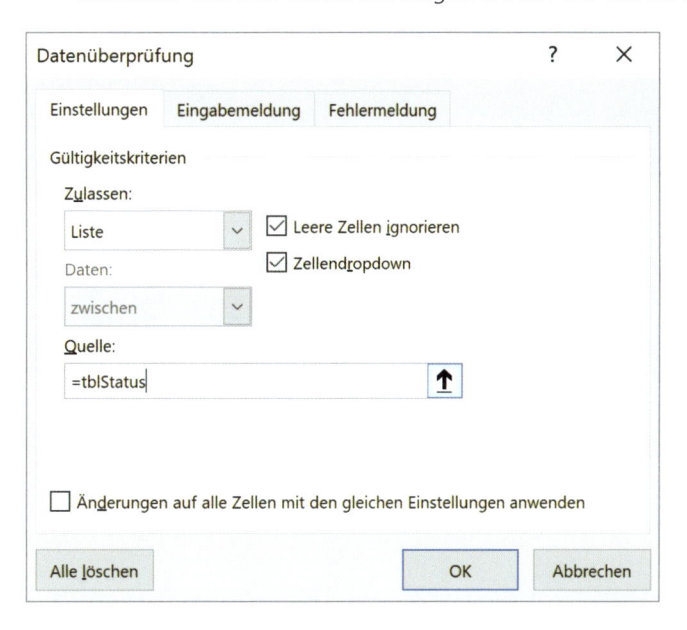

4. Nun können Sie den gewünschten Projektstatus über das Listenfeld in jeder Status-Zelle auswählen.

Ansicht der Drop-down-Liste im erstellten Listenfeld. Alle Status der Lookup-Tabelle können nun bequem ausgewählt werden.

217

Seitenlayout

7

Seitenlayout

7.1 Die Ansichten

7.1.1 Überblick

In diesem Kapitel lernen Sie, Ihre Tabelle in verschiedenen Ansichten zu betrachten, Kopf- und Fusszeilen zu erstellen und Ihr Ergebnis optimal für den Druck aufzubereiten.

Aufgabe 100 — Öffnen Sie die Aufgabe 100. Anhand dieser Liste lernen Sie die wichtigsten Einstellungen kennen. Gehen Sie wie auf den folgenden Seiten beschrieben vor.

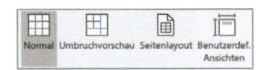

Normalansicht, Umbruchvorschau, Seitenlayout und Benutzerdefinierte Ansichten

Würden Sie die Aufgabe 100 ausdrucken, käme die Spalte H auf eine eigene Seite. Zudem wüsste niemand, von wem diese Liste stammt, wie aktuell sie ist und wo sie gespeichert wurde. Kurz: Der Ausdruck wäre unbrauchbar!

Betrachten wir die Liste zuerst in der Ansicht **Seitenlayout**, dann in der **Umbruchvorschau**. Klicken Sie dazu in der Statuszeile die beiden Ansichten an. Über den Schieberegler des Zooms können Sie die Ansicht verkleinern oder vergrössern. In beiden Ansichten sehen Sie sehr gut, dass die Spalte H auf eine eigene Seite gedruckt würde. Sie haben folgende Möglichkeiten, dies zu verhindern:
- Anpassen der Tabelle an das Format
- Verringern der Seitenränder
- Schriftgrad verkleinern
- Spaltenbreite und Zeilenhöhe verkleinern

Wir befassen uns im Folgenden mit den zwei ersten Möglichkeiten.

7.1.2 Anpassen der Tabelle an das Format

1. Aktivieren Sie das Register **Seitenlayout**.
2. Klicken Sie in der Gruppe **An Format anpassen**, **Breite**, auf die Drop-down-Liste.

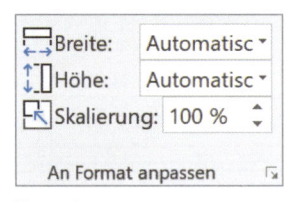

Format anpassen

3. Wählen Sie **1 Seite**. Dadurch legen Sie fest, dass alle Spalten auf einer Seite ausgedruckt werden müssen.

Betrachten Sie die Liste erneut in der Ansicht **Seitenlayout**. Jetzt sollten alle Spalten auf einem Blatt Platz haben.

7.2 Die Seite einrichten

7.2.1 Überblick

Manchmal ist es nötig, die Seitenränder oder das Papierformat anzupassen. Sie haben dazu verschiedene Möglichkeiten.

Aufgabe 101

Register	**Seitenlayout**
Gruppe	**Seite einrichten**

Seite einrichten

Erkunden Sie die Befehle des Registers **Seitenlayout**, Gruppe **Seite einrichten**:

Was verstehen Sie unter folgenden Begriffen?

Druckbereich _____

_____

Umbrüche _____

_____

Drucktitel _____

_____

7.2.2 Seitenränder über die Seitenansicht anpassen

Die Ansicht **Seitenansicht** und **Drucken** ist praktisch, lassen sich doch die Seitenränder mit der Maus millimetergenau einstellen.

Register	**Datei**
Befehl	**Drucken**
Befehl	Seitenränder anzeigen (Symbol am rechten unteren Bildschirmrand)

Seitenränder anpassen

Tipp
Für die Ansicht **Drucken** gibt es das Symbol **Seitenansicht und Drucken**. Fügen Sie dieses Symbol in die Symbolleiste für den Schnellzugriff ein. Dadurch ersparen Sie sich den umständlichen Weg über das Register **Datei**. Noch schneller können Sie das Dialogfenster **Drucken** mit **Ctrl+P** aufrufen.

1. Klicken Sie auf das Register **Datei** und dann auf **Drucken**.
2. Am rechten unteren Bildschirmrand sehen Sie das Symbol **Seitenränder anzeigen**. Klicken Sie darauf. Nun sehen Sie die Seitenränder.
3. Setzen Sie Ihren Mauszeiger direkt auf eine Randlinie. Dadurch nimmt er die Gestalt eines Doppelpfeils an.

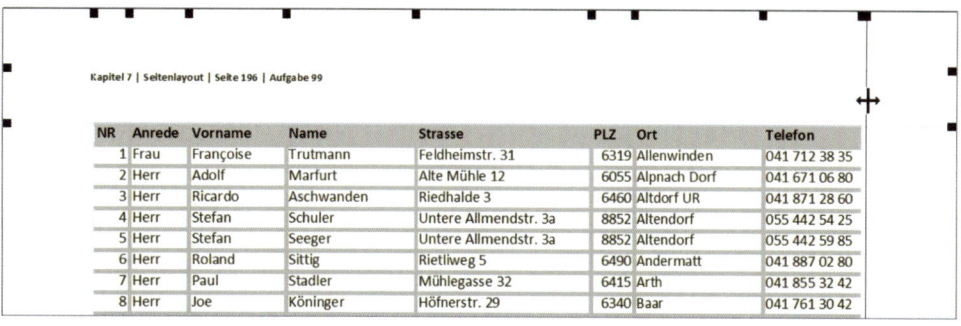

Seitenränder anpassen

4. Ziehen Sie den Rand mit gedrückter linker Maustaste an die gewünschte Position. Nun können Sie die Tabelle ausdrucken. Sie können aber auch auf eine andere Registerkarte klicken und die Arbeit fortsetzen.

Seitenlayout

7.2.3 Spaltenüberschriften auf allen Seiten drucken

Die Spaltenüberschriften unserer Liste sollten nicht nur auf der ersten Seite, sondern auf allen Seiten gedruckt werden.

Vorgehen:

1. Klicken Sie auf das Register **Seitenlayout**.
2. Wählen Sie in der Gruppe **Seite einrichten** den Befehl **Drucktitel**. Es öffnet sich das
Dialogfeld **Seite einrichten**.
3. Klicken Sie auf das Register **Blatt** und setzen Sie den Cursor in das Feld **Wiederholungszeilen oben**.
4. Markieren Sie die Zeile 1 Ihrer Tabelle.

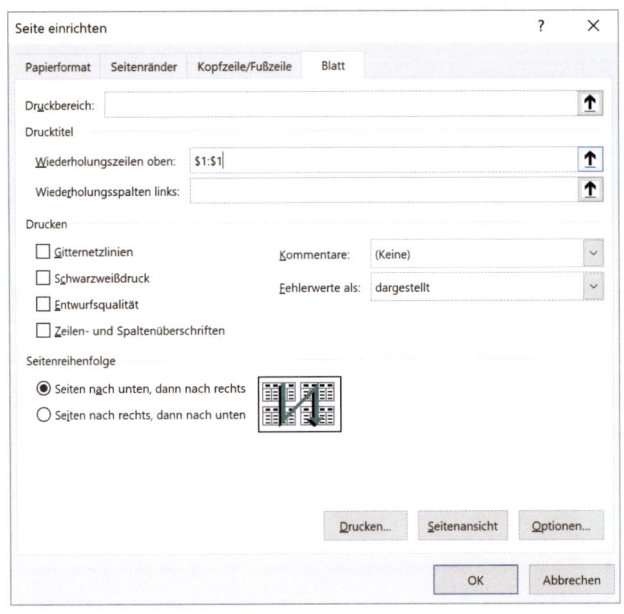

Spaltenüberschriften wiederholen

5. Betrachten Sie das Ergebnis in der Ansicht **Seitenansicht** oder **Drucken**.
Die Spaltenüberschriften sollten jetzt auf jeder Seite gedruckt werden.

Hinweis

Standardmässig werden Tabellenblätter mit Gitternetzlinien angezeigt.
Diese Gitternetzlinien lassen sich jedoch auch ausblenden.

Register	**Seitenlayout**
Befehl	**Blattoptionen**
Befehl	Anzeigen (Häkchen entfernen)

Gitternetzlinien ausblenden

7.3 Kopf- und Fusszeilen

Verwenden Sie Kopf- und Fusszeilen, um Ihre Arbeit zu dokumentieren. Setzen Sie in die Kopfzeile Ihren Namen, das Datum und den Dateinamen.

Vorgehen:

1. Aktivieren Sie die Ansicht **Seitenlayout**. Die Kopf- und Fusszeile sind in drei Bereiche unterteilt:

	Kopfzeile hinzufügen	

NR	Anrede	Vorname	Name	Strasse	PLZ	Ort	Telefon
1	Frau	Françoise	Trutmann	Feldheimstr. 31	6319	Allenwinden	041 712 38 35
2	Herr	Adolf	Marfurt	Alte Mühle 12	6055	Alpnach Dorf	041 671 06 80
3	Herr	Ricardo	Aschwanden	Riedhalde 3	6460	Altdorf UR	041 871 28 60
4	Herr	Stefan	Schuler	Untere Allmendstr. 3a	8852	Altendorf	055 442 54 25

2. Klicken Sie in den linken Bereich der Kopfzeile. Sofort erscheint das Register **Kopf- und Fusszeilentools** mit der zusätzlichen Registerkarte **Entwurf**.
3. Schreiben Sie in den linken Bereich der Kopfzeile Ihren Namen.
4. Im mittleren Bereich sollte der Name des Tabellenblatts stehen. Wählen Sie dazu aus der Gruppe **Kopf- und Fusszeilenelemente** den Befehl **Blattname**.
5. In den rechten Bereich fügen Sie aus der Gruppe **Kopf- und Fusszeilenelemente** den Befehl **Aktuelles Datum** ein. Wechseln Sie in die Fusszeile und fügen Sie dort aus der Gruppe **Kopf- und Fusszeilenelemente** den Befehl **Dateipfad** ein.

Selbstverständlich können Sie die Kopf- oder Fusszeile auch formatieren: entweder über das Register **Start** oder indem Sie das zu formatierende Element doppelklicken, sodass die **Minisymbolleiste** erscheint.

Mehrseitige Tabellen sollten Sie immer mit Seitenzahlen versehen.

Seitenlayout

Aufgabe 102

Öffnen Sie die Aufgabe 102.

Bereiten Sie die Software-Preisliste auf dem Tabellenblatt **Software** gemäss folgenden Vorgaben auf:

- Die Kopfzeile zeigt jeweils das Firmenlogo sowie die Firmenadresse.
- Die Fusszeile zeigt jeweils das aktuelle Datum, den Namen des Blattregisters und die Seitenzahlen.
- Die Titelzeile der Preisliste (Bezeichnung, Artikelgruppe, Preis in CHF) wird auf jeder Seite wiederholt.

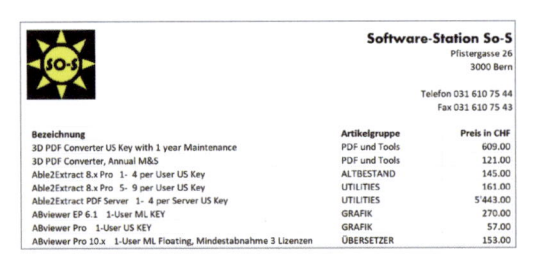

1. Klicken Sie auf das Tabellenblatt **Bestellung**.
2. Führen Sie die Berechnungen am Ende des Formulars durch.
3. Ein Spezialrabatt von 10 % wird gewährt, wenn die Bestellsumme grösser ist als CHF 10 000.–.
4. Die Versandspesen betragen CHF 50.–, sofern die Ware nicht abgeholt wird. Beachten Sie dazu die Angaben in der Zeile 13.
5. Das **Total netto** ist auf 5 Rappen zu runden.
6. Beim Druck der Bestellung soll jeweils nur eine A4-Seite gedruckt werden. Zu diesem Zweck ist der Autofilter so zu setzen, dass Artikel ohne Bestellmenge nicht gedruckt werden. Zudem ist die Skalierung des Papierformates im Register **Seitenlayout** entsprechend festzulegen.

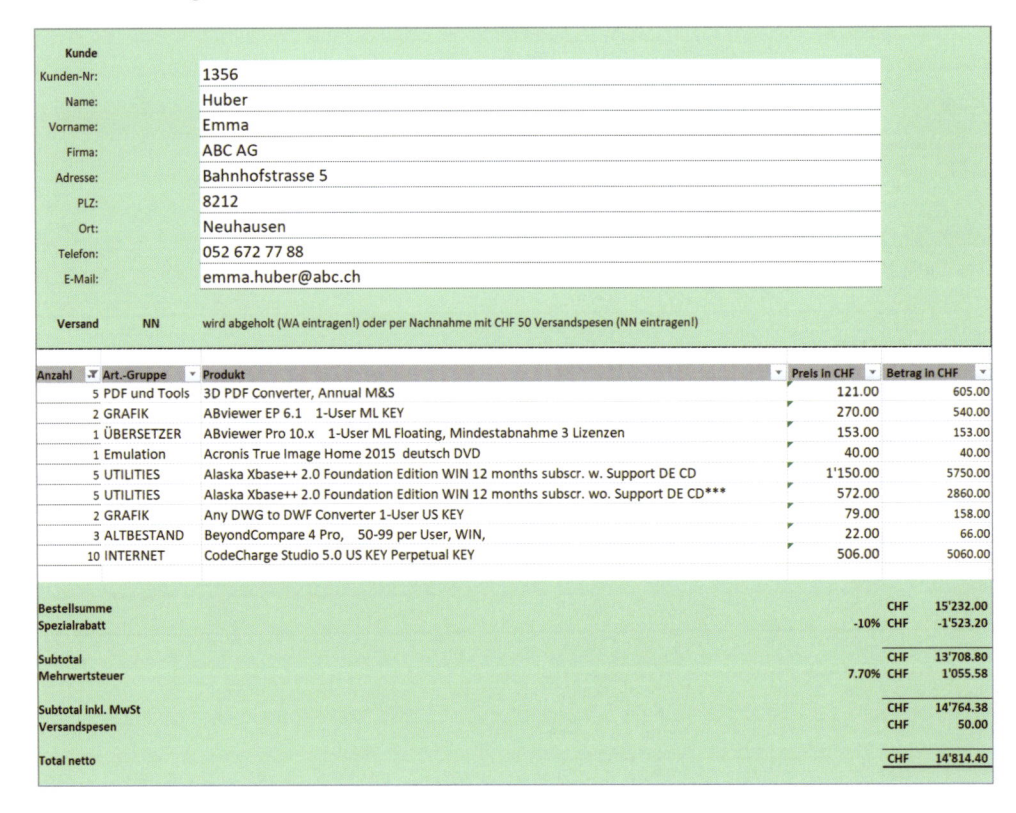

Stichwortverzeichnis

8

Tabellenkalkulation

A

Abrunden	144
Achse	174
Adresse (Zelladresse, Zellbezug)	21
Alle löschen	28
Anzahl	151
Anzahl2	151
Arbeitsmappe	12, 16
Argumente	123
Arithmetische Operatoren	47
Aufrunden	144
Ausblenden (Spalte/Zeile)	39
Ausblenden (Tabelle)	39
Ausfüllen mit Doppelklick	54
Ausfüllen (Register)	109
Ausfüllkästchen	41
Ausrichtung	76, 80, 101
AutoAusfüllen	41

B

Balkendiagramm	176, 182
Bearbeitungsleiste	13, 15
Bedingte Formatierung	116
Bereichsnamen	65
Bereichsnamen für Tabellen	66
Bezüge	
absolute	56
externe	63
gemischte	59
relative	53
Bezugsoperatoren	47
Blattregister	16, 17
Blattschutz	85

D

DATEDIF	169
Dateneingabe prüfen	217
Datenfeld	198
Datenlisten	198
Datenmaske	208
Datenpunkt	174
Datenreihe	174
Datensatz	
ändern	209
löschen	209
suchen	209
Datenschnitte	72
Datum	90, 168
Designs	111
Diagrammbegriffe	174
Diagramm erstellen	178
Diagrammtools	179, 184
Diagrammtypen	176
Drag & Drop	34
Drucktitel	224

E

Einblenden (Spalte/Zeile)	39
Einblenden (Tabelle)	39
Einzug	103
Ersetzen	128
Excel-Fenster	13
Exponentialdarstellung	23

F

Fehlerwert	123
Fenster einfrieren	55
Fenster teilen	55
Filtern	202
Filter speichern	205
Finden	126
Formatcodes	97
Formate löschen	28
Formatierung, bedingte	116
Formeleingabe	49
Formeln analysieren	52
Formeln (Zellinhalt)	23
Fragezeichen	209
Funktionen	123
Funktionsbibliothek	124
Fusszeile	225

G

Glätten	130
Gross	131
Gültigkeit der Bereichsnamen	65

H

Heute	168
Hintergrundfarbe	109

I

Inhalt einer Zelle	22
Inhalte löschen	28

J

Jetzt	168

K

Kategorie	174
Klammern setzen	50
Klein	131
Kommentare löschen	28
Konstanten	48
Kontextmenü	16, 33, 77
Kopfzeile	225
Kreisdiagramm	176, 183

L

Länge	128
Laufende Summe	142
Legende	174
Liniendiagramm	176
Links	132
Links entfernen	28
Links löschen	28
Löschen	28

M

Markieren	29
Maximum	148
Menüband	13, 15, 18
Minimum	148
Mittelwert	146

N

Namen definieren	66
Namenfeld	13, 15, 21, 65

O

ODER	164
Operanden	46, 48
Operatoren	46, 47
Operatorenregeln	47
Orientierung	103

P

Pivot-Tabellen	213
Platzhalter	209
Prozent	92
Prozentsatz	92
Prozentwert	92
Punktdiagramm	177

R

Rahmen	107
Rahmenlinien	82
Rang	155
Rechts	133
Rubrik	174
Runden	143

Stichwortverzeichnis

S

Säubern	130
Säulendiagramm	176, 180
Schnellanalysetool	31
Schrift (Register)	105
Seite einrichten	223
Seitenansicht	223
Seitenlayout	222
Seitenränder	223
Sortieren	199
Sortierreihenfolge	199
Spalte	17
Spalten aus- und einblenden	39
Spaltenbreite anpassen	32, 81
Spaltenbreite optimieren	32
Spaltenkopf	17
Spaltenüberschriften	80
Spaltenüberschriften wiederholen	224
Startbildschirm	12
Startprogramm für Dialogfelder	14
Statusleiste	13, 15
Stern	209
Suchen	127
Summe	122, 123, 136
Summewenn	152
SVERWEIS	165
Symbolleiste für den Schnellzugriff	14
Syntax	46, 123

T

Tabelle aufheben	114
Tabellenblätter umbenennen	16
Tabellenformatvorlagen	112
Teil	134
Teilergebnis	207, 211
Teilergebnis erstellen	211
Teilergebnisse verschachteln	212
Textausrichtung	101
Texte einrücken	80
Texte (Zellinhalt)	22
Textfunktionen	126
Textsteuerung	104
Textverkettungsoperator	47
Titelleiste	13, 15
Transponieren	
Zeilen und Spalten vertauschen	37
Trendlinie hinzufügen	181

U

Überschrift einsetzen	80
Uhrzeit	90
UND	163

V

Vergleichsoperatoren	47
Verketten	135

W

Wenn	157
Wenn, verschachteltes	158
WVERWEIS	167

Z

Zahlenformate	87
Zahlenformate, benutzerdefinierte	96
Zahlenformate, vordefinierte	88
Zahlenformate zuweisen	81
Zählenwenn	154
Zahlen (Zellinhalt)	23
Zeile	17
Zeilen aus- und einblenden	39
Zeilenhöhe	32
Zeilenkopf	17
Zeilenüberschriften	80
Zeilenumbruch	25, 104
Zellbezug	21
Zellbezüge	48
Zellbezüge auf andere Tabellenblätter	61
Zelle	17, 21
Zellen	
einfügen	33
kopieren	34, 35
löschen	34
verschieben	34, 35
Zellen formatieren (Dialogfeld)	78
Zellenformatvorlagen	114
Zellenmodell	21
Zellen verbinden	104
Zellformatierung	76
Zellinhalt	22
Zellinhalt aufteilen	210
Zellinhalte eingeben	25
Zellinhalte löschen	25
Zellschutz	84, 85
Zoomregler	13, 15
Zwischenablage	35, 36, 37